电子线路实验

DIANZI XIANLU SHIYAN

林章　周瑛／编著

中南大学出版社
www.csupress.com.cn
·长沙·

前言

PREFACE

　　本教材是为应用型本科院校电子、电气类专业和其他相近专业而编写的实验教材。本科教育不仅是教授学生理论知识，更重要的是培养学生应用理论知识解决实际问题的能力，而对学生实践能力的培养，实验是必不可少的一个环节，电子线路实验作为专业基础实验课程，对学生学习兴趣和动手能力的培养具有十分重要的作用。

一、本教材的主要特点

　　1.在电子信息类本科期间，学生接触的电子线路基础课程有模拟电子技术、数字电子技术、高频电子线路等，为了让学生更好地理解电子技术脉络关系，我们将电子技术相关课程的实验集结成册。全书共分为三篇：第一篇模拟电子技术基础实验；第二篇数字电子技术基础实验；第三篇高频电子线路实验。三篇实验分别对应于三门专业课程"模拟电子技术基础""数字电子技术基础""高频电子线路"。

　　2.本教材以技能培养为主线，突出工程应用，较好地处理了教学内容的继承与更新、先进性与实用性的关系；着重于常用基本功能电路的原理、计算及分析方法，力求避免烦琐的数学推导。

　　3.注重工程应用，加强电路组成模型与应用方法的介绍，在分立元件电路分析的基础上，给出集成化的实际应用电路。

　　4.难点适当分散，力图深入浅出、层次分明、简明扼要，有利于教与学。

二、基本要求和主要内容

　　1.正确、规范使用常用电子实验仪器设备；学会测量电子元器件及电路主要技术指标；熟练掌握示波器测量信号的各种参数，如正弦波信号电压的相位、周期、频率、幅度等；能区分电压的峰-峰值、有效值和振幅，以及它们之间的换算关系；会查阅电子元器件说明书；能够按电路原理图连线，并初步学会分析、寻找和解决实验电路故障的方法；能正确记录和处理实验数据，撰写实验报告。

　　2.在第一篇模拟电子技术基础实验中，主要介绍常用电子仪器使用，电子线路的基础知识、基本设计和测试方法，电子技术的核心理念——控制。作为初学者接触的控制主要采用的是静态电压控制，因此本书使用较多篇幅，详细地介绍静态工作点对放大电路的控制。书中介绍了多种不同的放大电路，以便学生拓宽思路。

3. 在第二篇数字电子技术基础实验中，它既包括基础内容，满足实践课程所需，让学生掌握中规模集成电路的功能、参数、基本应用以及实验的基本技能和测试方法，还增加了较多的设计性或综合性实验内容，为学有余力的学生提供综合实验内容或应用设计项目，培养学生理论联系实际和综合运用理论知识的能力。

4. 在第三篇高频电子线路实验中，主要以无线电通信系统为例，介绍信号产生、信号调制、高频小信号放大、高频功率放大、信号解调等各组成模块，将它们进行组合就构成了一个完整的无线电通信系统。

三、课时安排

1. 在第一篇模拟电子技术基础实验中，实验一和实验二为基本的仪器使用和常用元器件测试；实验三至实验十为基本放大电路实验；实验十一至实验二十一为设计性实验。为了让学生更好地进行比较学习，本篇将具有类似功能的电路列出。

2. 在第二篇数字电子技术基础实验中，前 11 个实验为基础实验，后 5 个为设计性实验。

3. 在第三篇高频电子线路实验中，考虑到高频电子线路是一门工程性很强的课程，实验五至实验十二为课程设计性实验，实验十三至实验十五为综合设计性实验。

一般实验每次 2 学时。综合设计性实验每次 4~6 学时，教师可根据计划安排选择相应的实验进行教学。

参与本书编写工作的有林章(第一篇和第三篇)和周瑛(第二篇)，由林章统稿。由于编者水平有限，书中的缺点和错误在所难免，敬请各位读者批评指正。

编著者
2019 年 4 月于福建师范大学福清分校

目 录

C O N T E N T S

第一篇 模拟电子技术基础实验

第二篇 数字电子技术基础实验

第三篇　高频电子线路实验

第一篇

模拟电子技术基础实验

实验一　常用仪器的使用练习

一、实验目的

(1)学习掌握用双踪示波器观察、测量波形的幅值、频率及相位的基本方法；

(2)学习用函数信号发生器输出频率范围、幅度范围中所需信号，了解面板各旋钮作用及使用方法；

(3)学会用数字毫伏表测量信号的有效值。

二、实验原理

在模拟电子线路实验中，经常使用的电子仪器有示波器、函数信号发生器、数字毫伏表、万用表等，可以完成对模拟电子线路的静态和动态工作情况的测试。实验中要对各种电子仪器进行综合使用，可按照信号流向，以连线简捷、调节顺手、观察与读数方便等原则进行合理布局。各仪器与被测电路的布局与连接如图1-1-1所示。接线时应注意，为防止外界干扰，各仪器的公共地端应连接在一起，称共地。示波器、函数信号发生器和毫伏表的引线通常用屏蔽线或专用电缆线，直流电源的接线用普通导线。

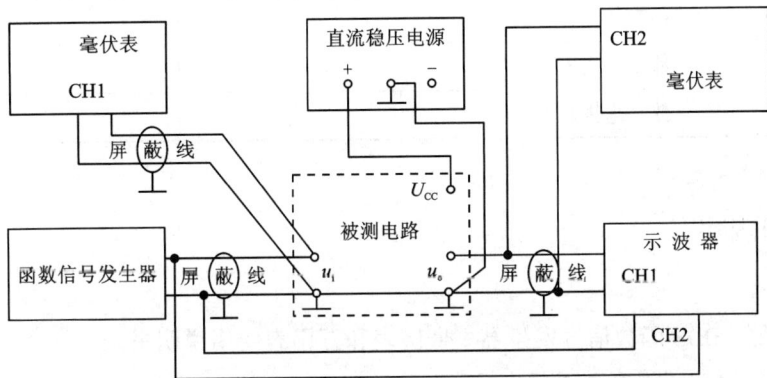

图1-1-1　模拟电子电路中常用电子仪器布局图

1. 示波器

示波器是一种图形显示设备，是一种用途很广的电子测量仪器。数字示波器在于信号进入示波器后立刻通过高速A/D转换器将模拟信号前端快速采样，存储其数字化信号，并利用数字信号处理技术对所存储的数据进行实时快速处理，得到信号的波形及其参数，并由显示器显示，从而实现模拟示波器功能。具体使用方法见附录一。

2. 函数信号发生器

函数信号发生器按需要输出正弦波、方波、三角波等多种信号波形。通过输出衰减开关和输出幅度调节旋钮，可使输出电压在毫伏级到伏特级范围内连续调节。函数信号发生器的输出信号频率和幅度可以通过分挡开关进行调节。函数信号发生器作为信号源，它的输出端不允许短路。

DDS 函数信号发生器采用直接数字合成技术 DDS，该信号源具有快速完成测量工作所需的高性能指标和众多的功能特性。具体使用方法见附录二。

3. 数字万用表

数字万用表是在直流数字电压表的基础上扩展而成的，能够测量交直流电压、交直流电流、电阻、电容、二极管正向和三极管电流放大系数等。

4. 数字毫伏表

数字毫伏表只能在其工作频率范围之内，用来测量正弦交流电压的有效值。数字毫伏表是测量交流电压的精密仪器，常用的双通道数字毫伏表，具有测量交流电压、测量电平、监视输出等三大功能。

三、实验设备与器材

实验设备与器材如表 1-1-1 所示。

表 1-1-1　实验设备与器材

名称	数量	备注
数字示波器	1	
DDS 函数信号发生器	1	
数字万用表	1	
数字毫伏表	1	

四、实验内容

1. 实验准备

阅读示波器、DDS 函数信号发生器、毫伏表和万用表使用说明书。

2. 测试"校正信号"波形的幅度、频率

将示波器的"校正信号"通过专用电缆线引入选定的 CH1 通道（CH1 或 CH2），将 Y 轴输入耦合方式开关置于"AC"或"DC"，调节 X 轴"扫描速率"开关（SEC/DIV）和 Y 轴"输入灵敏度"开关（VOLTS/DIV），使示波器显示屏上显示出一个或数个周期稳定的方波波形。或按下 AUTO 按键，示波器将自动设置使波形显示达到最佳。在此基础上，可以进一步调节垂直、水平挡位，直至波形显示上下 3 格、左右 5 个完整的波形。记录此时看到波形的幅度、频率、波形以及上升沿时间、下降沿时间,填入表1-1-2。

表1-1-2 校正信号幅度和频率

	标准值	实测值	波形
幅度 U_{p-p}(V)			
频率 f(kHz)			
上升沿时间(μs)			
下降沿时间(μs)			

3. 测量简单信号

从DDS函数信号发生器中取出一正弦波信号,测量信号的频率和峰-峰值并记录其波形,记录表格自拟。

(1)将探头菜单衰减系数设定为1×,并将探头上的开关设定为1×。

(2)将CH1的探头连接到电路被测点。

(3)按下 AUTO 按键。

示波器将自动设置使波形显示达到最佳。在此基础上,可以进一步调节垂直、水平挡位,直至波形的显示符合要求。

4. 用示波器和数字毫伏表测量信号参数

调节DDS函数信号发生器有关旋钮,使其输出频率分别为100 Hz、1 kHz、10 kHz、100 kHz,有效值均为1 V(毫伏表测量值)的正弦波信号,改变示波器X轴"扫描速度"开关及Y轴"输入灵敏度"开关等位置,测量信号源输出电压周期、频率、峰-峰值及有效值,记入表1-1-3。

表1-1-3 信号源参数测量

信号电压频率	信号电压毫伏表读数(V)	示波器测量值			
		周期(ms)	频率(Hz)	峰-峰值(V)	有效值(V)
100 Hz					
1 kHz					
10 kHz					
100 kHz					

五、实验总结

(1)整理实验数据,并进行分析。

(2)DDS函数信号发生器有哪几种输出波形?它的输出端能否短接?如用屏蔽线作为输出引线,则屏蔽层一端应该接在哪个接线柱上?

实验二　常用电子元件的测试

一、实验目的

(1)掌握用万用表对电阻、电容、晶体二极管、晶体三极管进行粗测；
(2)掌握用万用表判断电容、晶体二极管、晶体三极管的极性。

二、实验原理

1. 电阻读数方法

简单介绍色环电阻读数的方法，每种颜色代表不同的数字，如表 1-2-1、表 1-2-2。

表 1-2-1　四色环代表的数字

颜色	无	银	金	黑	棕	红	橙	黄	绿	蓝	紫	灰	白
第一位有效值				0	1	2	3	4	5	6	7	8	9
第二位有效值				0	1	2	3	4	5	6	7	8	9
第三位倍乘		10^{-2}	10^{-1}	10^0	10^1	10^2	10^3	10^4	10^5	10^6	10^7	10^8	10^9
第四位误差(%)	±20	±10	±5										

表 1-2-2　五色环代表的数字

颜色	第一位有效值	第二位有效值	第三位有效值	第四位倍乘	第五位误差(%)
无					±20
银				10^{-2}	±10
金				10^{-1}	±5
黑	0	0	0	10^0	±1
棕	1	1	1	10^1	±2
红	2	2	2	10^2	
橙	3	3	3	10^3	
黄	4	4	4	10^4	
绿	5	5	5	10^5	±0.5

续上表

颜色	第一位有效值	第二位有效值	第三位有效值	第四位倍乘	第五位误差(%)
蓝	6	6	6	10^6	±0.25
紫	7	7	7	10^7	±0.1
灰	8	8	8	10^8	±0.05
白	9	9	9	10^9	

2. 色环电阻的识别和计算

（1）先找标志误差的色环，从而排定色环顺序。最常用的表示电阻误差的颜色是：金、银、棕，尤其是金环和银环，一般很少用作电阻色环的第一环，所以在电阻上只要有金环和银环，就可以基本认定这是色环电阻的最末一环。

（2）棕色环是否是误差标志的判别：棕色环既常用作误差环，又常作为有效数字环，且常常在第一环和最末一环中同时出现，使人很难识别谁是第一环。在实践中，可以按照色环之间的间隔加以判别，据此可判定环的排列顺序。

（3）色环电阻的识别，对于四色环，其第一、二环分别代表两位有效数的阻值；第三环代表倍率；第四环代表误差。

例如：

棕 红 红 金

其阻值为 $12×10^2 = 1.2$ kΩ，误差为±5%。

对于五色环电阻的识别，其第一、二、三环分别代表三位有效数的阻值；第四环代表倍率；第五环代表误差。

例如：

棕 红 黑 橙 棕

其电阻为 $120×10^3 = 120$ kΩ，误差为±2%。

（4）在仅靠色环间距还无法判定色环顺序的情况下，还可以利用电阻的生产序列值来加以判别。比如有一个电阻的色环读序是棕、黑、黑、黄、棕，其值为 $100×10^4 Ω = 1$ MΩ，误差为2%，属于正常的电阻系列值；若是反顺序读：棕、黄、黑、黑、棕，其值为 $140×10^0 Ω = 140$ Ω，误差为2%。显然按照后一种排序所读出的电阻值，在电阻的生产系列中是没有的，故后一种色环顺序是不对的。

（5）电阻按材料分一般有碳膜电阻、金属膜电阻、水泥电阻、线绕电阻等。一般的家庭电器使用碳膜电阻较多，因为它成本低廉。金属膜电阻精度要高些，使用在要求较高的设备上。水泥电阻和线绕电阻都是能够承受比较大功率的，线绕电阻的精度也比较高，常用在要求很高的测量仪器上。小功率碳膜和金属膜电阻，一般都用色环表示电阻阻值的大小，所以识别色环电阻是我们在学习电阻时很重要的一步。

3. 用万用表测量电阻

电阻的测量比较简单，将红表笔插入"VΩ"插孔中，黑表笔插入"COM"插孔，根据电阻的大小选择适当的电阻挡，红、黑两表笔分别接触电阻两端，观察读数即可。特别说明，测量在路电阻时（指电路板上电阻），应先把电路上的电源关断，以免引起读数抖动，禁止用电阻挡测量电流或电压,否则容易损坏万用表,在路检测时不能有并联支路。

电阻挡选得比较大时(比如测量 10 MΩ 的电阻)应先将两支表笔短路,显示的值可能为 1 MΩ。每次测量完毕需把测量结果减去此值,才是实际电阻值(电阻挡高时,误差会比较大)。

4. 用万用表粗测电容

电容测量,一般应借助于专门的测量仪器,通常用电桥。而万用表仅能粗略地检查一下电解电容是否失效或漏电。测量前应先将电解电容的两个引出线短接一下,使其上所充电荷释放。

(1)用模拟万用表测量:将万用表置于×1 K 挡,并将电解电容正、负极分别与万用表黑表笔、红表笔接触。正常情况下,可以看到表头指针先产生较大偏转(向零欧姆处),以后逐渐向起始零位(高阻值处)返回。这反映了电容器的充电过程,指针的偏转反映电容器充电电流的变化情况。一般说来,表头指针偏转愈大,返回速度愈慢,则说明电容器的容量愈大。若指针返回到接近零位(高电阻)说明电容器漏电阻很大,指针所指电阻值,即为该电容器的漏电阻。对合格的电解电容该阻值应在 500 kΩ 以上。电解电容在失效时(电解质干涸,容量大幅度下降)表头指针就偏转很小,已被击穿的电容器,其阻值接近于零。

对于容量较小的电容器(云母、瓷质电容等)表头指针偏转很小,返回速度又很快,很难对它们的电容量和性能进行鉴别,仅能检查它们是否短路或断路,这时应选用×10 K 挡进行测量。

(2)用数字万用表电容挡直接测量:某些数字万用表具有测量电容的功能,其量程分为 2000 p、20 n、200 n、2 μ 和 20 μ 五挡。测量时可将已放电的电容两引脚直接插入表板上的 Cx 插孔,选取适当的量程后就可读取数据。2000 p 挡,宜测量小于 2000 pF 的电容;20 n 挡,宜测量 2000 pF 至 20 nF 之间的电容;200 n 挡,宜测量 20 nF 至 200 nF 之间的电容;2 μ 挡,宜测量 200 nF 至 2 μF 之间的电容;20 μ 挡,宜测量 2 μF 至 20 μF 之间的电容。

5. 二极管极性判别

将数字万用表拨至"二极管、蜂鸣"挡,红表笔对黑表笔有+2.8 V 的电压,此时数字万用表显示的是所测二极管的压降(单位为 mV)。正常情况下,正向测量时压降为 150~800 mV,反向测量时为溢出"1"。若正反测量均显示"000",说明二极管短路;正向测量显示溢出"1",说明二极管开路(某些硅堆正向压降有可能显示溢出)。另外,此法可用来辨别硅管和锗管。若正向测量的压降范围为 500~800 mV,则所测二极管为硅管;若压降范围为 150~300 mV,则所测二极管为锗管。

6. 晶体三极管管脚判别

(1)管型和基极 b 的判别

可以把晶体三极管的结构看成是两个背靠背的 PN 结,对于 NPN 管来说,基极是两个结的公共阳极,对 PNP 管来说基极是两个结的公共阴极,如图 1-2-1 所示,判别公共极是阳极还是阴极即可知道该管是 NPN 型还是 PNP 型。以 NPN 管为例,选择数字万用表电阻挡适当量程,将红表笔接在一端,黑表笔分别于另两端相接,都有读数且数值较小,可确定其为 NPN 型,且红表笔接的一端为基极 b。

(2)发射极和集电极的判别

为使三极管具有电流放大作用,发射结需加正偏置,集电结加反偏置,故对 PNP 管集电极 c 应接电源负极,NPN 管集电极 c 应接电源正极。当三极管基极 b 确定后,根据上述原理来确定集电极 c 和发射极 e,同时还可大致了解穿透电流 I_{ceo} 和电流放大系数 β 的大小。

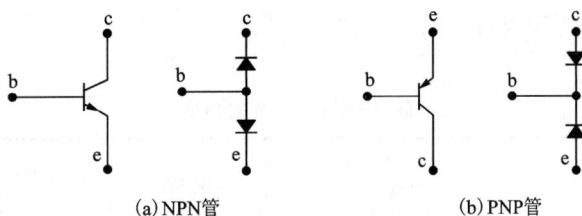

(a) NPN管   (b) PNP管

图 1-2-1 三极管

以 PNP 管为例,选择数字万用表电阻挡适当量程,若以黑表笔接集电极 c,红表笔接发射极 e(相当 c、e 极间电源正确接法),此时万用表示数比较小,它反映了集电极电流 I_c(I_{ceo} + βI_b)的大小,如果 c、e 极接反,则三极管处于倒置工作状态,此时电流放大系数很小(一般小于 1),于是万用表示数较大。因此,比较两种不同电源极性接法,便可判别出 c 极和 e 极来。用两只手分别捏 b、c 两极(不要使 b、c 两脚碰上),人体可代电阻的作用。

三、实验设备与器材

实验设备与器材如表 1-2-3 所示。

表 1-2-3 实验设备与器材

名称	数量	备注
模拟电子技术实验箱	1	THM-6A
数字万用表	1	
PNP 型三极管	1	
NPN 型三极管	1	
电阻、电容、晶体二极管	若干	

四、实验内容

1. 电阻的测量

用万用表测量模拟电子技术实验箱右下方两只二极管(1N4148)旁的三只电阻(2.7 kΩ、2 kΩ、10 kΩ 三只电阻)阻值,结果记入表 1-2-4 中。

表 1-2-4 电阻的测量

	R_1(kΩ)	R_2(kΩ)	R_3(kΩ)
标称值			
实测值			

2. 电容的测量

用万用表检查电解电容是否失效,记下漏电阻值于表 1-2-5 中。检查板右上方 100 μF

和 0.01 μF 两只电解电容(或自行选择其他电容)。

表 1-2-5　电容的测量

	C_1	C_2
标称值		
漏电阻值		
是否失效		

3. 二极管极性判别

判别模拟电子技术实验箱下方二极管 1N4148 的极性,结果记入表 1-2-6 中。

表 1-2-6　二极管的测量

管型	电阻挡位置	正向偏置	反向偏置
1N4148			

4. 三极管管脚判别

判别表 1-2-7 中 b、c、e 三个极,自行设计表格记录相关数据。

表 1-2-7　三极管管脚判别

型号及管型	3DG6	9011(NPN)
管脚(俯视图)		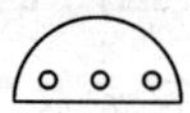

*5. 用晶体管特性图示仪测量晶体管

(1)测试稳压管的反向击穿特性及正向特性,读出该管稳压值。

(2)观察二极管的正、反向特性,并与稳压二极管反向特性进行比较。将模拟电子技术实验箱下方稳压管及二极管用线接至图示仪观察,或另外取一稳压二极管和二极管进行测试。

(3)观察三极管的输出特性曲线,并读出 $I_c = 1m\ A$, $U_c = 6\ V$ 时的 β 值,测出耐压值 BV_{CEO}。

———————————

* 选做。

实验三　晶体管共射极单管放大器

一、实验目的

(1)学会放大器静态工作点的测量及调试方法，分析静态工作点对放大器性能的影响；

(2)掌握放大器电压放大倍数、输入电阻、输出电阻及最大不失真输出电压的测试方法；

(3)熟悉常用电子仪器及模拟电路实验设备的使用。

二、实验原理

图 1-3-1 为基极分压式射极偏置工作点稳定单管放大器电路图。它的基极偏置电路采用 R_{B1} 和 R_{B2} 组成的分压电路，并在发射极中接有电阻 R_E，以稳定放大器的静态工作点。当在放大器的输入端加入输入信号 u_i 后，在放大器的输出端便可得到一个与 u_i 相位相反、幅值被放大了的输出信号 u_o，从而实现了电压放大。

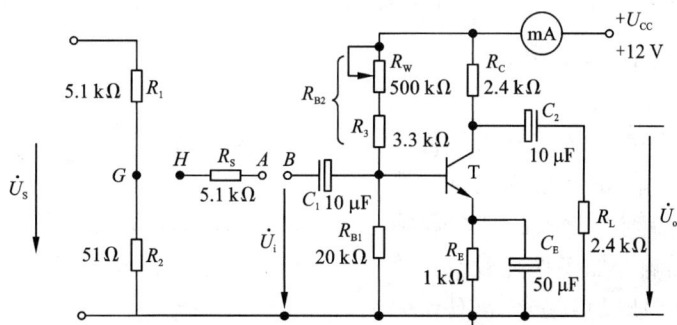

图 1-3-1　共射极单管放大器实验电路

在图 1-3-1 电路中，当流过偏置电阻 R_{B1} 和 R_{B2} 的电流远大于晶体管 T 的基极电流 I_B 时（一般 5~10 倍），则它的静态工作点可用下式估算：

$$U_B = \frac{R_{B1}}{R_{B1}+R_{B2}}U_{CC}$$

$$I_E = \frac{U_B-U_{BE}}{R_E} \approx I_C$$

$$U_{CE} = U_{CC}-I_C(R_C+R_E)$$

动态参数如下：

电压放大倍数

$$\dot{A}_\text{v} = \frac{\dot{U}_\text{o}}{\dot{U}_\text{i}} = -\beta \frac{R_\text{C} \parallel R_\text{L}}{r_\text{be}}$$

输入电阻

$$R_\text{i} = R_\text{B1} \parallel R_\text{B2} \parallel r_\text{be}$$

输出电阻

$$R_\text{o} \approx R_\text{C}$$

由于电子器件性能的分散性比较大，因此在设计和制作晶体管放大电路时，离不开测量和调试技术。在设计前应测量所用元器件的参数，为电路设计提供必要的依据，在完成设计和装配以后，还必须测量和调试放大器的静态工作点和各项性能指标。一个优质放大器，必定是理论设计与实验调整相结合的产物。因此，除了学习放大器的理论知识和设计方法外，还必须掌握必要的测量和调试技术。

放大器的测量和调试一般包括：放大器静态工作点的测量与调试，消除干扰与自激振荡及放大器各项动态参数的测量与调试等。

1. 放大器静态工作点的测量与调试

（1）静态工作点的测量

测量放大器的静态工作点，应在输入端交流短路即输入信号 $u_\text{i} = 0$，然后用万用表直流电流挡和直流电压挡，分别测量晶体管的集电极电流 I_C 以及各电极对地的电位 U_B、U_C 和 U_E。一般实验中，为了避免断开集电极，所以采用测量电压 U_E 或 U_C，然后算出 I_C 的方法。例如，只要测出 U_E，即可用公式 $I_\text{C} \approx I_\text{E} = \dfrac{U_\text{E}}{R_\text{E}}$ 算出 I_C（也可根据 $I_\text{C} = \dfrac{U_\text{CC} - U_\text{C}}{R_\text{C}}$，由 U_C 确定 I_C），同时也能算出 $U_\text{BE} = U_\text{B} - U_\text{E}$，$U_\text{CE} = U_\text{C} - U_\text{E}$。

（2）静态工作点的调试

放大器静态工作点的调试是指对管子集电极电流 I_C（或 U_CE）的调整与测试。静态工作点是否合适，对放大器的性能和输出波形都有很大影响。如工作点偏高，放大器在加入交流信号以后易产生饱和失真，此时 u_o 的负半周将被削底，如图 1-3-2(a) 所示；如工作点偏低则易产生截止失真，即 u_o 的正半周被缩顶（一般截止失真不如饱和失真明显），如图 1-3-2(b) 所示。

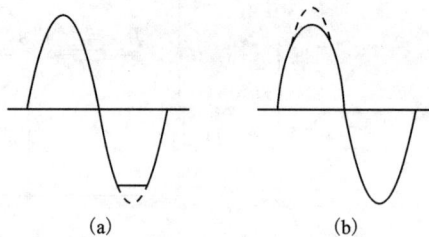

图 1-3-2　静态工作点对 u_o 波形失真的影响

这些情况都不符合不失真放大的要求。所以在选定工作点以后还必须进行动态调试，即在放大器的输入端加入一定的输入电压 u_i，检查输出电压 u_o 的大小和波形是否满足要求。如不满足，则应调节静态工作点的位置。

改变电路参数 U_CC、R_C、R_B（R_B1、R_B2）都会引起静态工作点的变化，如图 1-3-3 所示。但通常多采用调节偏置电阻 R_B2 的方法来改变静态工作点，如减小 R_B2，则可使静态工作点提高等。

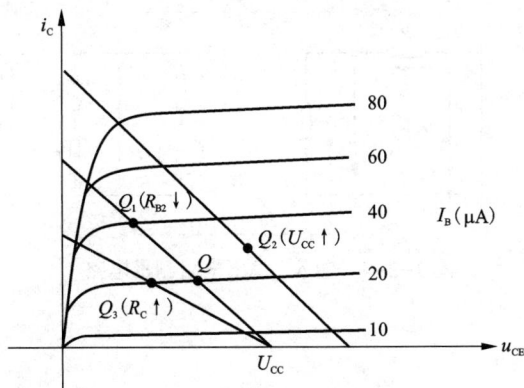

图 1-3-3　电路参数对静态工作点的影响

还要说明的是，上面所说的工作点"偏高"或"偏低"不是绝对的，应该是相对信号的幅度而言的，如输入信号幅度很小，即使工作点较高或较低也不一定会出现失真。所以确切地说，产生波形失真是信号幅度与静态工作点设置配合不当所致。如需满足较大信号幅度的要求，静态工作点最好尽量靠近交流负载线的中点。

2. 放大器动态指标测试

放大器动态指标包括电压放大倍数、输入电阻、输出电阻、最大不失真输出电压(动态范围)和通频带等。

(1)电压放大倍数 A_v 的测量

调整放大器到合适的静态工作点，然后加入输入电压 u_i，在输出电压 u_o 不失真的情况下，用数字毫伏表测出 u_i 和 u_o 的有效值 U_i 和 U_o，也可从示波器测出其有效值或峰-峰值 U_{ip-p}、U_{op-p}(注意 u_i 和 u_o 所用的参量要一致，即都使用有效值或峰-峰值)，则

$$A_v = \frac{U_o}{U_i} = \frac{U_{op-p}}{U_{ip-p}}$$

(2)输入电阻 R_i 的测量

为了测量放大器的输入电阻，按图 1-3-4 所示电路在被测放大器的输入端与信号源之间串入一已知电阻 R_s，在放大器正常工作的情况下，用数字毫伏表测出 U_s 和 U_i，则根据输入电阻的定义可得

$$R_i = \frac{U_i}{I_i} = \frac{U_i}{\dfrac{U_R}{R_s}} = \frac{U_i}{U_s - U_i} R_s$$

式中 U_R 为 R_s 两端电压。测量时应注意下列几点：

①由于电阻 R_s 两端没有电路公共接地点，所以测量 R_s 两端电压 U_s 时必须分别测出 U_s 和 U_i，然后按 $U_R = U_s - U_i$ 求出 U_R 值。

②电阻 R_s 的值不宜取得过大或过小，以免产生较大的测量误差，通常取 R_s 与 R_i 为同一数量级为好，本实验可取 $R_s = 1\sim2$ kΩ。

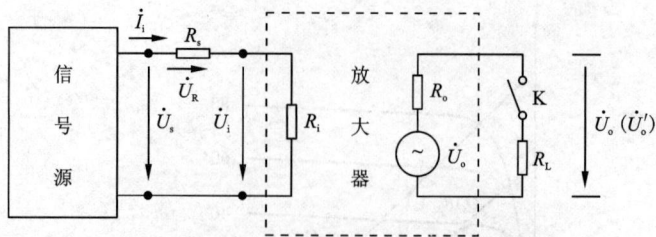

图 1-3-4　输入、输出电阻测量电路

（3）输出电阻 R_o 的测量

按图 1-3-4 所示电路，在放大器正常工作条件下，测出输出端不接负载 R_L 的输出电压 U_o' 和接入负载 R_L 后的输出电压 U_o，根据

$$U_o = \frac{R_L}{R_o + R_L} U_o'$$

即可求出

$$R_o = \left(\frac{U_o'}{U_o} - 1\right) R_L$$

在测试中应注意，必须保持 R_L 接入前后输入信号的大小不变。

（4）最大不失真输出电压 U_{op-p} 的测量（最大动态范围）

如上所述，为了得到最大动态范围，应将静态工作点调在交流负载线的中点。为此在放大器正常工作情况下，逐步增大输入信号的幅度，并同时调节 R_W（改变静态工作点），用示波器观察 u_o，当输出波形同时出现削底和缩顶现象（如图 1-3-5）时，说明静态工作点已调在交流负载线的中点。然后反复调整输入信号，使波形输出幅度最大，且无明显失真时，用数字毫伏表测出 U_o（有效值），则动态范围等于 $2\sqrt{2} U_o$。或用示波器直接读出 U_{op-p} 来。

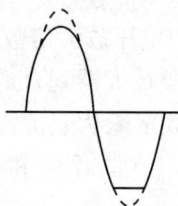

图 1-3-5　静态工作点正常，输入信号太大引起的失真

（5）放大器幅频特性的测量

放大器的幅频特性是指放大器的电压放大倍数 A_v 与输入信号频率 f 之间的关系曲线。单管阻容耦合放大电路的幅频特性曲线如图 1-3-6 所示，A_{vm} 为中频电压放大倍数，通常规定电压放大倍数随频率变化下降到中频放大倍数的 $1/\sqrt{2}$，即 $0.707A_{vm}$ 所对应的频率分别称为下限频率 f_L 和上限频率 f_H，则通频带

$$f_{BW} = f_H - f_L$$

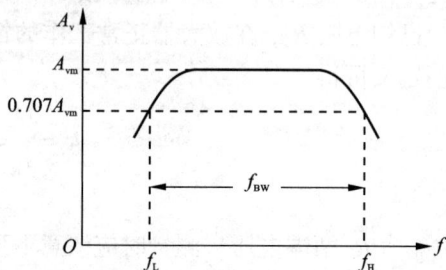

图 1-3-6　幅频特性曲线

放大器的幅频特性就是测量不同频率信号时的电压放大倍数 A_v。为此，可采用前述测 A_v 的方法，每改变一个信号频率，测量其相应的电压放大倍数，测量时应注意取点要恰当，在低频段与高频段应多测几点，在中频段可以少测几点。此外，在改变频率时，要保持输入

信号的幅度不变，且输出波形不得失真。

三、实验设备与器材

实验设备与器材如表 1-3-1 所示。

表 1-3-1　实验设备与器材

名称	数量	备注
模拟电子技术实验箱	1	THM-6A
数字万用表	1	
数字示波器	1	
DDS 函数信号发生器	1	
数字毫伏表	1	

四、实验内容

实验电路如图 1-3-1 所示。各电子仪器可按实验一中图 1-1-1 所示方式连接，为防止干扰，各仪器的公共端必须连在一起，同时信号源、数字毫伏表和示波器的引线应采用专用电缆线或屏蔽线，如使用屏蔽线，则屏蔽线的外包金属网应接在公共接地端上。

1. 调试静态工作点及 β 值的测量

接通直流电源前，先将 R_W 调至最大，函数信号发生器输出旋钮旋至零。接通+12 V 电源，调节 R_W，使 $U_E = 2.0$ V（即 $I_C = 2.0$ mA），用万用表直流电压挡测量 U_B、U_C 及 R_3、R_{B1} 的电压 U_{R3}、U_{RB1}，记入表 1-3-2 中。根据 $\beta = \dfrac{I_C}{I_B} = \dfrac{2 \text{ mA}}{\dfrac{U_{R3}}{R_3} - \dfrac{U_{RB1}}{R_{B1}}}$ 求出 β 值。

表 1-3-2　静态工作点测量及 β 值计算

测量值					计算值			
U_B(V)	U_E(V)	U_C(V)	U_{R3}(V)	U_{RB1}(V)	U_{BE}(V)	U_{CE}(V)	I_B(mA)	β
	2.0 V							

2. 测量电压放大倍数

实验电路输入端加入了一个百分之一 $\left(\dfrac{R_2}{R_1+R_2} = \dfrac{51}{5.1\times10^3+51} \approx \dfrac{1}{100}\right)$ 的分压器，其目的是为了使数字毫伏表可在同一量程下测 U_s 和 U_o，即 G 与 B 相连。调节函数信号发生器使放大器输入电压 u_s 的峰-峰值为 300 mV、频率为 1 kHz，同时用示波器观察放大器输出电压 u_o 波形，在波形不失真的条件下用数字毫伏表测量 U_s、U_i、U_o（$R_L = 2$ kΩ 即有载时）、U_o'（$R_L = \infty$ 即空载时），计算有载时电压放大倍数 A_v、空载时电压放大倍数 A'_v，并记入表 1-3-3 中，在同一坐标系中记录 u_i、u_o 的波形。

表 1-3-3　电压放大倍数

测量值				计算值	
U_s(mV)	U_i(mV)	U'_o(mV)	U_o(mV)	A'_v	A_v

3. 静态工作点对电压放大倍数的影响

调节 u_s 的峰-峰值为 300 mV，用示波器监视 u_o，调节 R_W，在不失真的范围内测出数组 U_E 和 U_o 值。可根据实际情况选择 U_E 值，记入表 1-3-4 中。每次测 U_E 值时都要将信号源的输出旋钮旋至零。

表 1-3-4　静态工作点对电压放大倍数的影响

U_E(V)	0.5					4.0
I_C(mA)	0.5					4.0
U_o(mV)						
A_v						

4. 观察静态工作点对输出波形失真的影响

置 $u_i = 0$，调节 R_W 使 $U_E = 2.0$ V（即 $I_C = 2.0$ mA），再逐步加大输入信号幅度，使输出电压 u_o 足够大但不失真。然后保持输入信号不变，分别增大和减小 R_W，使波形出现失真，绘出 u_o 的波形，并测出失真情况下的 U_E 值，记入表 1-3-5 中。

表 1-3-5　静态工作点对输出波形失真的影响

U_E(V)	I_C(mA)	u_o 波形	失真情况	管子工作状态
2.0	2.0			

5. 测量最大不失真输出电压

按照实验原理中所述方法，同时调节输入信号的幅度和电位器 R_W，使输出波形幅度达到最大，且不失真。用示波器和数字毫伏表测量 U_{op-p} 及 U_i、U_o 值，记入表1-3-6中。

表1-3-6　测量最大不失真输出电压

$U_i(\text{mV})$	$U_o(\text{mV})$	$U_{op-p}(\text{mV})$

6. 测量输入电阻 R_i 和输出电阻 R_o

测量 R_i 最简单的办法是采用串联电阻法，在放大器与信号源之间串入一个已知电阻 R_s，通过测出 U_s 和 U_i 的电压求得 R_i。即在电路中断开 G 与 B 连接，A 与 B 相连，信号源直接从 H 端加入，测出函数信号发生器输入电压 U_s 和 B 点对地电压 U_i，

$$R_i = \frac{U_i}{U_s - U_i} R_s$$

输出电阻 R_o 可利用实验内容2中求得的 U_o、U_o' 及公式 $R_o = \left(\frac{U_o'}{U_o} - 1 \right) R_L$ 求出。

请将相关数据记入表1-3-7。

表1-3-7　输入电阻 R_i 和输出电阻 R_o 的测量

U_i	U_s	计算 R_i	U_o	U_o'	计算 R_o

五、实验总结

(1) 列表整理测量结果，并把实测的静态工作点、电压放大倍数、输入电阻、输出电阻之值与理论计算值比较(取一组数据进行比较)，分析产生误差的原因。

(2) 总结 R_C、R_L 及静态工作点对放大器电压放大倍数、输入电阻、输出电阻的影响。

(3) 讨论静态工作点变化对放大器输出波形的影响。

(4) 分析讨论在调试过程中出现的问题。

实验四　多级放大器

一、实验目的

(1)掌握多级放大器的电压放大倍数的测量方法；

(2)测量多级放大器的幅频特性；

(3)了解工作点对动态范围的影响。

二、实验原理

实验电路如图 1-4-1 所示。总的电压放大倍数

$$A_v = \frac{U_{o1}}{U_i} \cdot \frac{U_{o2}}{U_{o1}} = A_{v1} \cdot A_{v2}$$

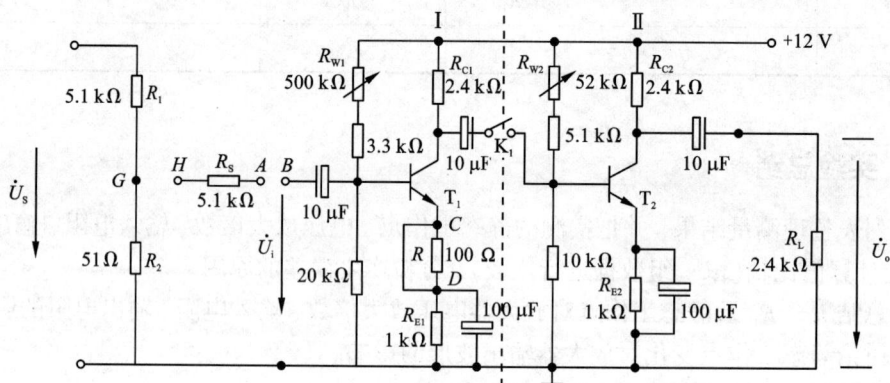

图 1-4-1　两级放大器电路

　　本实验电路在输入端加入了一个百分之一的分压器，其目的是为了使数字毫伏表可在同一量程下测 u_s 和 u_{o2}，以减少因仪表不同量程带来的附加误差。电阻 R_1、R_2 应选精密电阻，且 $R_2 \ll R_{i1}$（R_{i1} 为 T_1 输入电阻）。

三、实验设备与器材

实验设备与器材如表 1-4-1 所示。

表 1-4-1　实验设备与器材

名称	数量	备注
模拟电子技术实验箱	1	THM-6A
数字万用表	1	
数字示波器	1	
DDS 函数信号发生器	1	
数字毫伏表	1	

四、实验内容

实验三中已测量了三极管 T_1 的 β_1 值，本实验中再测量三极管 T_2 的 β_2 值，请将数据记入表 1-4-2 中。

表 1-4-2　三极管 β 值

β_1	β_2

1. 测量静态工作点

按图 1-4-1 接线，闭合 K_1，就组成了两极阻容耦合放大器。将输入端短路，即把 B 点与地连接，第一级发射极交直流负反馈电阻 R 短路，即 C 与 D 短接。调节 R_{W1} 和 R_{W2}，使 $I_{E1}=$ 1.3 mA，$I_{E2}=2$ mA（通过测量发射极电阻电压求得，亦可根据实际情况调节静态值），将 T_1、T_2 的工作点相关数据记入表 1-4-3 中。

表 1-4-3　工作点测试

测量值	U_{B1}	U_{E1}	U_{C1}	U_{B2}	U_{E2}	U_{C2}
计算值	I_{C1}	I_{C2}	U_{BE1}	U_{CE1}	U_{BE2}	U_{CE2}

说明：表中 U_{B1}、U_{E1}、U_{C1} 分别代表三极管 T_1 的基极、发射极及集电极对地电位。U_{B2}、U_{E2}、U_{C2} 分别代表三极管 T_2 的基极、发射极、集电极对地电位。I_{C1} 为 T_1 的集电极电流，$I_{C1} \approx \dfrac{U_{E1}}{R_{E1}}$；$I_{C2}$ 为 T_2 的集电极电流，$I_{C2} \approx \dfrac{U_{E2}}{R_{E2}}$。

2. 测量放大倍数

当输入信号 u_i 的频率 $f=1$ kHz，幅度使输出电压不失真，$R_L=2.4$ kΩ 时，测试各级放大倍数。将测得的数据填入表 1-4-4 中。但须注意，应在示波器监视输出波形不失真的条件下，才能读取数据。

表 1-4-4　各级放大倍数测试($R_L = 2.4 \text{ k}\Omega$)

	$U_s(\text{mV})$	$U_i(\text{mV})$	$U_{o1}(\text{mV})$	$U_{o2}(\text{mV})$	A_{v1}	A_{v2}	A_v
实验值		—					
计算值	—		—	—			

3. 测量幅频特性

保持 $U_s = 100 \text{ mV}$ 的条件下，改变输入信号的频率，测试幅频特性，找出本放大器的 f_L 和 f_H，将结果填入表 1-4-5 中。测放大器下限频率和上限频率的方法是：在测量放大倍数实验中，已测出了中频段的电压放大倍数 A_{vm} 和此时放大器的输出电压 $U_o(U_o = U_{o2})$ 的值。调节函数信号发生器输出正弦波频率，若先降低频率 f，且保持 U_i 大小不变，测 U_o 的值，当输出电压的值降到中频段输出电压值的 0.707 倍时，此时对应的频率即为下限频率 f_L。再将信号源的频率升高，当 f 升高到一定值，若输出电压值再度降到中频段输出电压的 0.707 倍时，此时对应的频率即为上限频率 f_H。

表 1-4-5　幅频特性测试 $f_L = $ ＿＿＿，$f_H = $ ＿＿＿

$f(\text{Hz})$									
$U_{o2}(\text{mV})$									
A_v									

注：用双对数坐标纸画出幅频特性。

4. 末级动态范围测试

用示波器观察 U_{o2} 的波形，输入信号频率 $f = 1 \text{ kHz}$，调节 U_s 从 100 mV 逐渐增大，直到 U_{o2} 的波形在正或负峰值附近开始产生削波，这时适当调节 R_{W2}，直到 U_{o2} 的波形在正负峰值附近同时开始削波，这表示静态工作点正好位于动态交流负载线的中点。再缓慢减小 U_s 到 U_{o2} 无明显失真，将 T_2 的工作点(U_{B2}、U_{C2}、U_{E2})以及 U_{o2p-p} 记入表 1-4-6 中。

表 1-4-6　末级动态范围测试

$U_{B2}(\text{V})$	$U_{C2}(\text{V})$	$U_{E2}(\text{V})$	$U_{o2p-p}(\text{V})$

五、实验总结

根据实验所测的数据，用双对数坐标纸绘制放大器的幅频特性曲线，从曲线上求出上、下限频率，并与理论估算值进行比较。

实验五　多级放大电路中的负反馈

一、实验目的

(1)掌握放大电路开环与闭环特性的测试方法;

(2)验证负反馈对放大器性能(放大倍数,频率特性,输入、输出阻抗)的影响;

(3)进一步熟悉常用电子仪器的使用方法。

二、实验原理

负反馈在电子电路中有着非常广泛的应用,虽然它使放大器的放大倍数降低,但能在多方面改善放大器的动态指标,如稳定放大倍数,改变输入、输出电阻,减小非线性失真和展宽通频带等。因此,几乎所有的实用放大器都带有负反馈。

负反馈放大器有四种组态,即电压串联、电压并联、电流串联、电流并联。本实验以电压串联负反馈为例,分析负反馈对放大器各项性能指标的影响。

图 1-5-1 为带有负反馈的两级阻容耦合放大电路,在电路中通过 R_f 把输出电压 u_o 引回到输入端,加在晶体管 T_1 的发射极上,在发射极电阻 R_{f1} 上形成反馈电压 u_f。根据反馈的判断法可知,它属于电压串联负反馈。

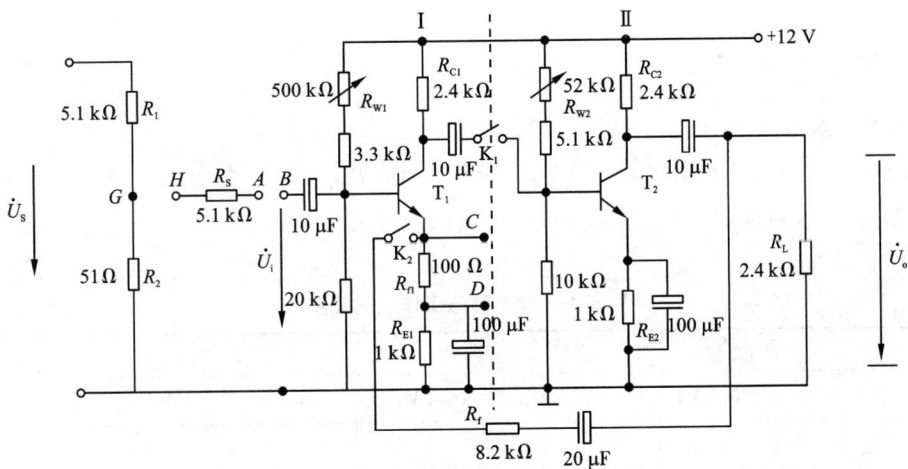

图 1-5-1　带有电压串联负反馈的两级阻容耦合放大器

实验电路如图 1-5-1 所示。

(1) 若 K_2 断开，K_1 合上，C 接 D，则电路就成为无级间电压负反馈的两极阻容耦合放大器，同实验四电路。

(2) 若 K_2 接通，K_1 合上，C 与 D 断开，则电路成为有级间负反馈放大器。

负反馈放大器的放大倍数一般表达式为

$$A_{vf} = \frac{A_v}{1 + A_v F}$$

其中 A_v 为开环放大倍数，A_{vf} 为闭环放大倍数，F 为反馈系数。

若 A_{vm} 表示中频开环放大倍数，且增益表达式只有一个主极点频率，则加负反馈后

$$f_{Hf} = f_H (1 + A_{vm} F), \quad f_{Lf} = \frac{f_L}{1 + A_{vm} F}$$

其中 f_{Hf}、f_{Lf} 为加负反馈后上、下限频率。

本实验中 $R_{if} = R_i (1 + A_{vm} F)$，$R_{of} = \dfrac{R_o}{1 + A_{vm} F}$，其中 R_{if}、R_{of} 为加负反馈后的输入、输出电阻。

三、实验设备与器材

实验设备与器材如表 1-5-1 所示。

表 1-5-1　实验设备与器材

名称	数量	备注
模拟电子技术实验箱	1	THM-6A
数字万用表	1	
数字示波器	1	
DDS 函数信号发生器	1	
数字毫伏表	1	

四、实验内容

1. 测量静态工作点

$U_{CC} = +12 \text{ V}$，C 接 D，B 接地，K_1、K_2 断开，调节 R_{W1}、R_{W2}，使 $U_{E1} = 1.2 \text{ V}$，$U_{E2} = 2 \text{ V}$（即 T_1 和 T_2 的发射极对地电位），把工作点有关数值记入表 1-5-2。

表 1-5-2　静态工作点的测量

	测量值			计算值				
	$U_E(\text{V})$	$U_C(\text{V})$	$U_B(\text{V})$	$U_{BE}(\text{V})$	$U_{CE}(\text{V})$	$I_E(\text{mV})$	β	$r_{be}(\Omega)$
第一级	1.2							
第二级	2							

注：$r_{be} = 300 \ \Omega + (1 + \beta) \dfrac{26 \text{ mV}}{I_E}$

2. 测无级间反馈时的放大器指标(方法、步骤同实验四)

将 G 与 B 相连，K_1、K_2 合上，调节信号源，使 $U_s=100\ mV$，$f=1\ kHz$。测量相关参数，计算中频电压放大倍数 A_{vm}、R_i 及 R_o。改变输入信号频率，测量 f_H 和 f_L，数据记入表1-5-3。

测 R_o 的方法：保持 $U_s=100\ mV$ 不变，输出端不接 R_L 测一个输出电压值 U_o'，输出端接上负载电阻 R_L 后再测一输出电压值 U_o。由式 $R_o=\left(\dfrac{U_o'}{U_o}-1\right)R_L$ 算出输出电阻值。

测输入电阻 R_i 的方法：断开 G 与 B 的连接，A 与 B 相连，信号源 U_s 直接从 H 端加入，$f=1\ kHz$，测量出此时的 U_s 和 U_i，根据式 $R_i=\dfrac{U_i}{U_s-U_i}R_s$ 算出 R_i 值。将数据记入表1-5-4。

3. 测有级间反馈时的放大器指标

将 K_1、K_2 接通，C 与 D 断开，组成有级间负反馈两级放大电路，重复实验内容2，将数据记入表1-5-3、表1-5-4。

表1-5-3　放大器的指标

	测量值						计算值		
	U_s	U_i	U_o	U_o'	f_H	f_L	A_{vm}	A_{vf}	$R_o(R_{of})$
无反馈								—	
有反馈							—		

表1-5-4　输入电阻的测量

	U_s	U_i	$R_i(R_{if})$
无反馈			
有反馈			

五、实验总结

(1)增加幅频特性测量组数，在双对数坐标纸上，分别绘制无反馈和有反馈时幅频特性曲线。

(2)根据实验所得数据，求出各种情况下放大器的输出电阻。

(3)由实验所得的结果说明负反馈对放大器性能有何影响。

实验六　整流和稳压

一、实验目的

(1)掌握单相半波及桥式整流的工作原理;

(2)观察几种常用滤波器的效果;

(3)掌握集成稳压电路的工作原理及技术性能的测试方法。

二、实验原理

半导体二极管具有单相导电特性,通过整流电路,将单相交流电整流成单方向脉动的直流电。假设整流二极管与变压器均为理想元件,则在单相半波整流电路中,负载上的电压平均值 U_L 与变压器副边电压的有效值 U_2 的关系为 $U_L = 0.45U_2$;在单相全波整流电路中,则 $U_L = 0.9U_2$。

在整流电路之后,通过电容–电感或电阻–电容组成滤波电路,将脉动的直流电变成平滑的直流电。

整流电路的主要性能指标为输出直流电压 U_L 和纹波系数 γ。纹波系数用来表征整流电路输出电压的脉动程度,定义为输出电压中交流分量的有效值 $\tilde{U}_L$(又称纹波电压)与输出电压的平均值之比,即 $\gamma = \dfrac{\tilde{U}_L}{U_L}$,$\gamma$ 值愈小愈好。

当交流电源电压或负载电流变化时,整流滤波电路所输出的直流电压,不能保持稳定不变,为了获得稳定的直流输出电压,在整流滤波电路之后,还需增加稳压电路。直流稳压电源由电源变压器、整流滤波电路和稳压电路组成。

本实验采用集成稳压电路,它与由分立元件组成的稳压电路相比,具有外接线路简单、使用方便、体积小、工作可靠等优点。

图 1–6–1 为三端式正集成稳压器 7812 的外形和引脚,它有三个引出端,1—输入端,2—公共端,3—输出端,其参数为:输出电压 +12 V,输出电流 1.5 A(要加散热器),输出电阻 r_o =0.03 Ω,输入电压范围 15~19 V。

稳压电源的主要性能指标为输出电压调节范围、输出电阻 r_o 和稳压系数 S。本实验所用稳压块输出电压为固定+12 V,不能调节。

输出电阻 r_o 定义为当输入交流电压 U_2 保持不变,由于负载变化而引起输出电压的变化 ΔU_L 与输出电流变化 ΔI_L 之比,即 $r_o = \dfrac{\Delta U_L}{\Delta I_L}\Big|_{\Delta U_2=0}$。

稳压系数 S 定义为当负载保持不变，输入交流电压从额定值变化 $\pm 10\%$，输出电压的相对变化量 ΔU_L，与输入交流电压相对变化量 ΔU_2 之比，即 $S = \dfrac{\Delta U_L}{\Delta U_2}$，显然，$r_o$ 及 S 愈小，输出电压愈稳定。

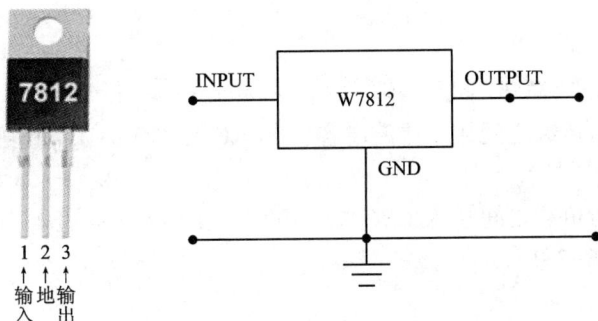

图 1-6-1 三端式正集成稳压器 7812 的外形和引脚

本实验中负载电阻可改变三挡，即 ∞，120 Ω，240 Ω。

三、实验设备与器材

实验设备与器材如表 1-6-1 所示。

表 1-6-1 实验设备与器材

名称	数量	备注
模拟电子技术实验箱	1	THM-6A
数字万用表	1	
数字示波器	1	
DDS 函数信号发生器	1	
数字毫伏表	1	

四、实验内容

1. 单相半波整流

(1)用模拟电子技术实验箱左部的整流二极管 1N4007，按图 1-6-2 接好线路，输入端与 14 V 交流电源接通。

(2)观察整流电路输入交流电压 u_2 及负载两端电压 u_L 的波形，测量 U_2，U_L 及纹波电压 $\tilde{U}_L$，并计算 γ 值，记入表 1-6-2 中。改变输入端交流电压值，重复以上步骤，计算稳压系数 S，记入表 1-6-2 中。

注意：测 U_2，$\tilde{U}_L$ 用什么仪表及量程？测 U_L 又用什么仪表？

(3)在整流电路与负载之间接入滤波电容 100 μF 或 470 μF，重复(2)，将结果记入表 1-6-2。

(4)在整流电路与负载之间接入 CRC 滤波器(相关参数见表1-6-2),重复(2)的要求,将结果记入表1-6-2。

注意:①每次改变接线时,必须切断输入交流电源。②整个实验在观察负载电压 U_L 波形的过程中,Y 轴的衰减开关和微调旋钮,当第一次调整好后,不要再动,否则波形的脉动情况无法比较。

2. 单相桥式全波整流

(1)按图1-6-3连接好线路,测 U_L、U_2 及 $\tilde{U}_L$,观察 u_L 波形,将结果记入表1-6-3中。

(2)在整流电路与负载之间接入滤波电容(100 μF 或 470 μF),重复(1)的要求,将结果记入表1-6-3中。

(3)在整流电路与负载之间接入 CRC 滤波电路(相关参数见表1-6-3),重复(1)的要求,将结果记入表1-6-3中。

3. 直流稳压电源

按图1-6-4接好线路,保持 u_2 不变,改变负载电阻 R_L,测相应的 U_L 及算出 I_L,观察 u_L 波形,计算 r_o,记入表1-6-4中。

注意:稳压块1、3两端不得接反。

表 1-6-2 单相半波整流

电路形式	元件参数	$U_2(V)$	测试结果			计算值	
			$U_L(V)$	$\tilde{U}_L(V)$	u_L 波形	$\gamma=\dfrac{\tilde{U}_1}{U_1}$	S
图 1-6-2 单相半波整流	$R_L=120\ \Omega$	14					
		16					
	$R_L=240\ \Omega$	14					
		16					
电容滤波 $R_L=120\ \Omega$ 或 240 Ω	$C=100\ \mu F$	14					
		16					
	$C=470\ \mu F$	14					
		16					
RC-π 型滤波器 $R_L=120\ \Omega$ 或 240 Ω	$C_1=470\ \mu F$ $C_2=100\ \mu F$ $R=20\ \Omega$	14					
		16					

表 1-6-3　单相桥式整流

电路形式	元件参数	U_2(V)	测试结果			计算值	
			U_L(V)	$\tilde{U}_L$(V)	u_L波形	$\gamma = \dfrac{\tilde{U}_1}{U_1}$	S
图 1-6-3　单相桥式整流电路	$R_L = 120\ \Omega$	14					
		16					
	$R_L = 240\ \Omega$	14					
		16					
$R_L = 120\ \Omega$ 或 $240\ \Omega$	$C = 100\ \mu F$	14					
		16					
	$C = 470\ \mu F$	14					
		16					
$R_L = 120\ \Omega$ 或 $240\ \Omega$	$C_1 = 470\ \mu F$ $C_2 = 100\ \mu F$ $R = 20\ \Omega$	14					
		16					

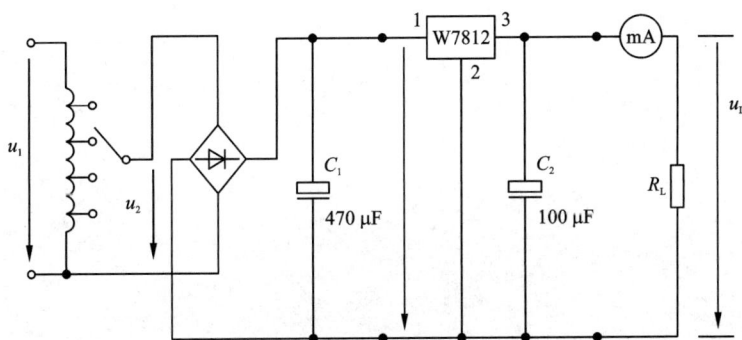

图 1-6-4　直流稳压电源 7812

表 1-6-4　直流电源

负载	测试结果			计算值
	U_L	$I_L = \dfrac{U_L}{R_L}$	u_L 波形	$r_o = \dfrac{\Delta U_L}{\Delta I_L}$
空载				
240 Ω				
120 Ω				

五、实验总结

（1）整理实验数据，比较纹波系数 γ 理论值与实验值。

（2）分析讨论实验中发生的现象和问题。

实验七　差动放大器

一、实验目的

(1)学习差动放大器静态工作点的测量；

(2)测量差动放大器在不同输入和输出连接方式下的差模和共模电压放大倍数；

(3)了解差动放大器对共模信号的抑制作用。

二、实验原理

将两个特性、参数相同的基本放大器按如图 1-7-1 所示电路组合在一起，便形成了差动放大器。R_W 为调零电位器，信号从 u_{i1}、u_{i2} 两端输入，在 T_1、T_2 两管集电极输出 u_o，两个电阻 R_1、R_2 为均压电阻。

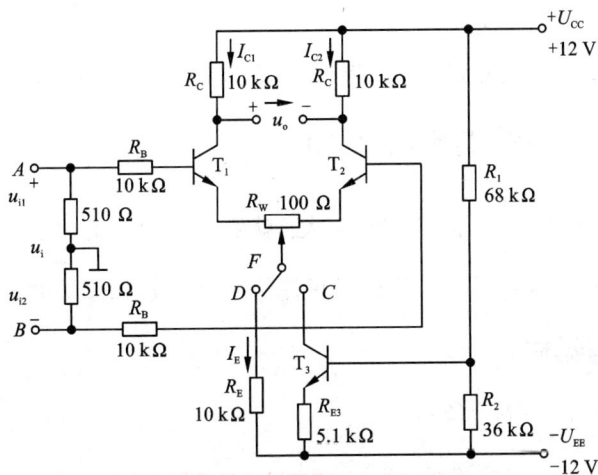

图 1-7-1　差动放大器实验电路

将 F、D 接通，构成典型的差动放大器，调零电位器 R_W 可以弥补电路两边的不对称，用来调节 T_1、T_2 两管的初始工作状态，使输入信号 u_i 为零时，双端输出电压 u_o 也为零。R_E 为两管共用发射极电阻，对差模信号无负反馈作用，不影响差模电压放大倍数，但对共模信号有较强的负反馈作用，即对共模信号有抑制作用。R_E 与负电源 U_{EE} 配合，使两管 T_1、T_2 获得合适的静态工作点。

将 F、C 接通，构成具有恒流源的差动放大器，它用晶体管恒流源代替了发射极电阻 R_E，可进一步提高差动放大器的共模抑制能力。

差动放大器当输入差模信号时，差模电压放大倍数 A_d 的大小与输出方式有关，而与输入方式无关。

1. 差动输入、双端输出

输入信号 u_i 从 u_{i1}、u_{i2} 两端输入，F 接 D，则 $u_{i1} = \dfrac{1}{2}u_i$，其差模放大倍数为

$$A_d = \frac{U_o}{U_i} = \frac{-\beta R_C}{R_B + r_{be} + (1+\beta)\dfrac{R_W}{2}}$$

A_d 等于单管时的放大倍数。

2. 单端输入、双端输出

u_i 加在 u_{i1}、u_{i2} 两端，u_{i2} 接地，F 接 D，则电路为单端输入、双端输出，其差模放大倍数同上式。

3. 单端输出

不管是单端输入还是差动输入方式，当输出为单端输出时有关系式

$$A_{d1} = \frac{U_o}{U_i} = \frac{1}{2}\frac{-\beta R_C}{R_B + r_{be} + (1+\beta)\dfrac{R_W}{2}}$$

A_{d1} 等于单管放大倍数的 1/2。

4. 共模抑制比

u_{i1}、u_{i2} 两点相连，共模信号加到 u_{i1} 与地之间，F 接 D，若为双端输出，则在理想情况下，$A_c = 0$；若为单端输出，则共模放大倍数，$A_{c1} = -\dfrac{R_C}{2R_E}$。

共模抑制比 $\text{CMRR} = 20\lg\dfrac{A_d}{A_c}$，欲使 CMRR 大，就要求 A_d 大，A_c 小；欲要 A_c 小，就要求 R_E 阻值大。当图 1-7-1 中 F 接 C 时，由于 T_3 的恒流作用，等效的 R_E 极大，显然 CMRR 就很大。

三、实验设备与器材

实验设备与器材如表 1-7-1 所示。

表 1-7-1　实验设备与器材

名称	数量	备注
模拟电子技术实验箱	1	THM-6A
数字万用表	1	
数字示波器	1	
DDS 函数信号发生器	1	
数字毫伏表	1	

四、实验内容

1. 典型差动放大器

(1)静态工作点的测量

①调节放大器零点

F 接 D，u_{i1} 与 u_{i2} 相连并接地，接通直流稳压电源，然后调节 R_W 电位器，使放大器双端输出电压 $U_o=0$。

②静态工作点的测量

用数字万用表直流电压挡测量 T_1、T_2 管各电极电位及电阻 R_E 两端电压 U_{RE}，记入表1-7-2。

表1-7-2　静态工作点测量值及计算值

测量值	U_{C1}	U_{B1}	U_{E1}	U_{B2}	U_{C2}	U_{E2}	U_{RE}
计算值	I_{C1}	I_{C2}	I_E	U_{CE1}	U_{BE1}	U_{CE2}	U_{BE2}

(2)电压放大倍数的测量

注意：每次改接输入方式后，须重新校正放大器零点，以求测量数据准确。

①将函数信号发生器输出的频率为 1 kHz、峰-峰值为 100 mV 的正弦波信号加在 u_{i1}、u_{i2} 两点之间，用示波器观察输出波形，在输出无明显失真情况下，用数字毫伏表测 U_{C1}、U_{C2}、U_o、U_{i1}、U_{i2}，也可用示波器测量以上参数峰-峰值，并计算差动输入、双端输出以及差动输入、单端输出时的放大倍数。测量数据记入表1-7-3中。

表1-7-3　典型差动放大器动态数据

	典型差动放大器		
	差动输入	单端输入	共模输入
U_{i1}			
U_{i2}			
U_i			
U_{C1}			
U_{C2}			
U_o			
$A_{d1}=\dfrac{U_{C1}}{U_i}$（单端输出）			—
$A_{d2}=\dfrac{U_{C2}}{U_i}$（单端输出）			—

续上表

	典型差动放大器		
	差动输入	单端输入	共模输入
$A_d = \dfrac{U_o}{U_i}$（双端输出）			—
$A_{c1} = \dfrac{U_{C1}}{U_i}$（单端输出）	—	—	
$A_c = \dfrac{U_o}{U_i}$（双端输出）	—	—	

②将 1 kHz 正弦波信号加在 u_{i1}、u_{i2} 两点之间，且把 u_{i2} 端接地，此时电路为单端输入，在输出无明显失真情况下，测量 U_o、U_{C1}、U_{C2}、U_{i1}、U_{i2}，并计算单端输入、单端输出以及单端输入、双端输出时的放大倍数，将以上数据记入表 1-7-3 中。

（3）比较相位

示波器接外同步方式，观察和比较 u_{C1}、u_{C2} 与 u_i 的相位。

（4）测量共模放大倍数

将 u_{i1}、u_{i2} 两点相连，F 接 D，在 $u_{i1}(u_{i2})$ 与地间加入 1 kHz、峰-峰值 1 V 的正弦波信号，测 $U_{i1}(U_{i2})$、U_{C1}、U_{C2}、U_o，将测得数据记入表 1-7-3 中，并计算共模放大倍数 A_{c1}、A_c，记入表 1-7-3 中。

2. 具有恒流源的差动放大器

F 接 C 构成具有恒流源的差动放大器，输入端 u_{i1}、u_{i2} 之间加入 1 kHz、峰-峰值 100 mV 的正弦波信号后，测量表 1-7-4 中的内容，并将数据填入表中。

表 1-7-4 具有恒流源的差动放大器动态数据

	具有恒流源的差动放大器		
	差动输入	单端输入	共模输入
U_{i1}			
U_{i2}			
U_i			
U_{C1}			
U_{C2}			
U_o			
$A_{d1} = \dfrac{U_{C1}}{U_i}$（单端输出）			—
$A_{d2} = \dfrac{U_{C2}}{U_i}$（单端输出）			—
$A_d = \dfrac{U_o}{U_i}$（双端输出）			—

续上表

	具有恒流源的差动放大器		
	差动输入	单端输入	共模输入
$A_{c1}=\dfrac{U_{C1}}{U_i}$（单端输出）	—	—	
$A_c=\dfrac{U_o}{U_i}$（双端输出）	—	—	

五、实验总结

（1）根据实验数据计算不同输入、输出方式下的差模电压放大倍数，并比较之。

（2）计算典型差动放大器单端输出时共模抑制比和具有恒流源的差动放大器单端输出时的共模抑制比，并比较之。

（3）比较 u_{C1}、u_{C2} 与 u_i 之间相位关系。

（4）根据实验中所观察到的现象，总结电阻 R_E 及恒流源的作用。

实验八　射极跟随器

一、实验目的

(1)掌握射极跟随器的特性及测试方法。

(2)进一步学习放大器各项参数的测试方法。

(3)学习线路板制作。

二、实验原理

射极跟随器(即共集电极电路)的原理图如图 1-8-1 所示。它也是一个电压串联负反馈放大电路,它具有输入电阻高,输出电阻低,电压放大倍数接近于 1,输出电压能够在较大范围内跟随输入电压做线性变化以及输入、输出信号同相等特点。

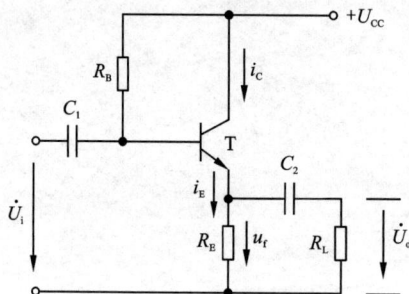

图 1-8-1　射极跟随器

射极跟随器的输出取自发射极,故称其为射极输出器。

1. 电压放大倍数

$$A_v = \frac{(1+\beta)(R_E \parallel R_L)}{r_{be}+(1+\beta)(R_E \parallel R_L)} \leqslant 1$$

上式说明射极跟随器的电压放大倍数小于或等于 1,且为正值,是深度电压负反馈的结果。但它的射极电流仍比基极电流大 $(1+\beta)$ 倍,所以它具有一定的电流和功率放大作用。

2. 输入电阻 R_i

$$R_i = r_{be}+(1+\beta)R_E$$

如考虑偏置电阻 R_B 和负载电阻 R_L 的影响,则

$$R_i = [r_{be} + (1+\beta)(R_E \parallel R_L)] \parallel R_B$$

由上式可知射极跟随器的输入电阻 R_i 比共射极单管放大器的输入电阻 $R_i = R_B \parallel r_{be}$ 高得多，但由于偏置电阻 R_B 的分流作用，输入电阻难以进一步提高。

输入电阻的测试方法同单管放大器，实验电路如图 1-8-2 所示。

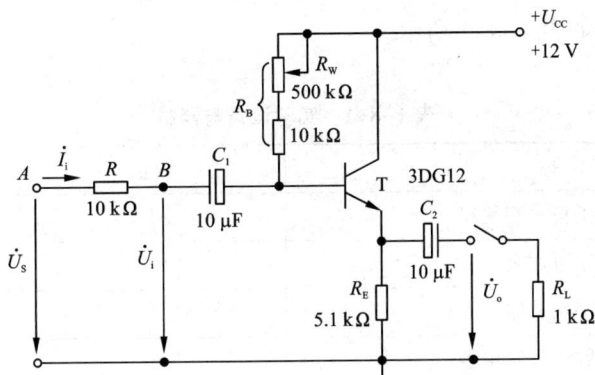

图 1-8-2 射极跟随器实验电路

$$R_i = \frac{U_i}{I_i} = \frac{U_i}{U_s - U_i} R$$

即只要测得 A、B 两点的对地电位即可计算出 R_i。

3. 输出电阻 R_o

$$R_o = \frac{r_{be}}{1+\beta} \parallel R_E \approx \frac{r_{be}}{\beta}$$

如考虑信号源内阻 R_s，则

$$R_o = \frac{r_{be} + (R_s \parallel R_B)}{1+\beta} \parallel R_E \approx \frac{r_{be} + (R_s \parallel R_B)}{\beta}$$

由上式可知射极跟随器的输出电阻 R_o 比共射极单管放大器的输出电阻（$R_o \approx R_C$）低得多。三极管的 β 愈高，输出电阻愈小。

输出电阻 R_o 的测试方法亦同单管放大器，即先测出空载输出电压 U_o，再测接入负载 R_L 后的输出电压 U_L，根据

$$U_L = \frac{R_L}{R_o + R_L} U_o$$

即可求出 R_o

$$R_o = \left(\frac{U_o}{U_L} - 1 \right) R_L$$

4. 电压跟随范围

电压跟随范围是指射极跟随器输出电压 u_o 跟随输入电压 u_i 做线性变化的区域。当 u_i 超过一定范围时，u_o 便不能跟随 u_i 做线性变化，即 u_o 波形产生了失真。为了使输出电压 u_o

正、负半周对称，并充分利用电压跟随范围，静态工作点应选在交流负载线的中点，测量时可直接用示波器读取 u_o 的峰-峰值 U_{op-p}，即电压跟随范围；或用数字毫伏表读取 u_o 的有效值 U_o，则电压跟随范围

$$U_{op-p} = 2\sqrt{2}\,U_o$$

三、实验设备与器材

实验设备与器材如表 1-8-1 所示。

表 1-8-1　实验设备与器材

名称	数量	备注
模拟电子技术实验箱	1	THM-6A
数字万用表	1	
数字示波器	1	
DDS 函数信号发生器	1	
数字毫伏表	1	

四、实验内容

1. 静态工作点的调整

按图 1-8-2 连接电路，接通 +12 V 直流电源，在 B 点加入频率为 1 kHz、幅度为 100 mV 正弦波信号 u_i，输出端用示波器监视输出波形，反复调整 R_W 及信号源的输出幅度，使在示波器的屏幕上得到一个最大不失真输出波形，然后置 $u_i = 0$，用万用表直流电压挡测量晶体管各电极对地电位，将测得数据记入表 1-8-2 中。

表 1-8-2　静态工作点测量值及计算值

测量值			计算值		
$U_E(V)$	$U_B(V)$	$U_C(V)$	$I_E(mA)$	$U_{BE}(V)$	$U_{CE}(V)$

在下面整个测试过程中应保持 R_W 值不变(即保持静态工作点 I_E 不变)。

2. 测量电压放大倍数 A_v、输出电阻 R_o

接入负载 $R_L = 1\text{ k}\Omega$，在 B 点加入频率为 1 kHz、幅度为 100 mV 正弦波信号 u_i，调节输入信号幅度，用示波器观察输出波形 u_o，在输出最大不失真情况下，用示波器测量 U_{ip-p}、U_{op-p}(空载输出电压)、U_{Lp-p}(接上负载 $R_L = 5.1\text{ k}\Omega$ 时所测的值)。也可用数字毫伏表测量其有效值。将结果记入表 1-8-3 中。

表 1-8-3 电压放大倍数 A_v 及输出电阻 R_o 的测量

测量值			计算值	
$U_{ip-p}/U_i(mV)$	$U_{op-p}/U_o(mV)$	$U_{Lp-p}/U_L(mV)$	A_v	$R_o(k\Omega)$

3. 测量输入电阻 R_i

在 A 点加入频率为 1 kHz、幅度为 100 mV 的正弦波信号 u_s,用示波器监视输出波形,用数字毫伏表分别测出 A、B 点对地的电位 U_s、U_i,记入表 1-8-4 中。

表 1-8-4 输入电阻 R_i 的测量

$U_s(mV)$	$U_i(mV)$	$R_i(k\Omega)$

4. 测试跟随特性

接入负载 $R_L = 1 k\Omega$,在 B 点加入 $f = 1$ kHz 正弦波信号 u_i,由小到大逐渐增大输入信号 u_i 幅度,用示波器观察输出波形,选择不同的点记录 U_i、U_L,直至输出波形达最大不失真,测量最大不失真输入、输出电压值,记入表 1-8-5 中。

表 1-8-5 跟随特性测试

$U_i(mV)$	50					$U_{imax} = $ _____
$U_L(mV)$						$U_{Lmax} = $ _____

5. 测试频率响应特性

保持输入信号 u_i 幅度不变,改变信号源频率,用示波器监视输出波形,用示波器或数字毫伏表测量不同频率下的输出电压值 U_L,并测出上、下限频率 f_H、f_L,记入表 1-8-6 中。

表 1-8-6 频率响应特性的测量($f_L = $ _____ kHz;$f_H = $ _____ kHz)

$f(kHz)$						
$U_L(mV)$						

五、实验总结

(1)整理实验数据,并画出 $U_L = F(U_i)$ 及 $U_L = F(f)$ 曲线。

(2)分析射极跟随器的性能和特点。

实验九　场效应管放大器

一、实验目的

(1)了解结型场效应管的性能和特点；

(2)进一步熟悉放大器动态参数的测试方法。

二、实验原理

场效应管是一种电压控制型器件,按结构可分为结型和绝缘栅型两种类型。由于场效应管栅源之间处于绝缘或反向偏置,所以输入电阻很高(一般可达上百兆欧)。又由于场效应管是一种多数载流子控制器件,因此热稳定性好,抗辐射能力强,噪声系数小。加之制造工艺较简单,便于大规模集成,因此得到越来越广泛的应用。

1. 结型场效应管的特性和参数

场效应管的特性主要有输出特性和转移特性。图 1-9-1 为 N 沟道结型场效应管 3DJ6F 的输出特性和转移特性曲线。其直流参数主要有饱和漏极电流 I_{DSS}、夹断电压 U_P 等；交流参数主要有低频跨导 g_m。

$$g_m = \frac{\Delta I_D}{\Delta U_{GS}} \mid U_{DS} = 常数$$

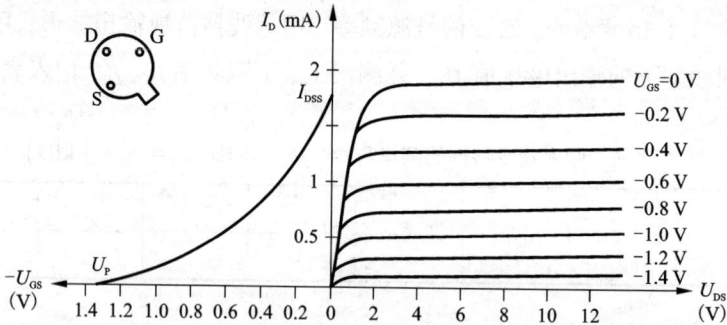

图 1-9-1　3DJ6F 的输出特性和转移特性曲线

表 1-9-1 列出了 3DJ6F 的典型参数值及测试条件。

表 1-9-1 3DJ6F 的典型参数值

参数名称	饱和漏极电流 $I_{DSS}(mA)$	夹断电压 $U_P(V)$	跨 导 $g_m(\mu A/V)$
测试条件	$U_{DS}=10\ V$ $U_{GS}=0\ V$	$U_{DS}=10\ V$ $I_{DS}=50\ \mu A$	$U_{DS}=10\ V$ $I_{DS}=3\ mA$ $f=1\ kHz$
参数值	$1\sim3.5$	$<|-9|$	>100

2. 场效应管放大器性能分析

图 1-9-2 为由结型场效应管组成的共源极放大电路。其静态工作点

$$I_D = I_{DSS}\left(1-\frac{U_{GS}}{U_P}\right)^2$$

中频电压放大倍数　　$A_{vm} = -g_m R'_L = -g_m(R_D /\!/ R_L)$

输入电阻　　　　　　$R_i \approx R_G + R_{g1} /\!/ R_{g2}$

输出电阻　　　　　　$R_o \approx R_D$

式中跨导 g_m 可由特性曲线用作图法求得，或用公式

$$g_m = -\frac{2I_{DSS}}{U_P}\left(1-\frac{U_{GS}}{U_P}\right)$$

求得。但要注意，计算时 U_{GS} 要用静态工作点处之数值。

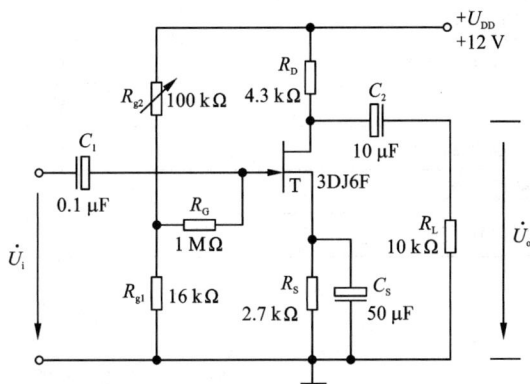

图 1-9-2 结型场效应管共源极放大器

3. 输入电阻的测量方法

　　场效应管放大器的静态工作点、电压放大倍数和输出电阻的测量方法，与实验三中晶体管放大器的测量方法相同。其输入电阻的测量，从原理上讲，也可采用实验三中所述方法，但由于场效应管的 R_i 比较大，如直接测输入电压 U_s 和 U_i，则限于测量仪器的输入电阻有限，必然会带来较大的误差。因此为了减小误差，常利用被测放大器的隔离作用，通过测量输出电压 U_o 来计算输入电阻。测量电路如图 1-9-3 所示。

　　在放大器的输入端串入电阻 R，把开关 K 掷向位置 1（即使 $R=0$），测量放大器的输出电压 U_{o1}，$U_{o1}=A_v U_s$；保持 U_s 不变，再把 K 掷向位置 2（即接入 R），测量放大器的输出电压 U_{o2}。由于两次测量中 A_v 和 U_s 保持不变，故

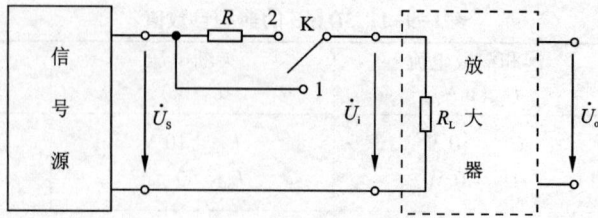

图 1-9-3　输入电阻测量电路

$$U_{o2} = A_v U_i = \frac{R_i}{R+R_i} U_s A_v$$

由此可以求出

$$R_i = \frac{U_{o2}}{U_{o1}-U_{o2}} R$$

式中 R 和 R_i 不要相差太大，本实验可取 $R = 100 \sim 200$ kΩ。

三、实验设备与器材

实验设备与器材如表 1-9-2 所示。

表 1-9-2　实验设备与器材

名称	数量	备注
模拟电子技术实验箱	1	THM-6A
数字万用表	1	
数字示波器	1	
DDS 函数信号发生器	1	
数字毫伏表	1	

四、实验内容

1. 静态工作点的测量和调整

（1）接图 1-9-2 连接电路，令 $u_i = 0$，接通 +12 V 电源，用万用表直流电压挡测量 U_G、U_S 和 U_D。检查静态工作点是否在特性曲线放大区的中间部分。如合适则把结果记入表 1-9-3 中。

（2）若不合适，则适当调整 R_{g2} 和 R_s，调好后，再测量 U_G、U_S 和 U_D，记入表 1-9-3 中。

表 1-9-3　静态工作点的测量

测量值			计算值		
U_G(V)	U_S(V)	U_D(V)	U_{DS}(V)	U_{GS}(V)	I_D(mA)

2. 电压放大倍数 A_v、输入电阻 R_i 和输出电阻 R_o 的测量

(1) A_v 和 R_o 的测量

在放大器的输入端输入 $f=1$ kHz 的正弦波信号 u_i($U_i=50\sim100$ mV),并用示波器监视输出电压 u_o 的波形。在输出电压 u_o 没有失真的条件下,用数字毫伏表分别测量 $R_L=\infty$ 和 $R_L=10$ kΩ 时的输出电压 U_o(注意:保持 u_i 幅值不变),将结果记入表 1-9-4 中。

表 1-9-4 A_v 和 R_o 的测量

测量值			计算值		u_i 和 u_o 波形
	U_i(mV)	U_o(V)	A_v	R_o(kΩ)	
$R_L=\infty$					
$R_L=10$ kΩ					

用示波器同时观察 u_i 和 u_o 的波形,描绘出来并分析它们的相位关系。

(2) R_i 的测量

按图 1-9-3 改接实验电路,选择合适大小的输入电压 U_s($50\sim100$ mV),将开关 K 掷向"1",测出 $R=0$ 时的输出电压 U_{o1},然后将开关 K 掷向"2",接入 R,保持 U_s 不变,再测出 U_{o2},根据公式

$$R_i=\frac{U_{o2}}{U_{o1}-U_{o2}}R$$

求出 R_i,记入表 1-9-5 中。

表 1-9-5 R_i 的测量

测量值			计算值
U_{o1}(V)	U_{o2}(V)	R(kΩ)	R_i(kΩ)

五、实验总结

(1) 整理实验数据,将测得的 A_v、R_i、R_o 和理论计算值进行比较。

(2) 把场效应管放大器与晶体管放大器进行比较,总结场效应管放大器的特点。

(3) 分析测试中的问题,总结实验收获。

实验十　集成运算放大器指标测试

一、实验目的

(1)掌握运算放大器主要指标的测试方法;

(2)通过对运算放大器 μA741 指标的测试,了解集成运算放大器组件的主要参数的定义和表示方法。

二、实验原理

集成运算放大器是一种线性集成电路,和其他半导体器件一样,它是用一些性能指标来衡量其质量的优劣。为了正确使用集成运放,就必须了解它的主要参数指标。集成运放组件的各项指标通常是用专用仪器进行测试的,这里介绍的是一种简易测试方法。

本实验采用的集成运放型号为 μA741(或 F007),引脚排列如图 1-10-1 所示,它是八脚双列直插式组件,2 脚和 3 脚分别为反相和同相输入端,6 脚为输出端,7 脚和 4 脚分别为正、负电源端,1 脚和 5 脚为失调调零端,1 脚、5 脚之间可接入一只几十千欧的电位器并将滑动触头接到负电源端,8 脚为空脚。

μA741 主要指标测试如下:

1. 输入失调电压 U_{os}

理想运算放大器组件,当输入信号为零时,其输出也为零。但是即使是最优质的集成组件,由于运算放大器内部差动输入级参数的不完全对称,输出电压往往不为零。这种零输入时输出不为零的现象称为集成运放的失调。

输入失调电压 U_{os} 是指输入信号为零时,输出端输出的电压折算到同相输入端的数值。输入失调电压测试电路如图 1-10-2 所示。闭合开关 K_1、K_2,使电阻 R_B 短接,测量此时的输出电压 U_{o1} 即为输出失调电压,则输入失调电压

$$U_{os} = \frac{R_1}{R_1 + R_F} U_{o1}$$

实际测出的 U_{o1} 可能为正,也可能为负,一般在 2~10 mV,对于高质量的运放 U_{os} 在 1 mV 以下。

测试中应注意:

①将运放调零端开路。

②要求电阻 R_1 和 R_2,R_3 和 R_F 的参数严格对称。

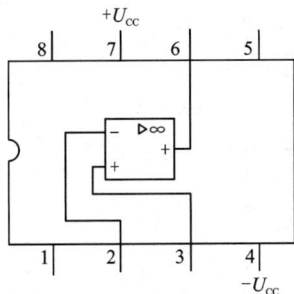

图 1-10-1　μA741 管脚图

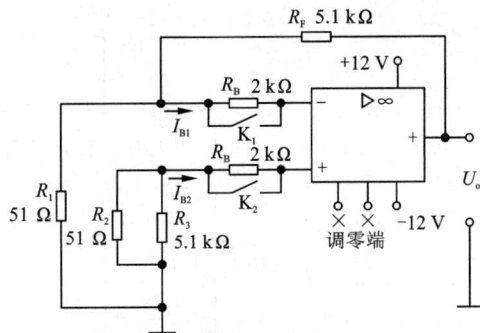

图 1-10-2　U_{os}、I_{os} 测试电路

2. 输入失调电流 I_{os}

输入失调电流 I_{os} 是指当输入信号为零时，运放的两个输入端的基极偏置电流之差

$$I_{os} = |I_{B1} - I_{B2}|$$

输入失调电流的大小反映了运放内部差动输入级两个晶体管 β 的失配度，由于 I_{B1}、I_{B2} 本身的数值已很小（微安级），因此它们的差值通常不是直接测量的。测试电路如图 1-10-2 所示，测试分两步进行：

(1) 闭合开关 K_1、K_2，在低输入电阻下，测出输出电压 U_{o1}，如前所述，这是由输入失调电压 U_{os} 所引起的输出电压。

(2) 断开 K_1、K_2，两个输入电阻 R_B 接入，由于 R_B 阻值较大，流经它们的输入电流的差异，将变成输入电压的差异，因此，也会影响输出电压的大小，可见测出两个电阻 R_B 接入时的输出电压 U_{o2}，若从中扣除输入失调电压 U_{os} 的影响，则输入失调电流 I_{os} 为

$$I_{os} = |I_{B1} - I_{B2}| = |U_{o2} - U_{o1}| \frac{R_1}{R_1 + R_F} \cdot \frac{1}{R_B}$$

一般地，I_{os} 为几十至几百纳安（10^{-9}A），高质量运放 I_{os} 低于 1 nA。

测试中应注意：

① 将运放调零端开路。

② 两输入端电阻 R_B 必须精确配对。

3. 开环差模放大倍数 A_{ud}

集成运放在没有外部反馈时的直流差模放大倍数称为开环差模电压放大倍数，用 A_{ud} 表示。它定义为开环输出电压 U_o 与两个差分输入端之间所加信号电压 U_{id} 之比

$$A_{ud} = \frac{U_o}{U_{id}}$$

按定义 A_{ud} 应是信号频率为零时的直流放大倍数，但为了测试方便，通常采用低频（几十赫兹以下）正弦交流信号进行测量。由于集成运放的开环电压放大倍数很高，难以直接进行测量，故一般采用闭环测量方法。A_{ud} 的测试方法很多，现采用交、直流同时闭环的测试方法，如图 1-10-3 所示。

被测运放一方面通过 R_F、R_1、R_2 完成直流闭环，以抑制输出电压漂移，另一方面通过 R_F 和 R_s 实现交流闭环，外加信号 u_s 经 R_1、R_2 分压，使 u_{id} 足够小，以保证运放工作在线性区，

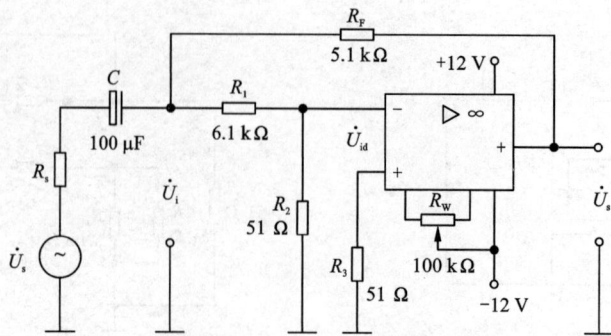

图 1-10-3 A_{ud} 测试电路

同相输入端电阻 R_3 应与反相输入端电阻 R_2 相匹配,以减小输入偏置电流的影响,电容 C 为隔直电容。被测运放的开环电压放大倍数为

$$A_{ud} = \frac{U_o}{U_{id}} = \left(1 + \frac{R_1}{R_2}\right)\frac{U_o}{U_i}$$

通常低增益运放 A_{ud} 为 60~70 dB,中增益运放约为 80 dB,高增益在 100 dB 以上,可达 120~140 dB。

测试中应注意:

①测试前电路应首先消振及调零。

②被测运放要工作在线性区。

③输入信号频率应较低,一般用 50~100 Hz,输出信号幅度应较小,且无明显失真。

4. 共模抑制比 CMRR

集成运放的差模电压放大倍数 A_d 与共模电压放大倍数 A_c 之比称为共模抑制比。

$$CMRR = \left|\frac{A_d}{A_c}\right| \quad \text{或} \quad CMRR = 20\lg\left|\frac{A_d}{A_c}\right| \,(\text{dB})$$

共模抑制比在应用中是一个很重要的参数,理想运放对输入的共模信号其输出为零,但在实际的集成运放中,其输出不可能没有共模信号的成分,输出端共模信号愈小,说明电路对称性愈好,也就是说运放对共模干扰信号的抑制能力愈强,即 CMRR 愈大。CMRR 的测试电路如图 1-10-4 所示。

集成运放工作在闭环状态下的差模电压放大倍数为

$$A_d = -\frac{R_F}{R_1}$$

当接入共模输入信号 u_{ic} 时,测得 U_{oc},则共模电压放大倍数为

$$A_c = \frac{U_{oc}}{U_{ic}}$$

得共模抑制比

$$CMRR = \left|\frac{A_d}{A_c}\right| = \frac{R_F}{R_1} \cdot \frac{U_{ic}}{U_{oc}}$$

测试中应注意:

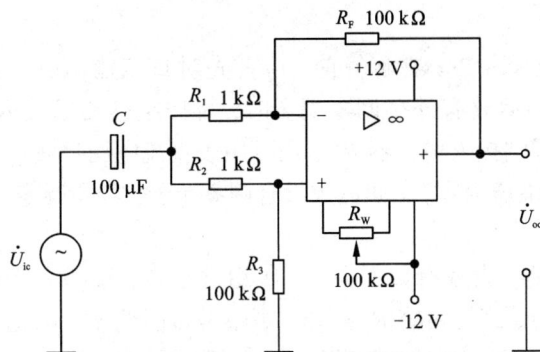

图 1-10-4　CMRR 测试电路

①消振与调零；

②R_1 与 R_2、R_3 与 R_F 之间阻值严格对称；

③输入信号 u_{ic} 幅度必须小于集成运放的最大共模输入电压 U_{icm}。

5. 共模输入电压范围最大值 U_{icm}

共模输入电压超出共模输入电压范围最大值 U_{icm}，集成运放的 CMRR 会大大下降，输出波形产生失真，有些运放还会出现"自锁"现象以及永久性的损坏。

U_{icm} 的测试电路如图 1-10-5 所示。被测运放接成电压跟随器形式，输出端接示波器，观察最大不失真输出波形，从而确定 U_{icm} 值。

6. 输出电压动态范围最大值 U_{om}

集成运放输出电压的动态范围与电源电压、外接负载及信号源频率有关。测试电路如图 1-10-6 所示。

改变 u_s 幅度，观察 u_o 削顶失真开始时刻，从而确定 u_o 的不失真范围，此时的输出电压就是运放在某一定电源电压、外接负载、信号源频率下输出电压动态范围最大值 U_{om}。

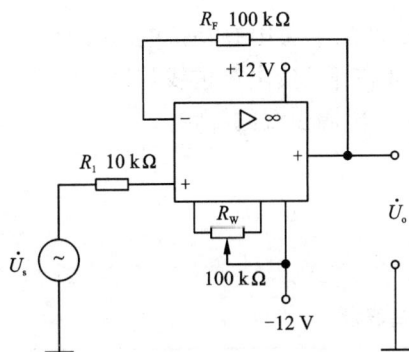

图 1-10-5　U_{icm} 测试电路

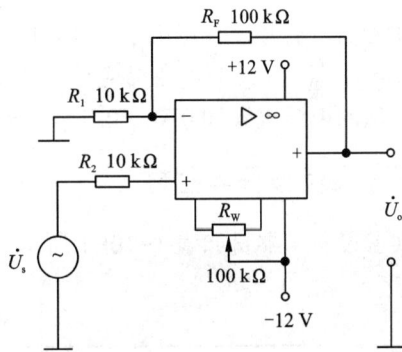

图 1-10-6　U_{om} 测试电路

7. 集成运放在使用时应考虑的一些问题

(1)输入信号选用交、直流量均可，但在选取信号的频率和幅度时，应考虑运放的频响特性和输出幅度的限制。

（2）调零。为提高运算精度，在运算前，应首先对直流输出电位进行调零，即保证输入为零时，输出也为零。当运放有外接调零端子时，可按组件要求接入调零电位器 R_W，调零时，将输入端接地，调零端接入电位器 R_W，用万用表直流电压挡测量输出电压 U_o，细心调节 R_W，使 U_o 为零（即失调电压为零）。如运放没有调零端子，若要调零，可按图 1-10-7 所示电路进行调零。

一个运放如不能调零，大致有如下原因：①组件正常，接线有错误。②组件正常，但负反馈不够强（R_F/R_1 太大），为此可将 R_F 短路，观察是否能调零。③组件正常，但由于它所允许的共模输入电压太低，可能出现自锁现象，因而不能调零。为此可将电源断开后，再重新接通，如能恢复正常，则属于这种情况。④组件正常，但电路有自激现象，应进行消振。⑤组件内部损坏，应更换好的集成块。

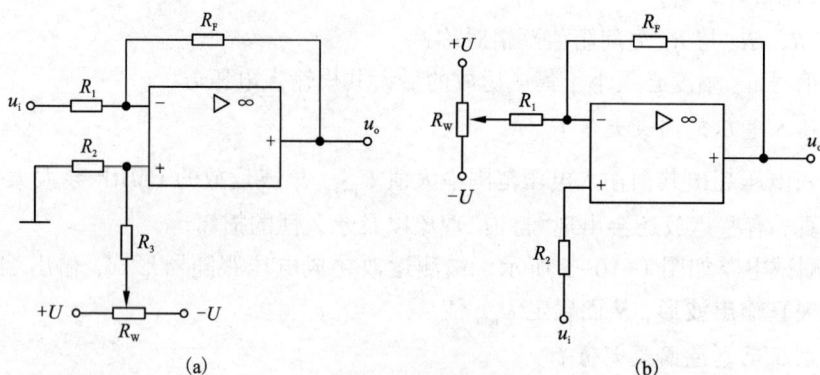

图 1-10-7　调零电路

（3）消振。一个集成运放自激时，表现为即使输入信号为零，亦会有输出，使各种运算功能无法实现，严重时还会损坏器件。在实验中，可用示波器监视输出波形。为消除运放的自激，常采用如下措施：

①若运放有相位补偿端子，可外接 RC 补偿电路，产品手册中有补偿电路及元件参数提供。②电路布线、元器件布局应尽量减少分布电容。③在正、负电源进线与地之间并联接上几十微法的电解电容和 $0.01 \sim 0.1\ \mu F$ 的陶瓷电容以减小电源引线的影响。

三、实验设备与器材

实验设备与器材如表 1-10-1 所示。

表 1-10-1　实验设备与器材

名称	数量	备注
模拟电子技术实验箱	1	THM-6A
数字万用表	1	
数字示波器	1	

续上表

名称	数量	备注
DDS 函数信号发生器	1	
数字毫伏表	1	
集成运算放大器 μA741	1	
电阻器、电容器	若干	

四、实验内容

实验前看清运放管脚排列及电源电压极性及数值,切忌正、负电源接反。

1. 测量输入失调电压 U_{os}

按图 1-10-2 连接实验电路,闭合开关 K_1、K_2,用万用表直流电压挡测量输出端电压 U_{o1},并计算 U_{os},记入表 1-10-2。

2. 测量输入失调电流 I_{os}

实验电路如图 1-10-2 所示,打开开关 K_1、K_2,用万用表直流电压挡测量 U_{o2},并计算 I_{os},记入表 1-10-2 中。

表 1-10-2　集成运算放大器指标测试

U_{os}(mV)		I_{os}(nA)		A_{ud}(dB)		CMRR(dB)	
实测值	典型值	实测值	典型值	实测值	典型值	实测值	典型值
	2~10		50~100		100~106		80~86

3. 测量开环差模电压放大倍数 A_{ud}

按图 1-10-3 连接实验电路,运放输入端加入频率为 100 Hz、幅度为 30~50 mV 的正弦波信号,用示波器监视输出波形。用数字毫伏表测量 U_o 和 U_i,并计算 A_{ud},记入表 1-10-2 中。

4. 测量共模抑制比 CMRR

按图 1-10-4 连接实验电路,运放输入端加入 f = 100 Hz, U_{ic} = 1~2 V 的正弦波信号,监视输出波形。测量 U_{oc} 和 U_{ic},计算 A_c 及 CMRR,记入表 1-10-2 中。

5. 测量共模输入电压范围最大值 U_{icm} 及输出电压动态范围最大值 U_{om}。

自拟实验步骤及方法。

五、实验总结

(1)将所测得的数据与典型值进行比较。
(2)对实验结果及实验中碰到的问题进行分析、讨论。

实验十一　集成运算放大器的基本应用
——模拟运算电路

一、实验目的

(1)研究由集成运算放大器组成的比例、加法、减法和积分等基本运算电路的功能;

(2)了解集成运算放大器在实际应用时应考虑的一些问题。

二、实验原理

集成运算放大器是一种具有高电压放大倍数的直接耦合多级放大电路。当外部接入不同的线性或非线性元器件组成输入和负反馈电路时,可以灵活地实现各种特定的函数关系。在线性应用方面,可组成比例、加法、减法、积分、微分、对数等模拟运算电路。

1. 理想运算放大器特性

在大多数情况下,将运放视为理想运放,就是将运放的各项技术指标理想化,满足下列条件的运算放大器称为理想运放。

- 开环电压增益 $A_{ud} = \infty$
- 输入阻抗 $R_i = \infty$
- 输出阻抗 $R_o = 0$
- 带宽 $f_{BW} = \infty$
- 失调与漂移均为零。

理想运放在线性应用时的两个重要特性:

(1)输出电压 u_o 与输入电压 u_i 之间满足关系式

$$u_o = A_{ud}(u_{i+} - u_{i-})$$

由于 $A_{ud} = \infty$,而 u_o 为有限值,因此,$u_{i+} - u_{i-} \approx 0$。即 $u_{i+} \approx u_{i-}$,称为"虚短"。

(2)由于 $R_i = \infty$,故流进运放两个输入端的电流可视为零,即 $I_{IB} = 0$,称为"虚断"。这说明运放对其前级吸取电流极小。

上述两个特性是分析理想运放应用电路的基本原则,可简化运放电路的计算。

2. 基本运算电路

(1)反相比例运算电路

电路如图 1-11-1 所示。对于理想运放,该电路的输出电压与输入电压之间的关系为

$$u_o = -\frac{R_F}{R_1}u_i$$

为了减小输入级偏置电流引起的运算误差,在同相输入端应接入平衡电阻 R_2,$R_2 = R_1 /\!/ R_F$。

（2）反相加法运算电路

电路如图 1-11-2 所示，输出电压与输入电压之间的关系为

$$u_o = -\left(\frac{R_F}{R_1}u_{i1} + \frac{R_F}{R_2}u_{i2}\right), \quad R_3 = R_1 \parallel R_2 \parallel R_F$$

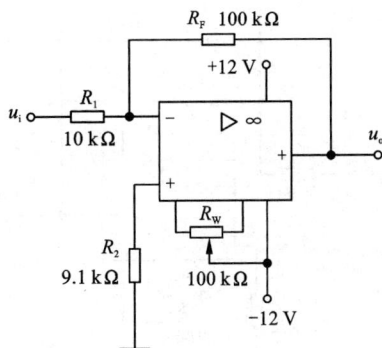

图 1-11-1　反相比例运算电路　　　　**图 1-11-2　反相加法运算电路**

（3）同相比例运算电路

图 1-11-3（a）是同相比例运算电路，它的输出电压与输入电压之间的关系为

$$u_o = \left(1 + \frac{R_F}{R_1}\right)u_i, \quad R_2 = R_1 \parallel R_F$$

当 $R_1 \to \infty$ 时，$u_o = u_i$，即得到如图 1-11-3（b）所示的电压跟随器。图中 $R_2 = R_F$，用以减小漂移和起保护作用。一般 R_F 取 10 kΩ，R_F 太小起不到保护作用，太大则影响跟随性。

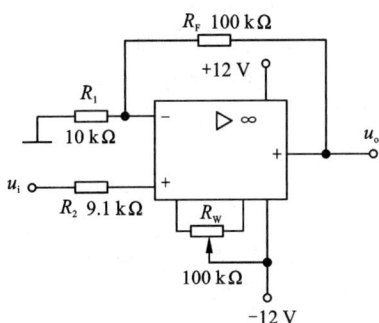

(a)同相比例运算电路　　　　　　　(b)电压跟随器

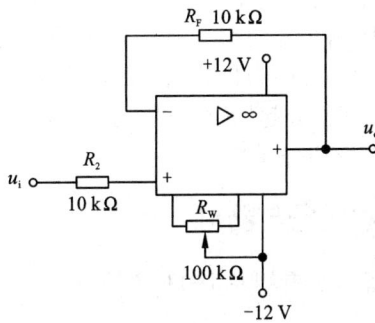

图 1-11-3　同相比例运算电路

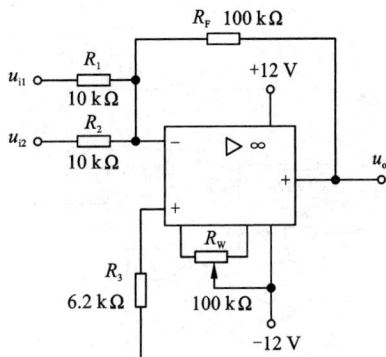

（4）差动放大电路（减法器）

对于图 1-11-4 所示的减法运算电路，当 $R_1 = R_2$，$R_3 = R_F$ 时，有如下关系式

$$u_o = \frac{R_F}{R_1}(u_{i2} - u_{i1})$$

（5）积分运算电路

积分运算电路如图 1-11-5 所示。在理想化条件下，输出电压 u_o 等于

$$u_o = -\frac{1}{R_1 C}\int_0^t u_i \mathrm{d}t + u_c(0)$$

式中 $u_c(0)$ 是 $t=0$ 时刻电容 C 两端的电压值，即初始值。

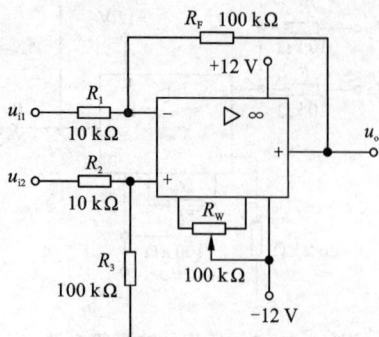

图 1-11-4　减法运算电路

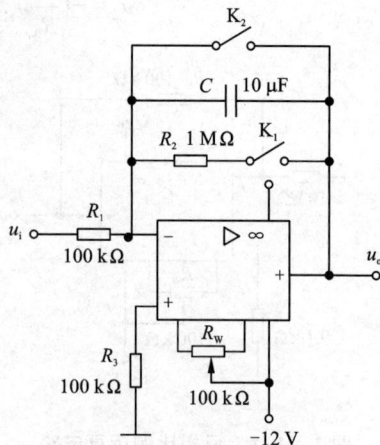

图 1-11-5　积分运算电路

如果 $u_i(t)$ 是幅值为 E 的阶跃电压，并设 $u_c(0)=0$，则

$$u_o(t) = -\frac{1}{R_1 C}\int_0^t E\mathrm{d}t = -\frac{E}{R_1 C}t$$

即输出电压 $u_o(t)$ 随时间增长而线性下降。显然 $R_1 C$ 的数值越大，达到给定的 u_o 值所需的时间就越长。积分输出电压所能达到的最大值受集成运放输出范围的限制。

在进行积分运算之前，首先应对运放调零。为了便于调节，将图中 K_1 闭合，即通过电阻 R_2 的负反馈作用实现调零。但在完成调零后，应将 K_1 打开，以免因 R_2 的接入造成积分误差。K_2 的设置一方面为积分电容放电提供通路，同时可实现积分电容初始电压 $u_c(0)=0$；另一方面，可控制积分起始点，即在加入信号 u_i 后，只要 K_2 一打开，电容就将被恒流充电，电路也就开始进行积分运算。

三、实验设备与器材

实验设备与器材如表 1-11-1 所示。

表 1-11-1　实验设备与器材

名称	数量	备注
模拟电子技术实验箱	1	THM-6A
数字万用表	1	
数字示波器	1	
DDS 函数信号发生器	1	
数字毫伏表	1	
集成运算放大器 μA741	1	
电阻器、电容器	若干	

四、实验内容

实验前要看清运放组件各管脚的位置，切忌正、负电源极性接反和输出端短路，否则将会损坏集成块。

1. 反相比例运算电路

(1)按图 1-11-1 连接实验电路，接通±12 V 电源，输入端对地短路，进行调零和消振。

(2)输入频率为 100 Hz、峰-峰值为 0.5 V 的正弦波信号 u_i，测量相应的 u_o 值，并用示波器观察 u_o 和 u_i 的相位关系，记入表 1-11-2。

表 1-11-2　反相比例运算

U_i(V)	U_o(V)	u_i、u_o 波形	A_v	
			实测计算值	理论计算值
		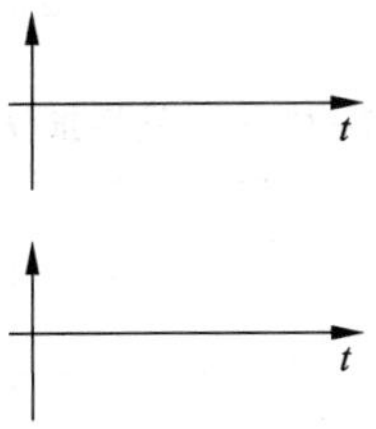		

2. 同相比例运算电路

(1)按图 1-11-3(a)连接实验电路。实验步骤同实验内容 1，u_i 频率为 100 Hz、峰-峰值为 0.5 V 的正弦波信号，将结果记入表 1-11-3。

(2)将图 1-11-3(a)中的 R_1 断开，得图 1-11-3(b)所示电路，重复内容(1)。

表 1-11-3　同相比例运算

U_i(V)	U_o(V)	u_i、u_o 波形	A_v	
			实测计算值	理论计算值
		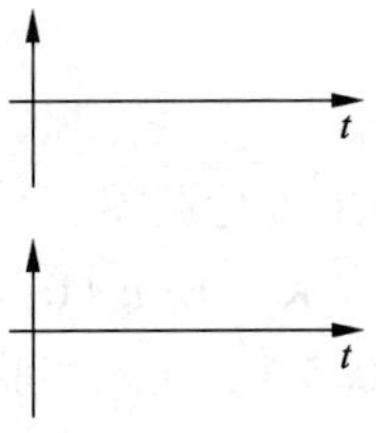		

3. 反相加法运算电路

(1)按图 1-11-2 连接实验电路，进行调零和消振。

（2）输入信号采用直流信号，图 1-11-6 所示电路为简易直流信号源，由实验者自行完成。实验时要注意选择合适的直流信号幅度以确保集成运放工作在线性区。用万用表直流电压挡测量输入电压 U_{i1}、U_{i2} 及输出电压 U_o，记入表 1-11-4。

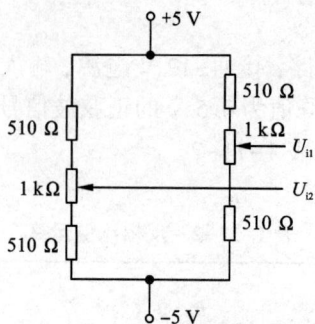

图 1-11-6　简易可调直流信号源

表 1-11-4　反相加法运算

U_{i1}(V)					
U_{i2}(V)					
U_o(V)					

4. 减法运算电路

（1）按图 1-11-4 连接实验电路，进行调零和消振。

（2）采用直流输入信号，实验内容同实验内容 3，将结果记入表 1-11-5。

表 1-11-5　减法运算

U_{i1}(V)					
U_{i2}(V)					
U_o(V)					

5. 积分运算电路

实验电路如图 1-11-5 所示。

（1）打开 K_2，闭合 K_1，对运放输出进行调零。

（2）调零完成后，再打开 K_1，闭合 K_2，使 $u_c(0)=0$。

（3）预先调好直流输入电压 $U_i=0.5$ V，接入实验电路，再打开 K_2，然后用万用表直流电压挡测量输出电压 U_o，每隔 5 s 读一次 U_o，记入表 1-11-6，直到 U_o 不明显增大为止。

表 1-11-6　积分运算

$t(\mathrm{s})$	0	5	10	15	20	25	30	⋯
$U_\mathrm{o}(\mathrm{V})$								

五、实验总结

(1)整理实验数据,画出波形图(注意波形间的相位关系)。

(2)将理论计算结果和实测数据相比较,分析产生误差的原因。

(3)分析讨论实验中出现的现象和问题。

实验十二　集成运算放大器的基本应用
——有源滤波器

一、实验目的

（1）熟悉用运放、电阻和电容组成有源低通滤波器、高通滤波器和带通、带阻滤波器；

（2）学会测量有源滤波器的幅频特性。

二、实验原理

由 RC 元件与运算放大器组成的滤波器称为 RC 有源滤波器，其功能是让一定频率范围内的信号通过，抑制或急剧衰减此频率范围以外的信号。RC 有源滤波器可用在信息处理、数据传输、抑制干扰等方面，但因受运算放大器频带限制，这类滤波器主要用于低频范围。根据对频率范围的选择不同，可分为低通（LPF）、高通（HPF）、带通（BPF）与带阻（BEF）等四种滤波器，它们的幅频特性如图 1-12-1 所示。

具有理想幅频特性的滤波器是很难实现的，只能用实际的幅频特性去逼近理想的。一般来说，滤波器的幅频特性越好，其相频特性越差，反之亦然。滤波器的阶数越高，幅频特性衰减的速率越快，但 RC 网络的节数越多，元件参数计算越烦琐，电路调试越困难。任何高阶滤波器均可以用较低的二阶 RC 有源滤波器级联实现。

1. 低通滤波器（LPF）

低通滤波器是用来通过低频信号，衰减或抑制高频信号的。

图 1-12-2（a）为典型的二阶有源低通滤波器电路图。它由两级 RC 滤波环节与同相比例运算电路组成，其中第一级电容 C 接至输出端，引入适量的正反馈，以改善幅频特性。

图 1-12-2（b）为二阶低通滤波器幅频特性曲线。

电路性能参数：

$A_{up} = 1 + \dfrac{R_f}{R_1}$　　二阶低通滤波器的通带增益。

$f_0 = \dfrac{1}{2\pi RC}$　　截止频率，它是二阶低通滤波器通带与阻带的界限频率。

$Q = \dfrac{1}{3 - A_{up}}$　　品质因数，它的大小影响低通滤波器在截止频率处幅频特性的形状。

2. 高通滤波器（HPF）

与低通滤波器相反，高通滤波器用来通过高频信号，衰减或抑制低频信号。

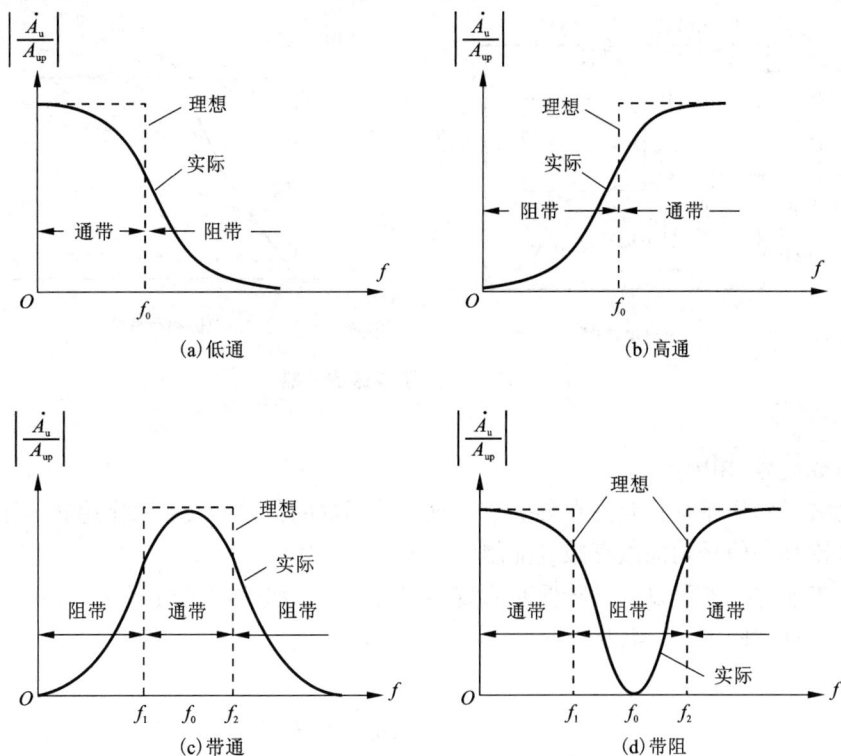

图 1-12-1　四种滤波电路的幅频特性示意图

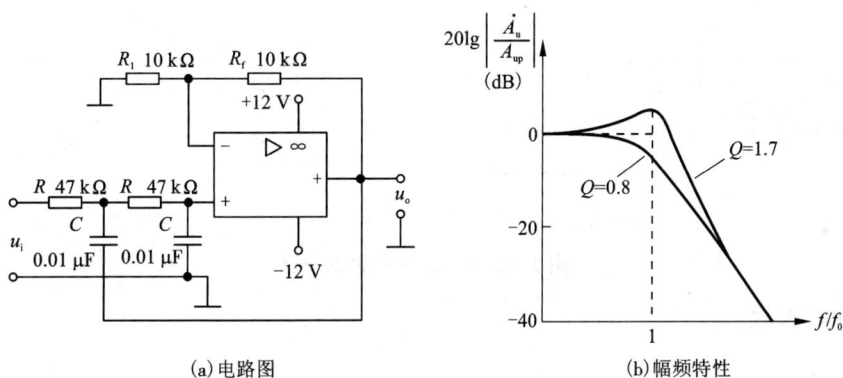

图 1-12-2　二阶低通滤波器

　　只要将图 1-12-2 低通滤波电路中起滤波作用的电阻、电容互换，即可变成二阶有源高通滤波器，如图 1-12-3(a)所示。高通滤波器性能与低通滤波器相反，其频率响应和低通滤波器是"镜像"关系，仿照 LPH 分析方法，不难求得 HPF 的幅频特性。

　　电路性能参数 A_{up}、f_0、Q 各量的含义同二阶低通滤波器。

　　图 1-12-3(b)为二阶高通滤波器的幅频特性曲线，可见，它与二阶低通滤波器的幅频特性曲线有"镜像"关系。

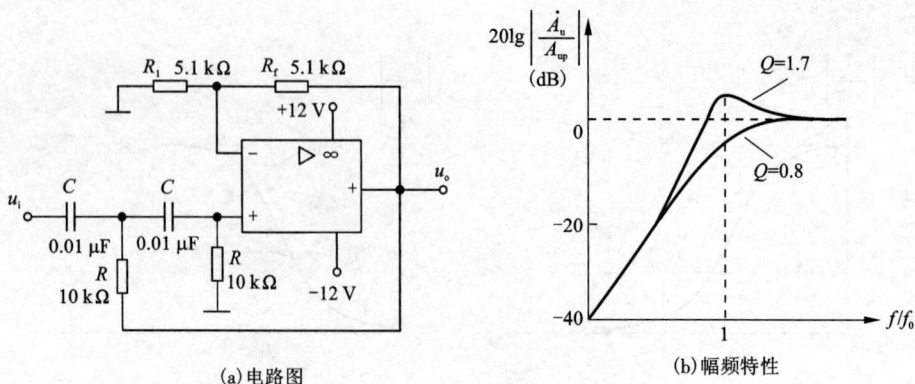

(a)电路图　　　　　　　　(b)幅频特性

图 1-12-3　二阶高通滤波器

3. 带通滤波器(BPF)

这种滤波器的作用是只允许在某一个通频带范围内的信号通过,而比通频带下限频率低和比上限频率高的信号均加以衰减或抑制。

典型的带通滤波器可以从二阶低通滤波器中将其中一级改成高通而成,如图 1-12-4(a)所示。幅频特性如图 1-12-4(b)所示。

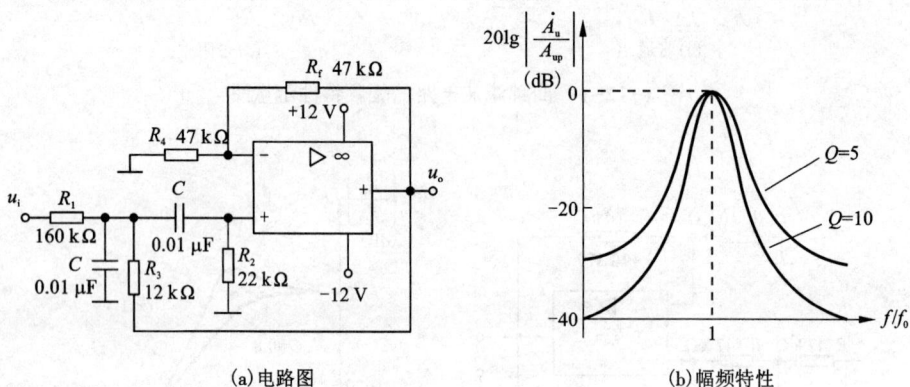

(a)电路图　　　　　　　　(b)幅频特性

图 1-12-4　二阶带通滤波器

电路性能参数:

通带增益　$A_{up} = \dfrac{R_4 + R_f}{R_4 R_1 CB}$

中心频率　$f_0 = \dfrac{1}{2\pi}\sqrt{\dfrac{1}{R_2 C^2}\left(\dfrac{1}{R_1} + \dfrac{1}{R_3}\right)}$

带通宽度　$B = \dfrac{1}{C}\left(\dfrac{1}{R_1} + \dfrac{2}{R_2} - \dfrac{R_f}{R_3 R_4}\right)$

品质因数　$Q = \dfrac{\omega_0}{B}$

此电路的优点是改变 R_f 和 R_4 的比例就可改变频宽而不影响中心频率。

4. 带阻滤波器(BEF)

如图 1-12-5(a)所示,这种电路的性能和带通滤波器相反,即在规定的频带内,信号不能通过(受到很大衰减或抑制),而在其余频率范围,信号则能顺利通过。

在双 T 网络后加一级同相比例运算电路就构成了基本的二阶有源 BEF。幅频特性如图 1-12-5(b)所示。

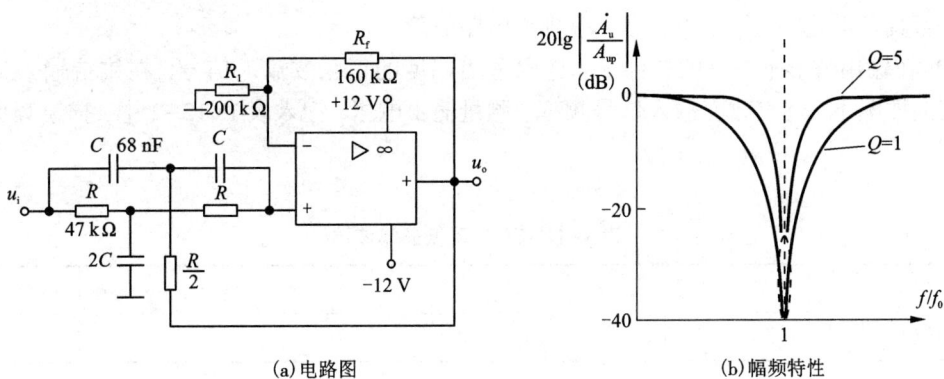

(a)电路图　　　　　　(b)幅频特性

图 1-12-5　二阶带阻滤波器

电路性能参数:

通带增益　$A_{up} = 1 + \dfrac{R_f}{R_1}$

中心频率　$f_0 = \dfrac{1}{2\pi RC}$

带阻宽度　$B = 2(2 - A_{up})f_0$

品质因数　$Q = \dfrac{1}{2(2 - A_{up})}$

三、实验设备与器材

实验设备与器材如表 1-12-1 所示。

表 1-12-1　实验设备与器材

名称	数量	备注
模拟电子技术实验箱	1	THM-6A
数字万用表	1	
数字示波器	1	
DDS 函数信号发生器	1	
数字毫伏表	1	
集成运算放大器 μA741	1	
电阻器、电容器	若干	

四、实验内容

1. 二阶低通滤波器

实验电路如图 1-12-2(a)。

(1)粗测：接通±12 V 电源。u_i 接函数信号发生器，令其输出 $U_i = 1$ V 的正弦波信号。在滤波器截止频率附近改变输入信号频率，用示波器或数字毫伏表观察输出电压幅度的变化，看其是否具备低通特性，如不具备，应排除电路故障。

(2)在输出波形不失真的条件下，选取适当幅度的正弦波输入信号，在维持输入信号幅度不变的情况下，逐点改变输入信号频率，测量输出电压，记入表 1-12-2 中，描绘频率特性曲线。

表 1-12-2　二阶低通滤波器

$f(\text{Hz})$						
$U_o(\text{V})$						

2. 二阶高通滤波器

实验电路如图 1-12-3(a)。

(1)粗测：输入 $U_i = 1$ V 的正弦波信号，在滤波器截止频率附近改变输入信号频率，观察电路是否具备高通特性。

(2)测绘高通滤波器的幅频特性曲线，相关数据记入表 1-12-3。

表 1-12-3　二阶高通滤波器

$f(\text{Hz})$						
$U_o(\text{V})$						

3. 带通滤波器

实验电路如图 1-12-4(a)，测量其频率特性，记入表 1-12-4。

(1)实测电路的中心频率 f_0。

(2)以实测中心频率为中心，测绘电路的幅频特性曲线。

表 1-12-4　带通滤波器

$f(\text{Hz})$						
$U_o(\text{V})$						

4. 带阻滤波器

实验电路如图 1-12-5(a)所示。

(1)实测电路的中心频率 f_0。

(2)测绘电路的幅频特性曲线，相关数据记入表1-12-5。

表1-12-5　带阻滤波器

$f(\text{Hz})$						
$U_\text{o}(\text{V})$						

五、实验总结

(1)整理实验数据，画出各电路实测的幅频特性。

(2)总结有源滤波电路的特性。

实验十三　集成运算放大器的基本应用
——电压比较器

一、实验目的

(1)掌握电压比较器的电路构成及特点；
(2)学会测试比较器的方法。

二、实验原理

电压比较器是集成运放非线性应用电路，它将一个模拟量电压信号和一个参考电压相比较，在二者幅度相等的附近，输出电压将产生跃变，相应输出高电平或低电平。比较器可以组成非正弦波形变换电路及应用于模拟信号与数字信号转换等领域。

图 1-13-1 为一简单的电压比较器，U_R 为参考电压，加在运放的同相输入端，输入电压 u_i 加在反相输入端。

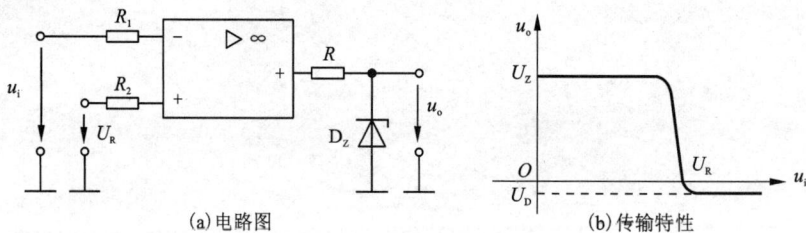

(a)电路图　　　　(b)传输特性

图 1-13-1　电压比较器

当 $u_i < U_R$ 时，运放输出高电平，稳压管 D_Z 反向稳压工作。输出端电位被箝位在稳压管的稳定电压 U_Z，即 $u_o = U_Z$。

当 $u_i > U_R$ 时，运放输出低电平，D_Z 正向导通，输出电压等于稳压管的正向压降 U_D，即 $u_o = -U_D$。

因此，以 U_R 为界，当输入电压 u_i 变化时，输出端反映出两种状态：高电位和低电位。

表示输出电压与输入电压之间关系的特性曲线，称为传输特性。图 1-13-1(b)为图 1-13-1(a)比较器的传输特性。

常用的电压比较器有过零比较器、具有滞回特性的过零比较器、双限比较器(又称窗口比较器)等。

1. 过零比较器

图 1-13-2(a)为加限幅电路的过零比较器，D_z 为限幅稳压管。信号从运放的反相输入端输入，参考电压为零，从同相端输入。当 $u_i > 0$ 时，输出 $u_o = -(U_Z + U_D)$；当 $u_i < 0$ 时，$u_o = +(U_Z + U_D)$。其传输特性如图 1-13-2(b)所示。

过零比较器结构简单，灵敏度高，但抗干扰能力差。

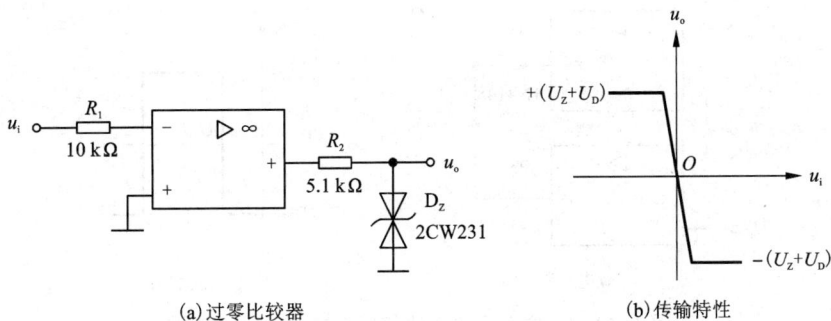

(a)过零比较器　　　　　　　　　(b)传输特性

图 1-13-2　过零比较器

2. 滞回比较器

图 1-13-3(a)为具有滞回特性的过零比较器。过零比较器在实际工作时，如果 u_i 恰好在过零值附近，则由于零点漂移的存在，u_o 将不断由一个极限值转换到另一个极限值，这在控制系统中，对执行机构将是很不利的。为此，就需要输出特性具有滞回现象。如图 1-13-3(a)所示，从输出端引一个电阻分压正反馈支路到同相输入端，若 u_o 改变状态，$\sum$ 点也随着改变电位，使过零点离开原来位置。当 u_o 为正(记作 U_+)，$U_\sum = \dfrac{R_2}{R_f + R_2} U_+$，则当 $u_i > U_\sum$ 后，u_o 即由正变负(记作 U_-)，此时 $U_\sum$ 变为 $-U_\sum$。故只有当 u_i 下降到 $-U_\sum$ 以下，才能使 u_o 再度回升到 U_+，于是出现图 1-13-3(b)中所示的滞回特性。$-U_\sum$ 与 $U_\sum$ 的差别称为回差。改变 R_2 的数值可以改变回差的大小。

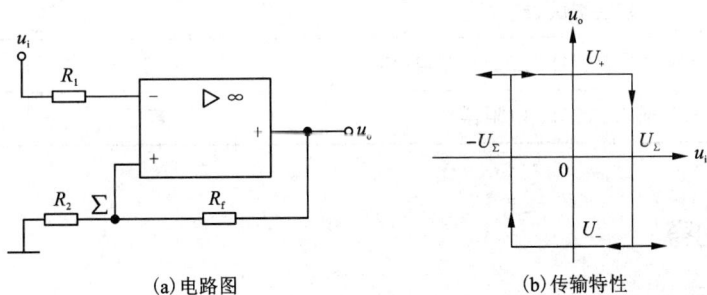

(a)电路图　　　　　　　　　　(b)传输特性

图 1-13-3　滞回比较器

3. 窗口(双限)比较器

简单的比较器仅能鉴别输入电压 u_i 比参考电压 U_R 高或低的情况。窗口比较电路由两个简单比较器组成,如图 1-13-4 所示,它能指示出 u_i 值是否处于 U_R^+ 和 U_R^- 之间。如 $U_R^- < u_i < U_R^+$,窗口比较器的输出电压 u_o 等于运放的正饱和输出电压($+U_{omax}$),如果 $u_i < U_R^-$ 或 $u_i > U_R^+$,则输出电压 u_o 等于运放的负饱和输出电压($-U_{omax}$)。

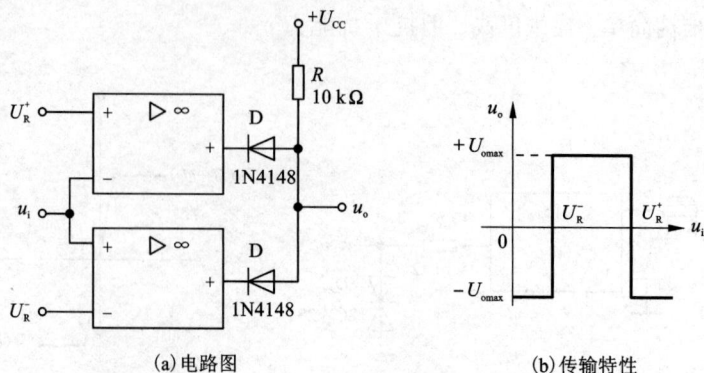

(a)电路图　　　　　　　(b)传输特性

图 1-13-4　由两个简单比较器组成的窗口比较器

三、实验设备与器材

实验设备与器材如表 1-13-1 所示。

表 1-13-1　实验设备与器材

名称	数量	备注
模拟电子技术实验箱	1	THM-6A
数字万用表	1	
数字示波器	1	
DDS 函数信号发生器	1	
数字毫伏表	1	
集成运算放大器 μA741、二极管 1N4148	2	
稳压管 2CW231、电阻器	若干	

四、实验内容

1. 过零比较器

实验电路如图 1-13-2(a)所示。

(1)接通±12 V 电源。

(2)测量 u_i 悬空时的 u_o 值。

(3)u_i 输入 500 Hz、峰-峰值为 2 V 的正弦波信号,观察 $u_i \rightarrow u_o$ 波形并记录。

(4)改变 u_i 峰-峰值，测绘其传输特性曲线。

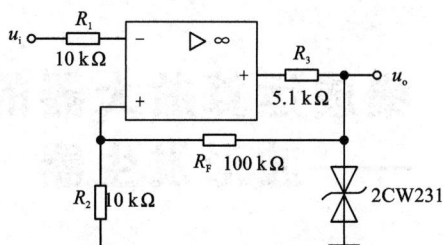

图1-13-5　反相滞回比较器

2. 反相滞回比较器

实验电路如图1-13-5所示。

(1)按图1-13-5接线，u_i 接+5 V可调直流电源，测出 u_o 由 $+U_{omax} \rightarrow -U_{omax}$ 时 u_i 的临界值。

(2)同上，测出 u_o 由 $-U_{omax} \rightarrow +U_{omax}$ 时 u_i 的临界值。

(3)u_i 接 500 Hz、峰-峰值为 2 V 的正弦波信号，观察并记录 $u_i \rightarrow u_o$ 波形。

(4)将分压支路 100 kΩ 电阻改为 200 kΩ，重复上述实验，测定其传输特性。

3. 同相滞回比较器

实验电路如图1-13-6所示。

(1)参照实验内容2，自拟实验步骤及方法。

(2)将结果与实验内容2进行比较。

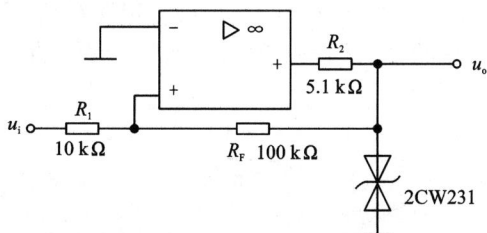

图1-13-6　同相滞回比较器

4. 窗口比较器

参照图1-13-4(a)，自拟实验步骤和方法测定其传输特性。

五、实验总结

(1)整理实验数据，绘制各类比较器的传输特性曲线。

(2)总结几种比较器的特点，阐明它们的应用。

实验十四　集成运算放大器的基本应用
——波形发生器

一、实验目的

(1)学习用集成运算放大器构成正弦波、方波和三角波发生器的方法；

(2)学习波形发生器的调整和主要性能指标的测试方法。

二、实验原理

由集成运放构成的正弦波、方波和三角波发生器有多种形式，本实验选用最常用的、线路比较简单的几种电路加以分析。

1. RC 桥式正弦波振荡器(文氏电桥振荡器)

图 1-14-1 为 RC 桥式正弦波振荡器。其中 RC 串、并联电路构成正反馈支路，同时兼作选频网络，R_1、R_2、R_w 及二极管等元件构成负反馈和稳幅支路。调节电位器 R_w，可以改变负反馈深度，以满足振荡的振幅条件和改善波形。利用两个反向并联二极管 D_1、D_2 正向电阻的非线性特性来实现稳幅。D_1、D_2 采用硅管(温度稳定性好)，且要求特性匹配，才能保证输出波形正、负半周对称。R_3 的接入是为了削弱二极管非线性的影响，以改善波形失真。

电路的振荡频率

$$f_0 = \frac{1}{2\pi RC}$$

起振的幅值条件

$$A_{uf} \geqslant 3, \text{ 即} \frac{R_f}{R_1} \geqslant 2$$

式中 $R_f = R_w + R_2 + (R_3 \parallel r_D)$，$r_D$ 为二极管正向导通电阻。

调整反馈电阻 R_f(调 R_w)，使电路起振，且波形失真最小。如不能起振，则说明负反馈太强，应适当加大 R_f。如波形失真严重，则应适当减小 R_f。

改变选频网络的参数 C 或 R，即可调节振荡频率。一般采用改变电容 C 作频率量程切换，而调节 R 作量程内的频率细调。

2. 方波发生器

由集成运算放大器构成的方波发生器和三角波发生器，一般均包括比较器和 RC 积分器两大部分。图 1-14-2 为由滞回比较器及简单 RC 积分电路组成的方波发生器。它的特点是线路简单，但三角波的线性度较差。主要用于产生方波，或对三角波要求不高的场合。

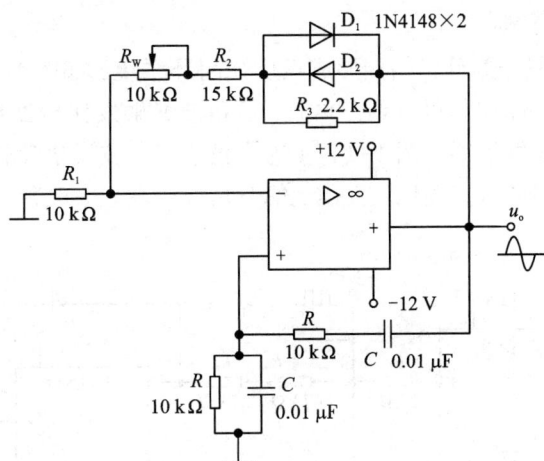

图 1-14-1　RC 桥式正弦波振荡器

电路振荡频率

$$f_0 = \cfrac{1}{2R_{\mathrm{f}}C_{\mathrm{f}}\ln\left(1+\cfrac{2R_2}{R_1}\right)}$$

式中，$R_1 = R_1' + R_\mathrm{w}'$，$R_2 = R_2' + R_\mathrm{w}''$。
方波输出幅值

$$U_{\mathrm{om}} = \pm U_{\mathrm{Z}}$$

三角波输出幅值

$$U_{\mathrm{cm}} = \pm\frac{R_2}{R_1+R_2}U_{\mathrm{Z}}$$

调节电位器 R_w（即改变 R_2/R_1），可以改变振荡频率，但三角波的幅值也随之变化。如要互不影响，则可通过改变 R_{f}（或 C_{f}）来实现振荡频率的调节。

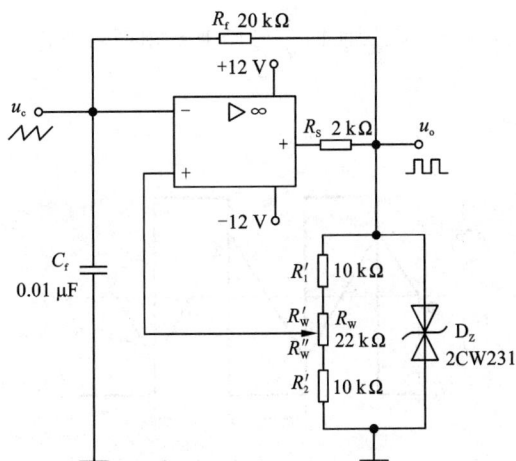

图 1-14-2　方波发生器

3. 三角波和方波发生器

如把滞回比较器和积分器首尾相接形成正反馈闭环系统，如图 1-14-3 所示，则比较器 A_1 输出的方波经积分器 A_2 积分可得到三角波，三角波又触发比较器自动翻转形成方波，这样即可构成三角波、方波发生器。图 1-14-4 为方波、三角波发生器输出波形图。由于采用运放组成的积分电路，因此可实现恒流充电，使三角波线性大大改善。

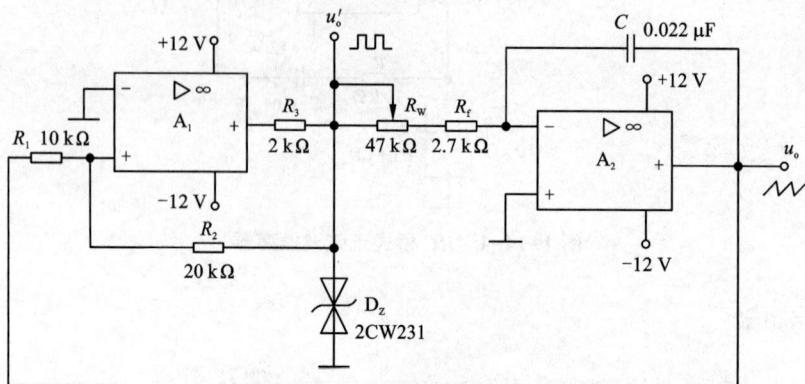

图 1-14-3　三角波、方波发生器

电路振荡频率

$$f_0 = \frac{R_2}{4R_1(R_f + R_w)C_f}$$

方波幅值

$$U'_{om} = \pm U_Z$$

三角波幅值

$$U_{om} = \pm \frac{R_1}{R_2} U_Z$$

调节 R_w 可以改变振荡频率，改变比值 $\dfrac{R_1}{R_2}$ 可调节三角波的幅值。

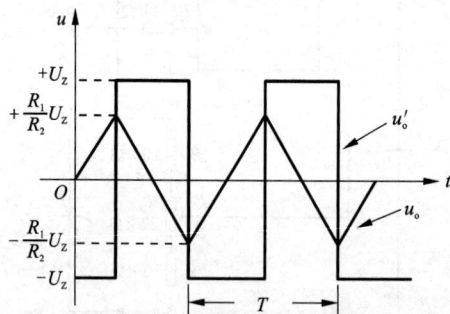

图 1-14-4　三角波、方波发生器输出波形图

三、实验设备与器材

实验设备与器材如表1-14-1所示。

表1-14-1　实验设备与器材

名称	数量	备注
模拟电子技术实验箱	1	THM-6A
数字万用表	1	
数字示波器	1	
DDS函数信号发生器	1	
数字毫伏表	1	
二极管 1N4148	2	
稳压管 2CW231	1	
电阻器、电容器	若干	

四、实验内容

1. RC 桥式正弦波振荡器

按图1-14-1连接实验电路。

(1)接通±12 V电源,调节电位器R_W,使输出波形从无到有,从正弦波到出现失真。描绘u_o的波形,记下临界起振、正弦波输出及失真情况下的R_W值,分析负反馈强弱对起振条件及输出波形的影响。

(2)调节电位器R_W,使输出电压u_o幅值最大且不失真,用数字毫伏表分别测量输出电压U_o、反馈电压U_+和U_-,分析研究振荡的幅值条件。

(3)用示波器测量振荡频率f_0,然后在选频网络的两个电阻R上并联同一阻值电阻,观察记录振荡频率的变化情况,并与理论值进行比较。

(4)断开二极管 D_1、D_2,重复(2)的内容,将测试结果与(2)进行比较,分析 D_1、D_2 的稳幅作用。

(5)RC 串并联网络幅频特性观察:

将RC串并联网络与运放断开,由函数信号发生器输入幅值3 V左右正弦波信号,并用双踪示波器同时观察RC串并联网络输入、输出波形。保持输入幅值(约3 V)不变,从低到高改变频率,当信号源达某一频率时,RC串并联网络输出将达最大值(约1 V),且输入、输出同相位。此时的信号源频率

$$f=f_0=\frac{1}{2\pi RC}$$

2. 方波发生器

按图1-14-2连接实验电路。

（1）将电位器 R_W 调至中心位置，用双踪示波器观察并描绘方波 u_o 及三角波 u_c 的波形（注意对应关系），测量其幅值及频率，记录之。

（2）改变 R_W 动点的位置，观察 u_o、u_c 幅值及频率变化情况。把动点调至最上端和最下端，测出频率范围，记录之。

（3）将 R_W 恢复至中心位置，将一只稳压管短接，观察 u_o 波形，分析 D_Z 的限幅作用。

3. 三角波和方波发生器

按图 1-14-3 连接实验电路。

（1）将电位器 R_W 调至合适位置，用双踪示波器观察并描绘三角波输出 u_o 波形及方波输出 u_o' 波形，测其幅值、频率及 R_W 值，记录之。

（2）改变 R_W 的位置，观察其对 u_o、u_o' 幅值及频率的影响。

（3）改变 R_1（或 R_2），观察其对 u_o、u_o' 幅值及频率的影响。

五、实验总结

1. 正弦波发生器

（1）列表整理实验数据，画出波形，把实测频率与理论值进行比较；

（2）根据实验数据分析 RC 振荡器的振幅条件；

（3）讨论二极管 D_1、D_2 的稳幅作用。

2. 方波发生器

（1）列表整理实验数据，在同一坐标纸上，按比例画出方波和三角波的波形图（标出时间和电压幅值）。

（2）分析 R_W 变化时，对 u_o 波形的幅值及频率的影响。

（3）讨论 D_Z 的限幅作用。

3. 三角波和方波发生器

（1）整理实验数据，把实测频率与理论值进行比较。

（2）在同一坐标纸上，按比例画出三角波及方波的波形，并标明时间和电压幅值。

（3）分析电路参数变化（R_1、R_2 和 R_W）对输出波形频率及幅值的影响。

实验十五   RC 正弦波振荡器

一、实验目的

(1)进一步学习 RC 正弦波振荡器的组成及其振荡条件；
(2)学会测量、调试振荡器。

二、实验原理

从结构上看,正弦波振荡器是没有输入信号的、带选频网络的正反馈放大器。若用 R、C 元件组成选频网络,就称为 RC 振荡器,一般用来产生 1 Hz~1 MHz 的低频信号。

1. RC 移相振荡器

电路形式如图 1-15-1 所示,选择 $R \gg R_i$。

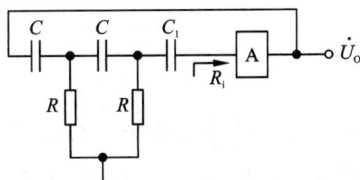

图 1-15-1   RC 移相振荡器原理图

振荡频率: $f_0 = \dfrac{1}{2\pi\sqrt{6}RC}$。

起振条件:放大器 A 的电压放大倍数 $|\dot{A}| > 29$。

电路特点:简便,但选频作用差,振幅不稳,频率调节不便,一般用于频率固定且稳定性要求不高的场合。

频率范围:几赫兹至数十千赫兹。

2. RC 串并联网络(文氏桥)振荡器

电路形式如图 1-15-2 所示。

振荡频率: $f_0 = \dfrac{1}{2\pi RC}$。

起振条件: $|\dot{A}| > 3$。

电路特点:可方便地连续改变振荡频率,便于加负反馈稳幅,容易得到良好的振荡波形。

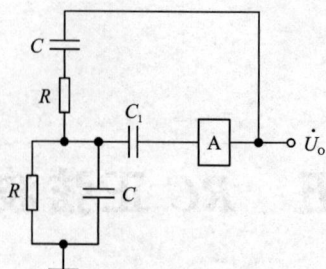

图 1-15-2 *RC* 串并联网络振荡器原理图

3. 双 T 选频网络振荡器

电路形式如图 1-15-3 所示。

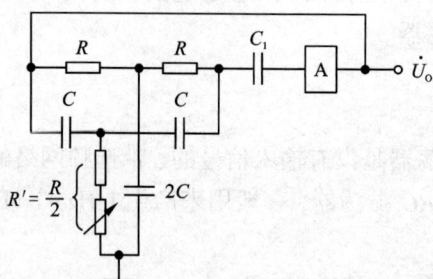

图 1-15-3 双 T 选频网络振荡器原理图

振荡频率：$f_0 = \dfrac{1}{5RC}$。

起振条件：$|\dot{A}\dot{F}| > 1$。

电路特点：选频特性好，调频困难，适于产生单一频率的振荡。

注：本实验采用两级共射极分立元件放大器组成 *RC* 正弦波振荡器。

三、实验设备与器材

实验设备与器材如表 1-15-1 所示。

表 1-15-1 实验设备与器材

名称	数量	备注
模拟电子技术实验箱	1	THM-6A
数字万用表	1	
数字示波器	1	
DDS 函数信号发生器	1	
数字毫伏表	1	
晶体三极管 3DG12 或 9013	2	
电阻器、电容器、电位器	若干	

四、实验内容

1. *RC* 串并联选频网络振荡器

(1)按图 1-15-4 连接线路。

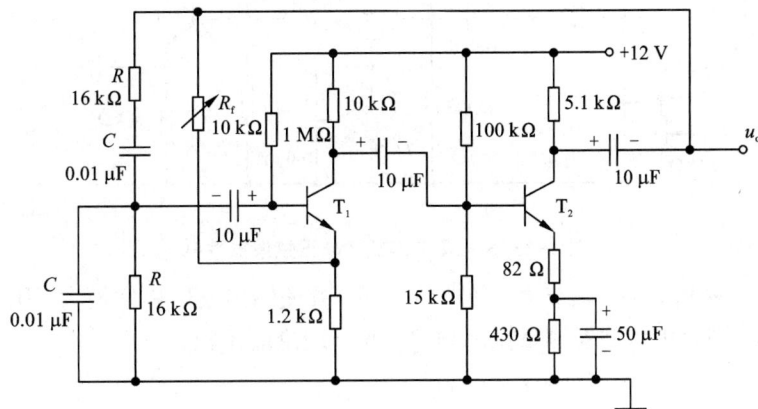

图 1-15-4　*RC* 串并联选频网络振荡器

(2)断开 *RC* 串并联网络,测量放大器静态工作点及电压放大倍数。

(3)接通 *RC* 串并联网络,并使电路起振,用示波器观察输出电压 u_o 波形,调节 R_f 获得满意的正弦波信号,记录波形及其参数。

(4)测量振荡频率,并与理论值进行比较。

(5)改变 R 或 C 值,观察振荡频率变化情况。

(6)*RC* 串并联网络幅频特性的观察:(实验十四已做,可不做)

将 *RC* 串并联网络与放大器断开,把函数信号发生器产生的正弦波信号接入 *RC* 串并联网络,保持输入信号的幅度不变(约 3 V),频率由低到高变化,*RC* 串并联网络输出幅值将随之变化,当信号源达某一频率时,*RC* 串并联网络的输出将达最大值(约 1 V),且输入、输出同相位,此时信号源频率为

$$f = f_0 = \frac{1}{2\pi RC}$$

2. 双 T 选频网络振荡器

(1)按图 1-15-5 连接线路。

(2)断开双 T 网络,调试 T_1 管静态工作点,使 U_{C1} 为 6~7 V。

(3)接入双 T 网络,用示波器观察输出波形。若不起振,调节 R_{W1},使电路起振。

(4)测量电路振荡频率,并与理论值比较。

*3. *RC* 移相式振荡器的组装与调试

(1)按图 1-15-6 连接线路。

(2)断开 *RC* 移相电路,调整放大器的静态工作点,测量放大器电压放大倍数。

---

* 参数自选,时间不够可不做。

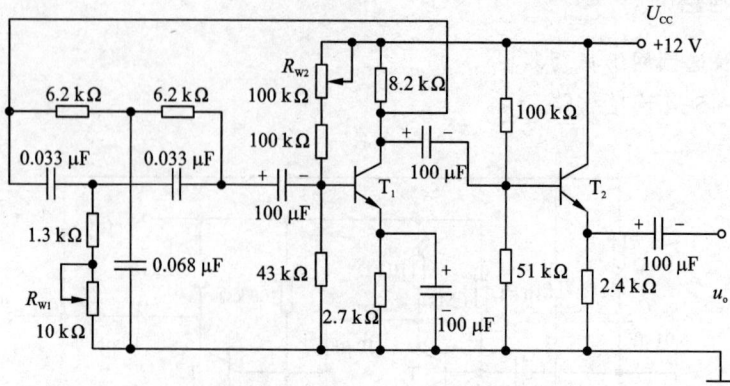

图 1-15-5　双 T 网络 RC 正弦波振荡器

(3)接通 RC 移相电路,调节 R_{B2} 使电路起振,并使输出波形幅度最大,用示波器观察输出电压 u_o 波形,同时用示波器测量振荡频率,并与理论值比较。

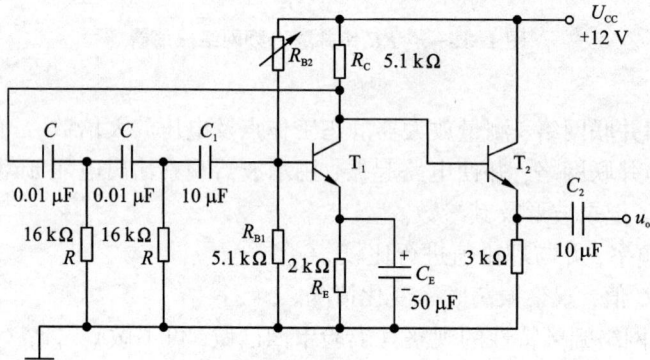

图 1-15-6　RC 移相式振荡器

五、实验总结

(1)由给定电路参数计算振荡频率,并与实测值比较,分析误差产生的原因。

(2)总结三类 RC 振荡器的特点。

实验十六　压控振荡器

一、实验目的

了解压控振荡器的组成及调试方法。

二、实验原理

调节可变电阻或可变电容可以改变波形发生电路的振荡频率,一般是通过人的手来调节的。而在自动控制等场合往往要求能自动地调节振荡频率。常见的情况是给出一个控制电压(例如计算机通过接口电路输出的控制电压),要求波形发生电路的振荡频率与控制电压成正比。这种电路称为压控振荡器,又称为 VCO 或 u-f 转换电路。

利用集成运放可以构成精度高、线性好的压控振荡器。下面介绍这种电路的构成和工作原理,并求出振荡频率与输入电压的函数关系。

1.电路的构成及工作原理

怎样用集成运放构成压控振荡器呢?我们知道积分电路输出电压变化的速率与输入电压的大小成正比,如果积分电容充电使输出电压达到一定程度后,设法使它迅速放电,然后输入电压再给它充电,如此周而复始,产生振荡,其振荡频率与输入电压成正比,即压控振荡器。图 1-16-1 就是实现上述意图的压控振荡器(它的输入电压 $U_i > 0$)。

如图 1-16-1 所示,A_1 是积分电路,A_2 是同相输入滞回比较器,它起开关作用。当它的输出电压 $u_{o1} = +U_Z$ 时,二极管 D 截止,输入电压 $U_i(U_i > 0)$ 经电阻 R_1 向电容 C 充电,输出电压 u_o 逐渐下降。当 u_o 下降到零再继续下降使滞回比较器 A_2 同相输入端电位略低于零,u_{o1} 由 $+U_Z$ 跳变为 $-U_Z$,二极管 D 由截止变导通,电容 C 放电。由于放电回路的等效电阻比 R_1 小得多,因此放电很快,u_o 迅速上升,使 A_2 的 u_+ 很快上升到大于零,u_{o1} 很快从 $-U_Z$ 跳回到 $+U_Z$,二极管又截止,输入电压经 R_1 再向电容充电。如此周而复始,产生振荡。

图 1-16-2 为压控振荡器 u_o 和 u_{o1} 的波形图。

2.振荡频率与输入电压的函数关系

$$f = \frac{1}{T} \approx \frac{1}{T_1} = \frac{R_4}{2R_1R_3C} \cdot \frac{U_i}{U_Z}$$

可见振荡频率与输入电压成正比。

上述电路实际上就是一个方波、锯齿波发生电路,只不过这里是通过改变输入电压 U_i 的大小来改变输出波形频率,从而将电压参量转换成频率参量。

压控振荡器的用途较广。为了使用方便,一些厂家将压控振荡器做成模块,有的压控振荡器模块输出信号的频率与输入电压幅值的非线性误差小于 0.02%，但振荡频率较低，一般在 100 kHz 以下。

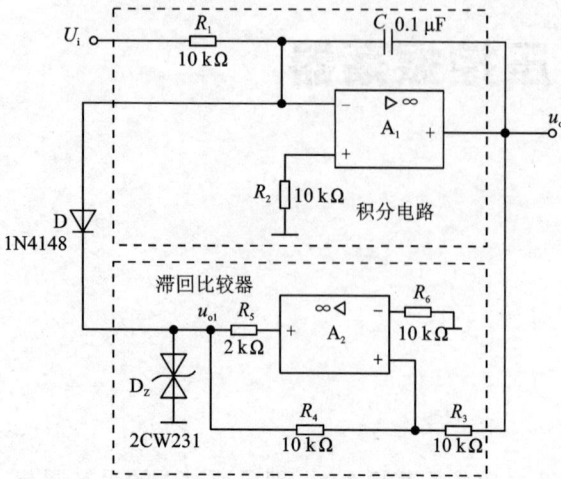

图 1-16-1　压控振荡器实验电路

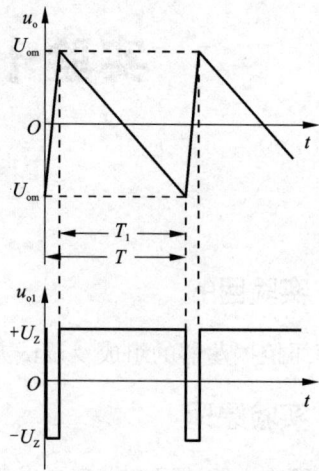

图 1-16-2　压控振荡器 u_o 和 u_{o1} 的波形图

三、实验设备与器材

实验设备与器材如表 1-16-1 所示。

表 1-16-1　实验设备与器材

名称	数量	备注
模拟电子技术实验箱	1	THM-6A
数字万用表	1	
数字示波器	1	
DDS 函数信号发生器	1	
数字毫伏表	1	
集成运算放大器 μA741	2	
稳压二极管 2CW231、二极管 1N4148	1	
电阻器、电容器	若干	

四、实验内容

(1) 按图 1-16-1 接线，用示波器监视输出波形。

(2) 按表 1-16-2 的内容测量并求出电路的输入电压与振荡频率的转换关系。

(3) 用双踪示波器观察并描绘 u_o、u_{o1} 波形。

表 1-16-2　数据记录

	U_i(V)	1	2	3	4	5	6
用示波器测得	T(ms)						
	f(Hz)						

五、实验总结

(1)画出电压-频率关系曲线, 并讨论其结果。

(2)指出图 1-16-1 中电容器 C 的充电和放电回路。

(3)定性分析用可调电压 U_i 改变 u_o 频率的工作原理。

实验十七 变压器反馈式 *LC* 正弦波振荡器

一、实验目的

(1)掌握变压器反馈式 *LC* 正弦波振荡器的调整和测试方法;

(2)研究电路参数对 *LC* 振荡器起振条件及输出波形的影响。

二、实验原理

LC 正弦波振荡器是用 *L*、*C* 元件组成选频网络的振荡器,一般用来产生 1 MHz 以上的高频正弦波信号。根据 *LC* 调谐回路的不同连接方式,*LC* 正弦波振荡器又可分为变压器反馈式(或称互感耦合式)、电感三点式和电容三点式三种。图 1-17-1 为变压器反馈式 *LC* 正弦波振荡器的实验电路。其中晶体三极管 T_1 组成共射极放大电路,变压器 Tr 的原绕组 L_1(振荡线圈)与电容 *C* 组成调谐回路,它既作为放大器的负载,又起选频作用,副绕组 L_2 为反馈线圈,L_3 为输出线圈。

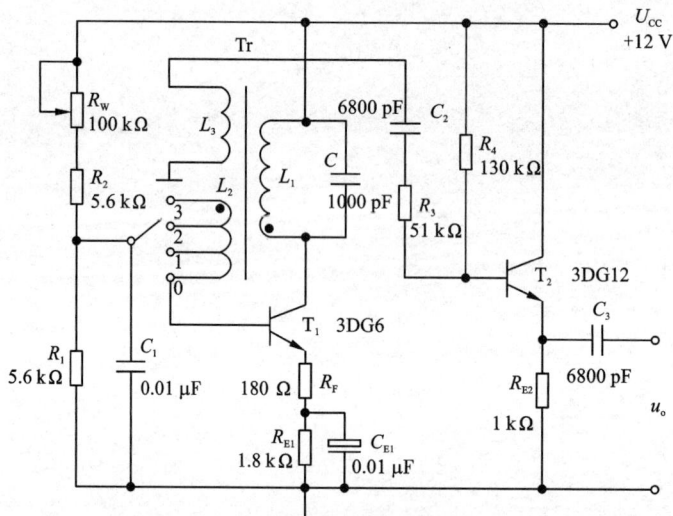

图 1-17-1 *LC* 正弦波振荡器实验电路

该电路是靠变压器原、副绕组同名端的正确连接(如图中所示),来满足自激振荡的相位条件,即满足正反馈条件。在实际调试中可以通过把振荡线圈 L_1 或反馈线圈 L_2 的首、末端对调,来改变反馈的极性。而振幅条件的满足,一是靠合理选择电路参数,使放大器建立合适的静态工作点,二是靠改变线圈 L_2 的匝数,或它与 L_1 之间的耦合程度,以得到足够强的反馈量。稳幅作用是利用晶体管的非线性来实现的。由于 *LC* 并联谐振回路具有良好的选频作用,因此输出电压波形一般失真不大。

振荡器的振荡频率由谐振回路的电感和电容决定

$$f_0 = \frac{1}{2\pi\sqrt{LC}}$$

式中,*L* 为并联谐振回路的等效电感(即考虑其他绕组的影响)。

振荡器的输出端增加一级射极跟随器,用以提高电路的带负载能力。

三、实验设备与器材

实验设备与器材如表 1-17-1 所示。

表 1-17-1　实验设备与器材

名称	数量	备注
模拟电子技术实验箱	1	THM-6A
数字万用表	1	
数字示波器	1	
DDS 函数信号发生器	1	
数字毫伏表	1	
晶体三极管 3DG6 或 9011,3DG12 或 9013	1	
电阻器、电容器	若干	

四、实验内容

按图 1-17-1 连接实验电路。电位器 R_{W} 置最大位置,振荡电路的输出端接示波器。

1. 静态工作点的调整及输出波形测量

(1)接通+12 V 电源,调节电位器 R_{W},使输出端得到不失真的正弦波形,如不起振,可改变 L_2 的首末端位置,使之起振。

测量两管的静态工作点及正弦波的频率 f_0、有效值 U_o,把测量的有关数据及波形记入表 1-17-2。

(2)把 R_{W} 调小,观察输出波形的变化,测量有关数据,记入表 1-17-2。

(3)调大 R_{W},使振荡波形刚刚消失,测量有关数据,记入表 1-17-2。

表 1-17-2 工作点及波形参数

		$U_B(V)$	$U_E(V)$	$U_C(V)$	$I_C(mA)$	$U_o(V)$	$f_0(kHz)$	u_o 波形
R_W 居中	T_1							
	T_2							
R_W 小	T_1							
	T_2							
R_W 大	T_1							
	T_2							

根据以上三组数据,分析静态工作点对电路起振、输出波形幅度和失真的影响。

2. 观察反馈量大小对输出波形的影响

置反馈线圈 L_2 于位置"0"(无反馈)、"1"(反馈量不足)、"2"(反馈量合适)、"3"(反馈量过强)时测量相应的输出电压波形,记入表 1-17-3。

表 1-17-3 波形记录

L_2 位置	"0"	"1"	"2"	"3"
u_o 波形				

3. 验证相位条件

改变线圈 L_2 的首、末端位置,观察停振现象;

恢复 L_2 的正反馈接法,改变 L_1 的首末端位置,观察停振现象。

4. 测量振荡频率

调节 R_W 使电路正常起振,同时用示波器测量以下两种情况下的振荡频率 f_0,记入表 1-17-4。

谐振回路电容:①$C = 1000$ pF。

②$C = 100$ pF。

表 1-17-4 振荡频率

$C(pF)$	1000	100
$f_0(kHz)$		

5. 观察谐振回路 Q 值对电路工作的影响

谐振回路两端并入 $R=5.1\ \text{k}\Omega$ 的电阻，观察 R 并入前后振荡波形的变化情况。

五、实验总结

整理实验数据，并分析讨论：

(1) *LC* 正弦波振荡器的相位条件和幅值条件。

(2) 电路参数对 *LC* 振荡器起振条件及输出波形的影响。

实验十八　函数信号发生器的组装与调试

一、实验目的

(1) 了解单片多功能集成电路函数信号发生器的功能及特点；
(2) 进一步掌握波形参数的测试方法。

二、实验原理

ICL8038 是单片集成函数信号发生器，其内部框图如图 1-18-1 所示。它由恒流源 I_1 和 I_2、电压比较器 A 和 B、触发器、缓冲器和三角波变正弦波电路等组成。

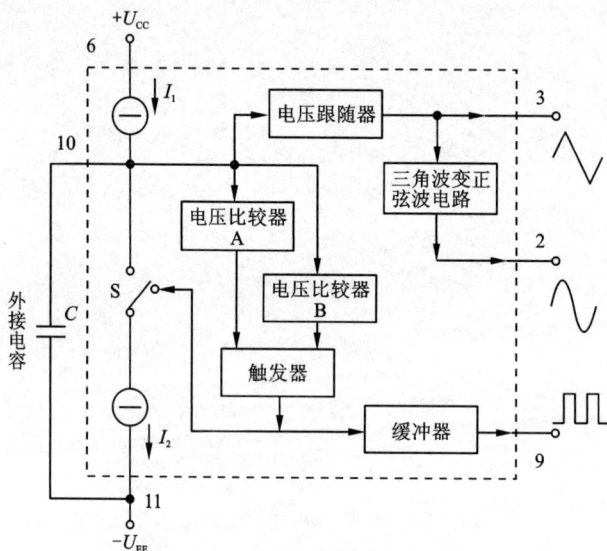

图 1-18-1　ICL8038 原理框图

外接电容 C 由两个恒流源进行充电和放电，电压比较器 A、B 的阈值分别为电源电压(指 $U_{CC}+U_{EE}$)的 2/3 和 1/3。恒流源 I_1 和 I_2 的大小可通过外接电阻调节，但必须 $I_2>I_1$。当触发器的输出为低电平时，恒流源 I_2 断开，恒流源 I_1 给 C 充电，它的两端电压 u_C 随时间线性上升，当 u_C 达到电源电压的 2/3 时，电压比较器 A 的输出电压发生跳变，使触发器输出由低电平变为高电平，恒流源 I_2 接通，由于 $I_2>I_1$(设 $I_2=2I_1$)，恒流源 I_2 将电流 $2I_1$ 加到 C 上反向充电，相当于 C 以净电流 I 放电，C 两端的电压 u_C 又转为直线下降。当它下降到电源电压的 $1/3$ 时，电压比较器 B 的输出电压发生跳变，使触发器的输出由高电平跳变为原来的低电平，恒流源 I_2 断开，I_1 再给 C 充电，…，如此周而复始，产生振荡。若调整电路，使 $I_2 = 2I_1$，则触发器输出为方波，经反相缓冲器由管脚 9 输出方波信号。C 上的电压 u_C，上升与下降时间相等，为三角波，经电压跟随器从管脚 3 输出三角波信号。将三角波变成正弦波是经过一个非线性的变换网络(正弦波变换器)而得以实现，在这个非线性网络中，当电位向三角波两端顶点移动时，网络提供的交流通路阻抗会减小，这样就使三角波的两端变为平滑的正弦波，从管脚 2 输出。

1. ICL8038 管脚图(图 1-18-2)

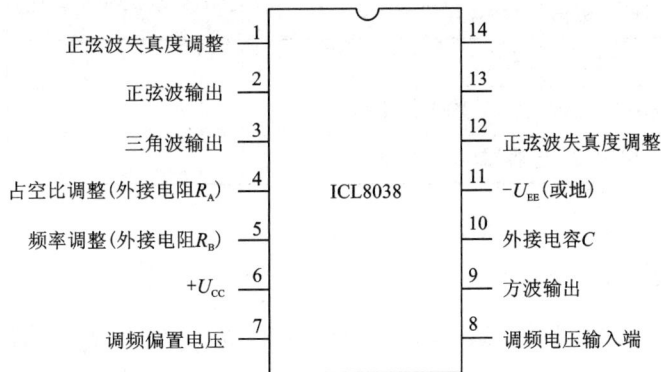

图 1-18-2　ICL8038 管脚图

电源电压单电源为 10~30 V，双电源为 ±5 V ~ ∓15 V。

2. 实验电路(图 1-18-3)

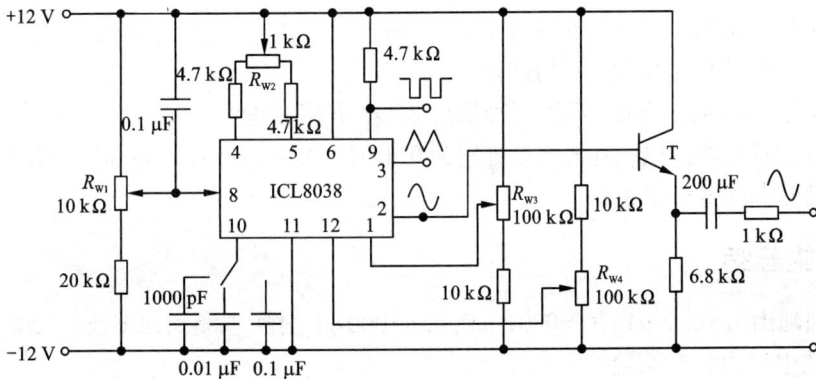

图 1-18-3　ICL8038 实验电路图

三、实验设备与器材

实验设备与器材如表 1-18-1 所示。

表 1-18-1　实验设备与器材

名称	数量	备注
模拟电子技术实验箱	1	THM-6A
数字万用表	1	
数字示波器	1	
DDS 函数信号发生器	1	
数字毫伏表	1	
集成电路 ICL8038、晶体三极管 3DG12 或 9013	1	
电阻器、电容器	若干	

四、实验内容

（1）按图 1-18-3 组装电路，取 $C=0.01\ \mu F$，R_{W1}、R_{W2}、R_{W3}、R_{W4} 均置中间位置。

（2）调整电路，使其处于振荡，产生方波，通过调整电位器 R_{W2}，使方波的占空比达到 50%。

（3）保持方波的占空比为 50% 不变，用示波器观测 ICL8038 正弦波输出端的波形，反复调整 R_{W3}、R_{W4}，使正弦波不产生明显的失真。

（4）调节电位器 R_{W1}，使输出信号从小到大变化，记录管脚 8 的电位及测量输出端正弦波的频率，列表记录之。

（5）改变外接电容 C 的值（取 $C=0.1\ \mu F$ 或 1000 pF），观测三种输出波形，并与 $C=0.01\ \mu F$ 时测得的波形作比较，有何结论？

（6）改变电位器 R_{W2} 的值，观测三种输出波形，有何结论？

（7）如有失真度测试仪，则测出 C 分别为 0.1 μF、0.01 μF 和 1000 pF 时的正弦波失真系数 γ 值（一般要求该值小于 3%）。

五、实验总结

（1）分别画出 $C=0.1\ \mu F$，$C=0.01\ \mu F$，$C=1000$ pF 时所观测到的方波、三角波和正弦波的波形图，从中得出什么结论？

（2）列表整理 C 取不同值时三种波形的频率和幅值。

（3）写出组装、调整函数信号发生器的心得、体会。

实验十九　低频功率放大器
——OTL 功率放大器

一、实验目的

(1)理解 OTL 功率放大器的工作原理；

(2)学会 OTL 电路的调试及主要性能指标的测试方法。

二、实验原理

图 1-19-1 为 OTL 低频功率放大器。其中由晶体三极管 T_1 组成推动级(也称前置放大级)，T_2、T_3 是一对参数对称的 NPN 和 PNP 型晶体三极管，它们组成互补推挽 OTL 功放电路。由于每一个管子都接成射极输出器形式，因此具有输出电阻低、负载能力强等优点，适合于作功率输出级。T_1 管工作于甲类状态，它的集电极电流 I_{C1} 由电位器 R_{W2} 进行调节。I_{C1} 的一部分流经电位器 R_{W2} 及二极管 D，给 T_2、T_3 提供偏压。调节 R_{W2}，可以使 T_2、T_3 得到合适的静态电流而工作于甲、乙类状态，以克服交越失真。静态时要求输出端中点 A 的电位 U_A $=\dfrac{1}{2}U_{CC}$，可以通过调节 R_{W1} 来实现。又由于 R_{W1} 的一端接在 A 点，因此在电路中引入交、直流电压并联负反馈，一方面能够稳定放大器的静态工作点，同时也改善了非线性失真。

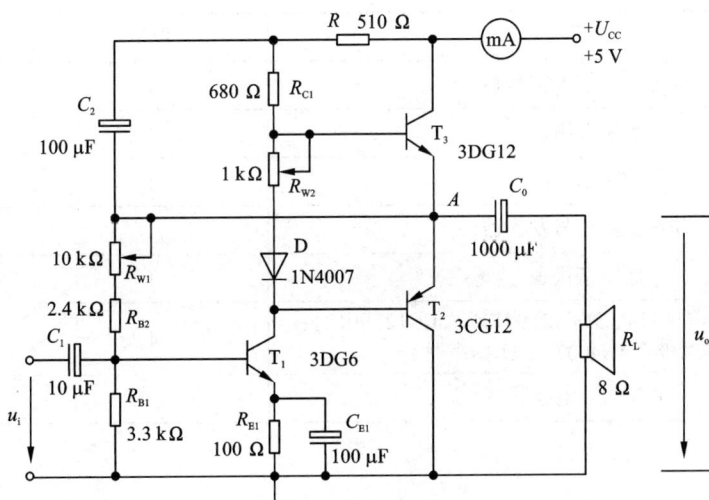

图 1-19-1　OTL 功率放大器实验电路

当输入正弦波信号 u_i 时，经 T_1 放大、倒相后同时作用于 T_2、T_3 的基极，u_i 的负半周使 T_2 管导通(T_3 管截止)，有电流通过负载 R_L，同时向电容 C_0 充电；在 u_i 的正半周，T_3 管导通(T_2 管截止)，则已充好电的电容器 C_0 起着电源的作用，通过负载 R_L 放电，这样在 R_L 上就得到完整的正弦波。

C_2 和 R 构成自举电路，用于提高输出电压正半周的幅度，以得到大的动态范围。

OTL 电路的主要性能指标如下。

1. 最大不失真输出功率 P_{om}

理想情况下，$P_{om} = \dfrac{1}{8}\dfrac{U_{CC}^2}{R_L}$，在实验中可通过测量 R_L 两端的电压有效值，来求得实际的 P_{om}，$P_{om} = \dfrac{U_o^2}{R_L}$。

2. 效率 η

$\eta = \dfrac{P_{om}}{P_E} \times 100\%$，$P_E$ 为直流电源供给的平均功率。

理想情况下，$\eta_{max} = 78.5\%$。在实验中，可测量电源供给的平均电流 I_{dC}，从而求得 $P_E = U_{CC}I_{dC}$，负载上的交流功率已用上述方法求出，因而也就可以计算实际效率了。

3. 频率响应

详见实验四有关部分内容。

4. 输入灵敏度

输入灵敏度是指输出最大不失真功率时，输入信号 U_i 之值。

三、实验设备与器材

实验设备与器材如表 1-19-1 所示。

表 1-19-1　实验设备与器材

名称	数量	备注
模拟电子技术实验箱	1	THM-6A
数字万用表	1	
数字示波器	1	
DDS 函数信号发生器	1	
数字毫伏表	1	
晶体三极管 3DG6(9011)，3DG12(9013)，3CG12(9012)；晶体二极管 1N4007；8 Ω 扬声器	1	
电阻器、电容器	若干	

四、实验内容

在整个测试过程中，电路不应有自激现象。

1. 静态工作点的测试

按图 1-19-1 连接实验电路，将输入信号旋钮旋至零($u_i = 0$)，电源进线中串入直流毫安表，电位器 R_{W2} 置最小值，R_{W1} 置中间位置。接通 +5 V 电源，观察直流毫安表指示，同时用手触摸输出级管子，若电流过大，或管子温升显著，应立即断开电源检查原因(如 R_{W2} 开路，电路自激，或输出管性能不好等)。如无异常现象，可开始调试。

(1)调节输出端中点电位 U_A

调节电位器 R_{W1}，用万用表测量 A 点电位，使 $U_A = \frac{1}{2} U_{CC}$。

(2)调整输出级静态电流及测试各级静态工作点

调节 R_{W2}，使 T_2、T_3 管的 $I_{C2} = I_{C3} = 5 \sim 10$ mA。从减小交越失真角度而言，应适当加大输出级静态电流，但该电流过大，会使效率降低，所以一般以 5~10 mA 为宜。由于直流是串在电源进线中的，因此测得的是整个放大器的电流，但一般 T_1 的集电极电流 I_{C1} 较小，从而可以把测得的总电流近似当作末级的静态电流。如要准确得到末级静态电流，则可从总电流中减去 I_{C1} 之值。

调整输出级静态电流的另一方法是动态调试法。先使 $R_{W2} = 0$，在输入端接入 $f = 1$ kHz 的正弦波信号 u_i。逐渐加大输入信号的幅值，此时，输出波形应出现较严重的交越失真(注意：没有饱和和截止失真)，然后缓慢增大 R_{W2}，当交越失真刚好消失时，停止调节 R_{W2}，恢复 $u_i = 0$，此时直流毫安表读数即为输出级静态电流。一般数值也应在 5~10 mA，如过大，则要检查电路。

输出级静态电流调好以后，测量各级静态工作点，记入表 1-19-2。

表 1-19-2　$I_{C2} = I_{C3} =$ 　mA，$U_A = 2.5$ V 三极管静态工作点

	T_1	T_2	T_3
U_B(V)			
U_C(V)			
U_E(V)			

注意：①在调整 R_{W2} 时，要注意旋转方向，不要调得过大，更不能开路，以免损坏输出管。

②输出级静态电流调好后，如无特殊情况，不得随意旋动 R_{W2} 的位置。

2. 最大输出功率 P_{om} 和效率 η 的测试

(1)测量 P_{om}

输入端接 $f = 1$ kHz 的正弦波信号 u_i，输出端用示波器观察输出电压 u_o 波形。逐渐增大 u_i，使输出电压达到最大不失真输出，用数字毫伏表测出负载 R_L 上的电压 U_{om}，则(若用示波器测峰-峰值请换算成有效值)

$$P_{om} = \frac{U_{om}^2}{R_L}$$

(2)测量 η

当输出电压为最大不失真输出时,读出直流毫安表中的电流值,此电流即为直流电源供给的平均电流 I_{dC}(有一定误差),由此可近似求得 $P_E = U_{CC}I_{dC}$,再根据上面测得的 P_{om},即可求。

$$\eta = \frac{P_{om}}{P_E} \times 100\%$$

3. 输入灵敏度测试

根据输入灵敏度的定义,只要测出输出功率 $P_o = P_{om}$ 时的输入电压值 U_i 即可。

4. 频率响应的测试

测试方法同实验四。相关数据记入表 1-19-3。

表 1-19-3 $U_i =$ mV 时的频率响应

	f_L				f_0					f_H
f(Hz)					1000					
U_o(V)										
A_v										

在测试时,为保证电路的安全,应在较低电压下进行,通常取输入信号为输入灵敏度的 50%。在整个测试过程中,应保持 U_i 为恒定值,且输出波形不得失真。

5. 研究自举电路的作用

(1)测量有自举电路,且 $P_o = P_{om}$ 时的电压增益 A_v,$A_v = \frac{U_{om}}{U_i}$。

(2)将 C_2 开路,R 短路(无自举),再测量 $P_o = P_{om}$ 的 A_v。

用示波器观察(1)(2)两种情况下的输出电压波形,并将以上两项测量结果进行比较,分析研究自举电路的作用。

6. 噪声电压的测试

测量时将输入端短路($u_i = 0$),观察输出噪声波形,并用数字毫伏表测量输出电压,即为噪声电压 U_N,本电路若 $U_N < 15$ mV,即满足要求。

7. 试听

试听输入信号改为录音机输出,输出端接试听音箱及示波器。开机试听,并观察语言和音乐信号的输出波形。

五、实验总结

(1)整理实验数据,计算静态工作点、最大不失真输出功率 P_{om}、效率 η 等,并与理论值进行比较;绘制频率响应曲线。

(2)分析自举电路的作用。

(3)讨论实验中发生的问题及解决办法。

实验二十　低频功率放大器
——集成功率放大器

一、实验目的

(1)了解功率放大集成块的应用;

(2)学习集成功率放大器基本技术指标的测试。

二、实验原理

集成功率放大器由集成功放块和一些外部阻容元件构成。它具有线路简单、性能优越、工作可靠、调试方便等优点,已经成为音频领域中应用十分广泛的功率放大器。

电路中最主要的组件为集成功放块,它的内部电路与一般分立元件功率放大器不同,通常包括前置级、推动级和功率级等几部分。有些还具有一些特殊功能(消除噪声、短路保护等)的电路。其电压增益较高(不加负反馈时,电压增益达 70~80 dB,加典型负反馈时电压增益在 40 dB 以上)。

集成功放块的种类很多。本实验采用的集成功放块型号为 LA4112,它的内部电路如图 1-20-1 所示,由三级电压放大,一级功率放大以及偏置、恒流、反馈、退耦电路组成。

(1)电压放大级

第一级选用由 T_1 和 T_2 管组成的差动放大器,这种直接耦合的放大器零漂较小;第二级的 T_3 管完成直接耦合电路中的电平移动,T_4 是 T_3 管的恒流源负载,以获得较大的增益;第三级由 T_6 管等组成,此级增益最高,为防止出现自激振荡,须在该管的 B、C 极之间外接消振电容。

(2)功率放大级

功率放大级由 T_8~T_{13} 等组成复合互补推挽电路。为提高输出级增益和正向输出幅度,需外接"自举"电容。

(3)偏置电路

偏置电路为建立各级合适的静态工作点而设立。

除上述主要部分外,为了使电路工作正常,还需要和外部元件一起构成反馈电路来稳定和控制增益。同时,还设有退耦电路来消除各级间的不良影响。

LA4112 集成功放块是一种塑料封装十四脚的双列直插器件。它的外形如图 1-20-2 所示。表 1-20-1、表 1-20-2 是它的极限参数和电参数。

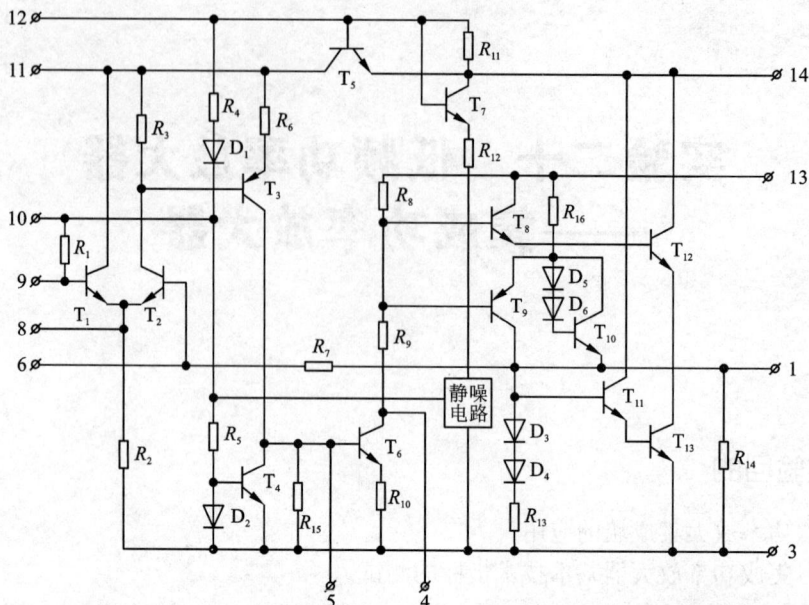

图 1-20-1　LA4112 内部电路图

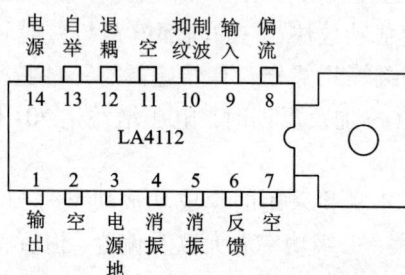

图 1-20-2　LA4112 外形及管脚排列图

　　与 LA4112 集成功放块技术指标相同的国内外产品还有 FD403、FY4112、D4112 等, 可以互相替代使用。

表 1-20-1　LA4112 极限参数

参数	符号与单位	额定值
最大电源电压	$U_{\text{CCmax}}(\text{V})$	13(有信号时)
允许功耗	$P_{\text{o}}(\text{W})$	1.2
		2.25(50 mm×50 mm 铜箔散热片)
工作温度	$T_{\text{opr}}(℃)$	$-20\sim +70$

表 1-20-2　LA4112 电参数

参数	符号与单位	测试条件	典型值
工作电压	$U_{CC}(V)$	—	9
静态电流	$I_{CQ}(mA)$	$U_{CC}=9\ V$	15
开环电压增益	$A_{ud}(dB)$	—	70
输出功率	$P_o(W)$	$R_L=4\ \Omega, f=1\ kHz$	1.7
输入阻抗	$R_i(k\Omega)$	—	20

集成功率块 LA4112 的应用电路如图 1-20-3 所示,该电路中各电容和电阻的作用简要说明如下:

C_1、C_9——输入、输出耦合电容,隔直作用。

C_2 和 R_f——反馈元件,决定电路的闭环增益。

C_3、C_4、C_8——滤波、退耦电容。

C_5、C_6、C_{10}——消振电容,消除寄生振荡。

C_7——自举电容,若无此电容,将出现输出波形半边被削波的现象。

三、实验设备与器材

实验设备与器材如表 1-20-3 所示。

表 1-20-3　实验设备与器材

名称	数量	备注
模拟电子技术实验箱	1	THM-6A
数字万用表	1	
数字示波器	1	
DDS 函数信号发生器	1	
数字毫伏表	1	
集成功放块 LA4112	1	
8 Ω 扬声器	1	
电阻器、电容器	若干	

四、实验内容

按图 1-20-3 连接实验电路,输入端接函数信号发生器,输出端接扬声器。

1. 静态测试

将输入信号旋钮旋至零,接通+9 V 直流电源,测量静态总电流及集成块各引脚对地电压,记入自拟表格中。

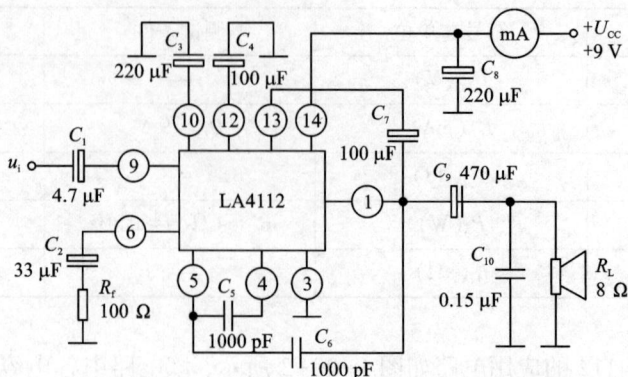

图 1-20-3　由 LA4112 构成的集成功放实验电路

2. 动态测试

（1）最大输出功率

① 接入自举电容 C_7

输入端接 1 kHz 正弦波信号，输出端用示波器观察输出电压波形，逐渐加大输入信号幅度，使输出电压为最大不失真输出，用数字毫伏表测量此时的输出电压 U_{om}，则最大输出功率

$$P_{om} = \frac{U_{om}^2}{R_L}$$

② 断开自举电容 C_7

观察输出电压波形变化情况。

（2）输入灵敏度

要求 $U_i < 100$ mV，测试方法同实验十九。

（3）频率响应

测试方法同实验十九。

（4）噪声电压

要求 $U_N < 2.5$ mV，测试方法同实验十九。

3. 试听

测试方法同实验十九。

五、实验总结

（1）整理实验数据，并进行分析。

（2）绘制频率响应曲线。

（3）讨论实验中发生的问题及解决办法。

实验二十一　温度监测及控制电路

一、实验目的

（1）学习由双臂电桥和差动输入集成运放组成的桥式放大电路；

（2）掌握滞回比较器的性能和调试方法；

（3）学会系统测量和调试方法。

二、实验原理

实验电路如图 1-21-1 所示。测温电桥一臂由负温度系数电阻特性的热敏电阻（NTC 元件）R_t 组成，其输出经测温放大器放大后由滞回比较器输出"加热"与"停止"信号，经三极管放大后控制加热器"加热"与"停止"。改变滞回比较器的比较电压 U_R 即改变控温的范围，而控温的精度则由滞回比较器的滞回宽度确定。

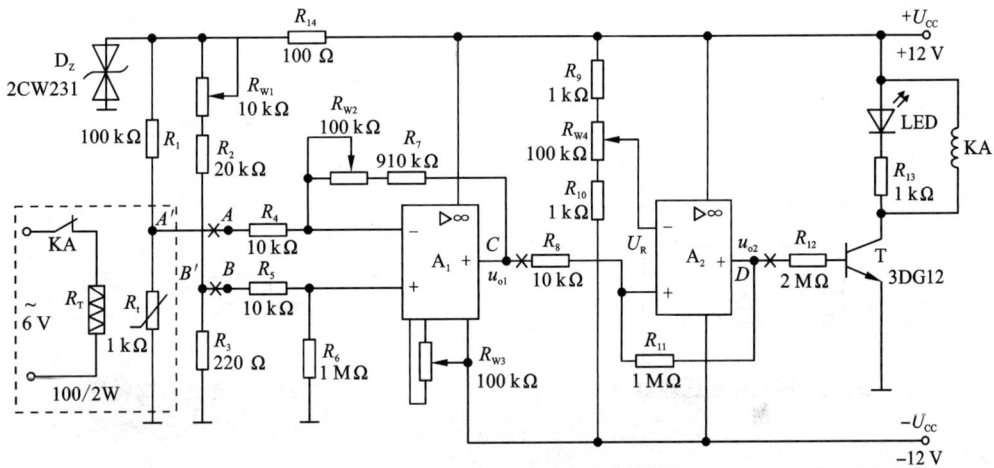

图 1-21-1　温度监测及控制实验电路

（1）测温电桥

由 R_1、R_2、R_3、R_{W1} 及 R_t 组成测温电桥，其中 R_t 是温度传感器，其呈现出的阻值与温度成线性变化关系且具有负温度系数，而温度系数又与流过它的工作电流有关。为了稳定 R_t 的工作电流，达到稳定其温度系数的目的，设置了稳压管 D_Z。R_{W1} 可调节测温电桥的平衡。

（2）差动放大电路

由 A_1 及外围电路组成的差动放大电路，将测温电桥输出电压 ΔU 按比例放大。其输出电压

$$U_{o1} = -\left(\frac{R_7+R_{W2}}{R_4}\right)U_A + \left(\frac{R_4+R_7+R_{W2}}{R_4}\right)\left(\frac{R_6}{R_5+R_6}\right)U_B$$

当 $R_4 = R_5$，$(R_7+R_{W2}) = R_6$ 时

$$U_{o1} = \frac{R_7+R_{W2}}{R_4}(U_B - U_A)$$

R_{W3} 用于差动放大器调零。

可见差动放大电路的输出电压 U_{o1} 仅取决于两个输入电压之差和外部电阻的比值。

（3）滞回比较器

差动放大器的输出电压 U_{o1} 输入由 A_2 组成的滞回比较器。

滞回比较器的单元电路如图 1-21-2 所示，设比较器输出高电平为 U_{OH}，输出低电平为 U_{OL}，参考电压 U_R 加在反相输入端。

当输出为高电平 U_{OH} 时，运放同相输入端电位

$$u_{+H} = \frac{R_F}{R_2+R_F}u_i + \frac{R_2}{R_2+R_F}U_{OH}$$

当 u_i 减小到使 $u_{+H} = U_R$，即

$$u_i = U_{TL} = \frac{R_2+R_F}{R_F}U_R - \frac{R_2}{R_F}U_{OH}$$

此后，u_i 稍有减小，输出就从高电平跳变为低电平。

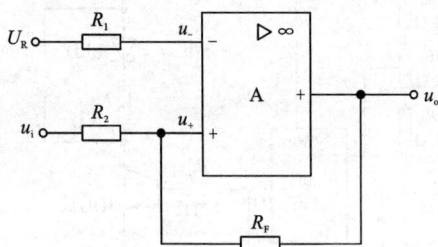

图 1-21-2　同相滞回比较器

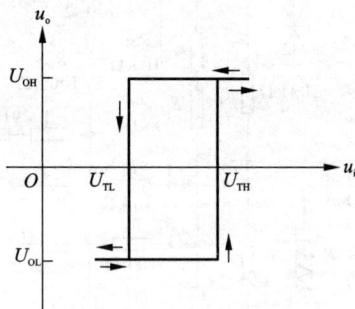

图 1-21-3　电压传输特性

当输出为低电平 U_{OL} 时，运放同相输入端电位

$$u_{+L} = \frac{R_F}{R_2+R_F}u_i + \frac{R_2}{R_2+R_F}U_{OL}$$

当 u_i 增大到使 $u_{+L} = U_R$，即

$$u_i = U_{TH} = \frac{R_2+R_F}{R_F}U_R - \frac{R_2}{R_F}U_{OL}$$

此后，u_i 稍有增加，输出又从低电平跳变为高电平。

因此 U_{TL} 和 U_{TH} 为输出电平跳变时对应的输入电平,常称 U_{TL} 为下门限电平,U_{TH} 为上门限电平,而两者的差值

$$\nabla U_T = U_{TH} - U_{TL} = \frac{R_2}{R_F}(U_{OH} - U_{OL})$$

称为门限宽度,它们的大小可通过调节 R_2/R_F 的比值来调节。

图 1-21-3 为滞回比较器的电压传输特性。

由上述分析可见差动放大器输出电压 u_{o1} 经分压后进入由 A_2 组成的滞回比较器,与反相输入端的参考电压 U_R 相比较。当同相输入端的电压信号大于反相输入端的电压时,A_2 输出正饱和电压,三极管 T 饱和导通。通过发光二极管 LED 的发光情况,可见负载的工作状态为加热。反之,为同相输入电压小于反相输入端电压时,A_2 输出负饱和电压,三极管 T 截止,LED 熄灭,负载的工作状态为停止。调节 R_{W4} 可改变参考电平,也同时调节了上下门限电平,从而达到设定温度的目的。

三、实验设备与器材

实验设备与器材如表 1-21-1 所示。

表 1-21-1　实验设备与器材

名称	数量	备注
模拟电子技术实验箱	1	THM-6A
数字万用表	1	
数字示波器	1	
DDS 函数信号发生器	1	
数字毫伏表	1	
热敏电阻(NTC)、晶体三极管 3DG12、稳压管 2CW231、发光管 LED	1	
集成运算放大器 μA741	2	

四、实验内容

按图 1-21-1 连接实验电路,各级之间暂不连通,形成各级单元电路,以便各单元分别进行调试。

1. 差动放大器

差动放大电路如图 1-21-4 所示。它可实现差动比例运算。

(1)运放调零。将 A、B 两端对地短路,调节 R_{W3} 使 $u_{o1} = 0$。

(2)去掉 A、B 端对地短路线。从 A、B 端分别加入不同的两个直流电平。

当电路中 $R_7 + R_{W2} = R_6$,$R_4 = R_5$ 时,其输出电压

$$u_{o1} = \frac{R_7 + R_{W2}}{R_4}(U_B - U_A)$$

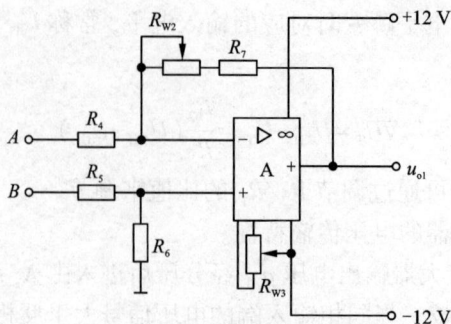

图 1-21-4　差动放大电路

在测试时，要注意加入的输入电压不能太大，以免放大器输出进入饱和区。

（3）将 B 点对地短路，把频率为 100 Hz、有效值为 10 mV 的正弦波加入 A 点。用示波器观察输出波形。在输出波形不失真的情况下，用数字毫伏表测出 u_i 和 u_{o1} 的电压。算得此差动放大电路的电压放大倍数 A_v。

2. 桥式测温放大电路

将差动放大电路的 A、B 端与测温电桥的 A'、B' 端相连，构成一个桥式测温放大电路。

（1）在室温下使电桥平衡

在实验室室温条件下，调节 R_{W1}，使差动放大器输出 $u_{o1}=0$（注意：前面实验中调好的 R_{W3} 不能再动）。

（2）温度系数 K

由于测温需升温槽，为使实验简易，可设室温 T 及输出电压 u_{o1}，温度系数 K 也定为一个常数，具体参数由读者自行填入表 1-12-2 内。

表 1-21-2　数据记录表（一）

温度 $T(℃)$	T_0（室温）			
输出电压 $u_{o1}(V)$	U_s			

从表 1-21-2 中可得到 $K=\Delta u_{o1}/\Delta T$。

（3）桥式测温放大器的温度-电压关系曲线

根据前面测温放大器的温度系数 K，可画出测温放大器的温度-电压关系曲线，实验时要标注相关的温度和电压的值，如图 1-21-5 所示。从图中可求得在其他温度时，放大器实际应输出的电压值。也可得到在当前室温时，u_{o1} 实际对应值 U_s。

（4）重调 R_{W1}，使测温放大器在当前室温下输出 U_s。即调 R_{W1}，使 $u_{o1}=U_s$。

3. 滞回比较器

滞回比较器电路如图 1-21-6 所示。

（1）直流法测试比较器的上下门限电平

首先确定参考电平 U_R 值。调 R_{W4}，使 $U_R=2$ V。然后将可变的直流电压 u_i 加入比较器的输入端。比较器的输出电压 u_o 送入示波器 Y 轴输入端（将示波器的输入耦合方式开关置于

"DC"，X 轴扫描触发方式开关置于"自动"）。改变直流输入电压 u_i 的大小，从示波器屏幕上观察当 u_o 跳变时所对应的 U_i 值，即为上、下门限电平。

（2）交流法测试电压传输特性曲线

将频率为 100 Hz、幅度为 3 V 的正弦波信号加入比较器输入端，同时送入示波器的 X 轴输入端，作为 X 轴扫描信号。比较器的输出信号送入示波器的 Y 轴输入端。微调正弦波信号的大小，可从示波器显示屏上得到完整的电压传输特性曲线。

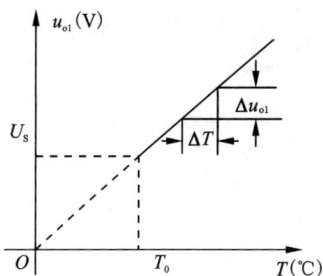

图 1-21-5　温度-电压关系曲线

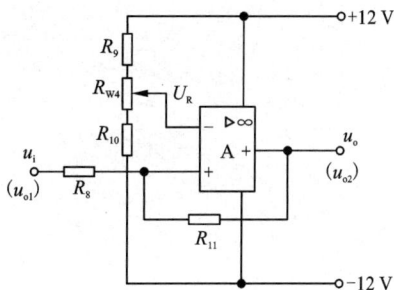

图 1-21-6　滞回比较器电路

4. 温度检测控制电路整机工作状况

（1）按图 1-21-1 连接各级电路。（注意：可调元件 R_{W1}、R_{W2}、R_{W3} 不能随意变动。如有变动，必须重新进行前面内容。）

（2）根据所需检测报警或控制的温度 T，从测温放大器温度-电压关系曲线中确定对应的 U_{o1} 值。

（3）调节 R_{W4} 使参考电压 $U_R = U_{o1}$。

（4）用加热器升温，观察温升情况，直至报警电路动作报警（在实验电路中当 LED 发光时作为报警），记下动作时对应的温度值 T_1 和 U_{o11} 的值。

（5）用自然降温法使热敏电阻降温，记下电路解除时所对应的温度值 T_2 和 U_{o12} 的值。

（6）改变控制温度 T，重做（2）、（3）、（4）、（5）的内容。把测试结果记入表 1-21-3。

注：实验中的加热装置可用一个 100 Ω/2 W 的电阻 R_T 模拟，将此电阻靠近 R_t 即可。

表 1-21-3　数据记录表（二）

	设定温度 T(℃)							
设定电压	从曲线上查得 U_{o1}(V)							
	U_R(V)							
动作温度	T_1(℃)							
	T_2(℃)							
动作电压	U_{o11}(V)							
	U_{o12}(V)							

五、实验总结

(1)整理实验数据，画出有关曲线、数据表格以及实验线路。

(2)用方格纸画出测温放大电路温度系数曲线及比较器电压传输特性曲线。

(3)写出实验中的故障排除情况及体会。

第二篇

数字电子技术基础实验

概　述

一、数字电子技术基础实验目的

数字电子技术基础实验是实践性很强的课程,同时它也是综合实验的基础环节,它的任务是使学生掌握数字电子技术基本理论和基本实践技能,培养学生分析问题和解决问题的能力,培养学生的勤奋、进取、认真、理论联系实际的工作作风,为下一步的学习打下良好的基础。

二、数字电子技术实验的一般要求

为了培养学生的综合能力和创新意识,充分发挥学生的主观能动性,保证正常实验顺利完成,数字电子技术实验对学生有如下要求:

1. 实验前的要求

实验前要认真复习有关的理论知识,预习实验中所用仪器的性能和使用方法,认真阅读实验教材,了解实验目的、实验原理及实验内容,初步估算实验结果并写出预习报告。

2. 实验过程中的要求

(1)要遵守学生实验守则及实验室各项规章制度。

(2)按实验步骤认真接线,合理布局。按操作规程正确使用仪器设备。

(3)实验过程中如发现问题,或仪器设备发生故障,应该立即切断电源并报告指导老师,然后冷静分析问题、解决问题,并排除故障。

(4)实验中要认真记录实验数据和结果,实验结束时将实验记录送交指导老师审阅。

(5)实验结束后要将实验仪器整理好,切断所有仪器设备的电源。

3. 实验后的要求

(1)实验报告要书写工整,布局合理,要用规定的实验报告纸书写。

(2)实验报告内容要齐全,包括实验目的、实验原理、实验内容、实验器材、测试数据、实验结果、问题分析及实验体会。

三、数字集成电路概述

1. 简介

数字集成电路是采用集成工艺,将晶体管、二极管、电容、电感及电阻等分立元件制作在一块半导体基片上,然后按电路要求连接各元器件,最后将芯片封装在塑料或陶瓷管壳内,并从管内引出管脚。集成电路的通用封装形式为双列直插式(DIP),如图 2-0-1 所示。

图 2-0-1　集成电路管脚

集成电路管脚排列是从标记处逆时针方向递增的。DIP 管脚按电路需要有 8、14、16、20、24、28 和 40 脚等，其引脚数一般不超过 100。根据数字集成电路中包含的门电路或元器件数量，可将数字集成电路分为小规模集成（SSI）电路、中规模集成（MSI）电路、大规模集成（LSI）电路、超大规模集成（VLSI）电路、特大规模集成（ULSI）电路和巨大规模集成（GSI）电路。

小规模集成电路包含的门电路在 10 个以内，或元器件不超过 100 个；中规模集成电路包含的门电路为 10～100 个，或元器件为 100～1 000 个；大规模集成电路包含的门电路为 100～10 000 个，或元器件为 1 000～100 000 个；超大规模集成电路包含的门电路为 10 000～100 000 个，或元器件为 100 000～1 000 000 个；特大规模集成电路的门电路为 100 000 个以上，或元器件为 1 000 000～10 000 000 个。

数字集成电路按电路结构来分，可分成 TTL 和 MOS 两大系列。TTL 数字集成电路是利用电子和空穴两种载流子导电的，所以又叫作双极性电路。MOS 数字集成电路是只用一种载流子导电的电路，其中用电子导电的称为 NMOS 电路；用空穴导电的称为 PMOS 电路；如果是用 NMOS 及 PMOS 复合起来组成的电路，则称为 CMOS 电路。集成电路的引线一般都有电源和地，TTL 系列的电源脚为 V_{CC}（+5 V），CMOS 系列的电源脚为 V_{DD}（+3 V～+18 V）。

2. 数字集成电路选择原则

数字集成电路常用的器件是 TTL 和 CMOS 型。TTL 电路的速度快，超高速 TTL 的平均传输时间约为 10 ns，中速 TTL 的平均传输时间约为 50 ns。CMOS 电路的速度比 TTL 的慢，但功耗低，输出电压幅度可调范围大，抗干扰能力强，输出电流小。所以一般情况下，当要求速度高时，选用 TTL 器件；当要求功耗低时，选用 CMOS 器件。

TTL 器件的特点：

（1）电源电压范围

TTL 电路的工作电源电压范围很窄。S，LS，F 系列为 5（1±5%）V；AS，ALS 系列为 5（1±10%）V。

（2）频率特性

TTL 电路的工作频率比 CMOS 4000 系列的高。标准 TTL 电路的工作频率小于 35 MHz；LS 系列 TTL 电路的工作频率小于 40 MHz；ALS 系列电路的工作频率小于 70 MHz；S 系列电路的工作频率小于 125 MHz；AS 系列电路的工作频率小于 200 MHz。

（3）TTL 电路的电压输出特性

当工作电压为+5 V 时，输出高电平大于 2.4 V，输入高电平大于 2.0 V；输出低电平小于

0.4 V，输入低电平小于 0.8 V。

(4)最小输出驱动电流

一般电流输出的 TTL 电路：标准 TTL 电路为 16 mA；LS-TTL 电路为 8 mA；S-TTL 电路为 20 mA；ALS-TTL 电路为 8 mA；AS-TTL 电路为 20 mA。大电流输出的 TTL 电路：标准 TTL 电路为 48 mA；LS-TTL 电路为 24 mA；S-TTL 电路为 64 mA；ALS-TTL 电路为 24/48 mA；AS-TTL 电路为 48/64 mA。

(5)扇出系数(以带动 LS-TTL 负载的个数为例)

一般电流输出的 TTL 电路：标准 TTL 电路为 40；LS-TTL 电路为 20；S-TTL 电路为 50；ALS-TTL 电路为 20；AS-TTL 电路为 50。大电流输出的 TTL 电路：标准 TTL 电路为 120；LS-TTL 电路为 60；S-TTL 电路为 160；ALS-TTL 电路为 60/120；AS-TTL 电路为 120/160。

对于同一功能编号的各系列 TTL 集成电路，它们的引脚排列与逻辑功能完全相同。比如，7404，74LS04，74F04，74ALS04 等各集成电路的引脚图与逻辑功能完全一致，但它们在电路的速度和功耗方面存在着明显的差别。

CMOS 器件的特点：

(1)电源电压范围

集成电路的工作电源电压范围为 3～18 V，74HC 系列为 2～6 V。

(2)功耗

当电源电压 V_{DD} = 5 V 时，CMOS 电路的静态功耗分别是：门电路类为 2.5～5 μW；缓冲器和触发器类为 5～20 μW；中规模集成电路类为 25～100 μW。

(3)输入阻抗

CMOS 电路的输入阻抗只取决于输入端保护二极管的漏电流，因此输入阻抗极高，可达 108～1011 Ω 以上。所以，CMOS 电路几乎不消耗驱动电路的功率。

(4)抗干扰能力

因为它们的电源电压允许范围大，因此它们输出高低电平摆幅大，抗干扰能力强，其噪声容限最大值为 $45\% V_{DD}$，保证值可达 $30\% V_{DD}$，电源电压越高，噪声容限值越大。

(5)逻辑摆幅

CMOS 电路输出的逻辑高电平"1"非常接近电源电压 V_{DD}，逻辑低电平"0"接近电源电压 V_{SS}。空载时，输出高电平 $V_{OH} = V_{DD} - 0.05$ V，输出低电平 $V_{OL} = 0.05$ V。因此，CMOS 电路电源利用系数最高。

(6)扇出系数

在低频工作时，一个输出端可驱动 50 个以上 CMOS 器件。

(7)抗辐射能力

CMOS 管是多数载流子受控导电器件，射线辐射对多数载流子浓度影响不大。因此，CMOS 电路特别适用于航天、卫星和核试验条件下工作的装置。

CMOS 集成电路功耗低，内部发热量小，集成度可大大提高。又因为电路本身的互补对称结构，当环境温度变化时，其参数有互相补偿作用，因而其温度稳定性好。

(8)CMOS 集成电路的制造工艺

CMOS 集成电路的制造工艺比 TTL 集成电路的制造工艺简单，而且占用硅片面积也小，特别适合于制造大规模和超大规模集成电路。

3. 使用 TTL、CMOS 集成电路的注意事项

(1) 使用 TTL 集成电路的注意事项

① 不允许在超过极限参数的条件下工作。TTL 集成电路的电源电压允许变化范围比较窄，一般在 4.5~5.5 V 之间，因此必须使用 +5 V 稳压电源。不能将电源与地颠倒错接，否则将会因为电流过大而烧毁器件。

② 除三态门和集电极开路门电路外，输出端不允许并联使用。

③ 输出端不允许与电源和地短接，但可以通过电阻与电源相连，提高输出电平。

④ 在电源接通时，不要移动或插入集成电路，因为电流的冲击可能造成芯片损坏。

⑤ 多余的输入端最好不要悬空，因为悬空容易受干扰，有时会造成误操作，因此，多余输入端要根据需要处理。例如，与门、与非门的多余输入端可直接接到电源上；也可将不同的输入端共用一个电阻连接到电源上；或将多余的输入端并联使用。对于或门、或非门的多余输入端应直接接地。

(2) 使用 CMOS 集成电路的注意事项

CMOS 电路由于输入电阻很高，因此很容易接受静电电荷，为了防止静电击穿，生产 CMOS 电路时，输入端都加了标准保护电路，但这并不能保证绝对安全，因此，使用电路时必须注意以下内容。

① 存放 CMOS 集成电路时要屏蔽。

② CMOS 电路的电源电压范围是 3~18 V，要求输入信号的幅度不能超出 V_{DD} ~ V_{SS}，即满足 $V_{SS} \leq u_I < V_{DD}$。当 CMOS 电路输入端施加的电压过高（大于电源电压）或过低（小于 0 V），或者电源电压突然变化时，电路电流可能会迅速增大，烧坏器件。

③ 对多余输入端的处理。对于 CMOS 电路，多余的输入端不能悬空，否则，静电感应产生的高压容易引起器件损坏，这些多余的输入端应该接 V_{DD} 或 V_{SS}，或与其他正使用的输入端并联。

④ 多余的输出端应该悬空处理，决不允许直接接到 V_{DD} 或 V_{SS}，否则会产生过大的短路电流而使器件损坏。不同逻辑功能的 CMOS 电路的输出端也不能直接连到一起，否则导通的 P 沟道 MOS 场效应管和导通的 N 沟道 MOS 场效应管形成低阻通路，造成电源短路而引起器件损坏。

⑤ 焊接 CMOS 电路时，焊接工具应良好接地，焊接时间不宜过长，焊接温度不要太高。更不能在通电的情况下，拆卸，拔、插集成电路。

⑥ 插拔电路板电源插头时，应注意：先切断电源，防止在插拔过程中烧坏电路的输入端保护二极管。

实验一 集成门电路的基本应用

一、实验目的

(1)熟悉常用逻辑门电路的功能。

(2)掌握用与非门组成其他逻辑门的基本方法。

二、实验器材

数字电子技术实验箱、万用表、双踪示波器、74LS00、74HC00。

三、实验原理

与非门是门电路中应用最多的一种，它的逻辑功能是：全 1 出 0，有 0 出 1。即只有当全部输入端都接高电平"1"时，输出端才是低电平"0"，否则输出端为高电平"1"。若不符合，则表明该与非门不能使用。

本实验使用的集成与非门的型号为 74LS00 或 74HC00，它包含四个二输入与非门，其外引线及内部示意图如图 2-1-1 所示。

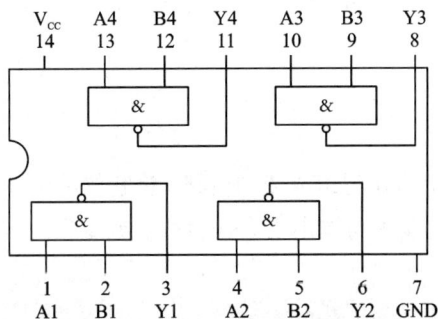

图 2-1-1 74LS00、74HC00 的外引线示意图

四、实验内容

1.测试与非门的逻辑功能

接通 74LS00 或 74HC00 的电源(+5 V)线和地线，将逻辑电平接入与非门输入端，与非门输出端接电平指示，观察与非门的逻辑功能是否符合真值表 2-1-1 的内容。这种方法是判

断与非门好坏的一种简便方法。

表 2-1-1　与非门的逻辑功能

A	B	Y
0	0	1
0	1	1
1	0	1
1	1	0

2. 观察与非门控制特性

如图 2-1-2 所示，将标准方波送入与非门输入端 u_1，当控制端 A 分别加上逻辑 0 和逻辑 1 电平时，用双踪示波器同时观察 u_1、u_0 的波形。将结果记入表 2-1-2 中

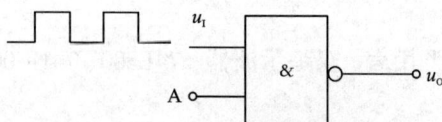

图 2-1-2　与非门控制电路

表 2-1-2　与非门控制特性

输入	u_1		
	A	1	0
输出	u_0		

3. 或门的逻辑功能

按图 2-1-3 接线，用三个与非门组成或门电路，将它的两个输入端 A、B 按表 2-1-3 控制，测出其输出端 Y 的电平，对比输入与输出之间是否符合或逻辑。测得结果记入表 2-1-3 中。注意：与非门悬空端的控制。

表 2-1-3　或门的逻辑功能

输入	A	0	0	1	1		
	B	0	1	0	1	0	1
输出	Y						

4.异或门的逻辑功能

　　按图 2-1-4 接线，用四个与非门组成异或门电路，将它的两个输入端 A、B 按表 2-1-4 控制，测出其输出端 Y 的电平，对比输入与输出之间是否符合异或逻辑。测得结果记入表 2-1-4 中。

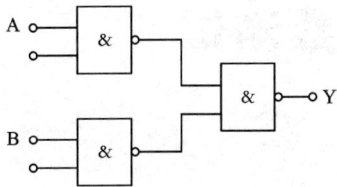

图 2-1-3　与非门组成的或门　　　　图 2-1-4　与非门组成的异或门

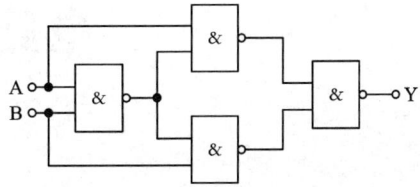

表 2-1-4　异或门的逻辑功能

输入	A	0	0	1	1	⊓⊓	⊓⊓
	B	0	1	0	1	0	1
输出	Y						

五、预习要求

(1)与非门、或门、异或门各自的特点是什么？

(2)与非门中多余输入端应如何处理？

(3)在什么情况下，与非门输出高电平或低电平？其电压值分别等于多少？

(4)CMOS 器件与一般 TTL 器件有什么不同？

实验二 TTL 门电路与 COMS 门 电路基本参数测试

一、实验目的

(1)熟悉 TTL 与非门和 CMOS 与非门的管脚排列和管脚功能。

(2)掌握 TTL 与非门和 CMOS 与非门参数的测试方法及物理意义。

二、实验器材

数字电子技术实验箱、万用表、双踪示波器、74LS00、CC4011、电阻、电位器等。

三、实验原理

本实验选择常用到的 TTL 与非门 74LS00 和 CMOS 与非门 CC4011,其集成电路引脚排列如图 2-2-1 所示。

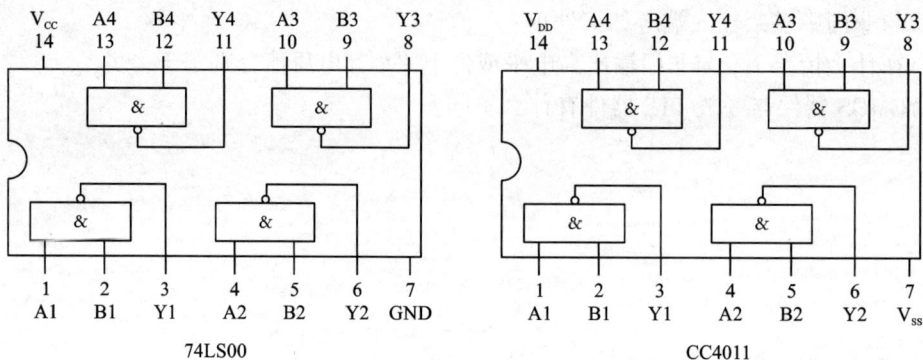

图 2-2-1 74LS00、CC4011 引脚排列

与非门的参数分为静态参数和动态参数两种。静态参数是指电路处于稳定的逻辑状态下测得的参数,动态参数是指逻辑状态转换过程中测得的与时间有关的参数。TTL 与非门的主要参数如下。

(1)输出高电平 V_{OH}:一般情况 $V_{OH} \geqslant 2.4$ V。

(2)输出低电平 V_{OL}:一般情况 $V_{OL} \leqslant 0.4$ V。

(3)电压传输特性曲线:输出电压随输入电压变化的关系曲线,如图 2-2-2 所示,它能够充分显示与非门的逻辑关系,当输入信号为低电平时,输出为高电平;当输入信号为高电平时,输出为低电平。在曲线上可以清楚地读出 V_{OH}、V_{OL}、V_{ON}、V_{OFF}。

(4)开门电平 V_{ON} 和关门电平 V_{OFF}:使输出电压 u_O 达到低电平 V_{OL} 时的最低输入电压叫作开门电平 V_{ON}。使输出电压 u_O 处于高电平 V_{OH} 时的最高输入电压叫作关门电平 V_{OFF}。

(5)扇出系数 N_O:电路正常工作时能带动同型号门的数目叫扇出系数。

图 2-2-2 电压传输特性曲线

(6)输入短路电流 I_{IS}:将与非门的一个输入端接地,其他输入端悬空时,流过该接地输入端的电流。

(7)输入漏电流 I_{ID}:将与非门的一个输入端接高电平,其他输入端悬空时,流过该输入端的电流。

(8)空载导通功耗 P_{ON}:将与非门的输入端全部接高电平,输出端为低电平且不带负载时的功率损耗。

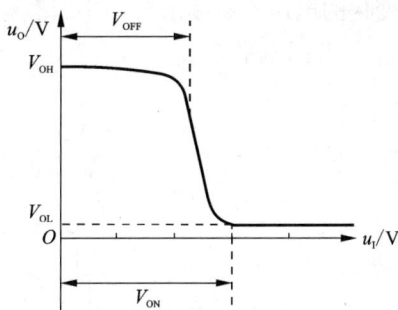

四、实验内容

1. TTL 与非门测试参数(74LS00)

(1)低电平输入电流 I_{IL}

低电平输入电流又称输入短路电流 I_{IS},测试方法如图 2-2-3 所示。

(2)高电平输入电流 I_{IH}

高电平输入电流又称输入漏电流 I_{ID},测试方法如图 2-2-4 所示。

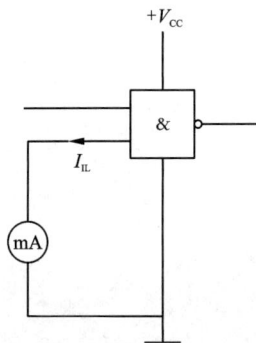

图 2-2-3 输入短路电流 I_{IS} 测试电路

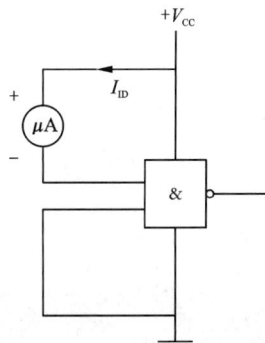

图 2-2-4 输入漏电流 I_{ID} 测试电路

(3)电压传输特性

取任一与非门做电压传输特性测试——直流法:用74LS00中一个与非门,电路如图2-2-5所示,用万用表逐一测试输入电压和输出电压(注:必须正确处理不用的输入端)。为了读数容易,在调节 u_I 时,可先监视输出电压的变化,再读出 u_I,否则在开门电平和关门电平之间变化的电压不易读出来。将读数记入表 2-2-1 中,画出电压传输特性曲线,求出关门电平 U_{OFF} 和开门电平 U_{ON}。

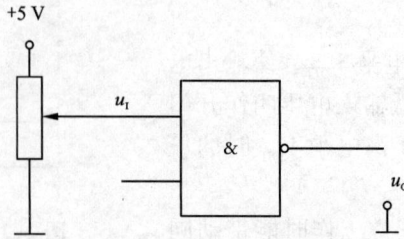

图 2-2-5　电压传输特性测试电路

表 2-2-1　数据记录表

u_I										
u_O										

2. CMOS 与非门测试参数(CC4011)

请自拟实验内容与步骤。

五、预习要求

(1)与非门中多余输入端应如何处理?

(2)了解 TTL 与非门的主要参数。

(3)理解电压传输特性的定义。

实验三　组合逻辑电路的设计

一、实验目的

(1)掌握组合逻辑电路的设计方法。

(2)用实验验证所设计电路的逻辑功能。

二、实验原理

组合逻辑电路是指由小、中、大规模集成门构成的电路,电路中不含有记忆元器件。组合逻辑电路的设计,就是按照所提出的逻辑要求,确定逻辑关系,构成经济、合理和实用的逻辑电路。其设计步骤为:

(1)将逻辑问题的文字描述变换成真值表。

(2)化简求得最简逻辑表达式,并根据所选用的器件对最简式进行变换,得到所需形式的逻辑表达式。

(3)由逻辑表达式画出逻辑图。

组合逻辑电路的设计原则:所设计出的电路能实现给定的逻辑功能,并且电路尽可能是最佳的。

实际的组合逻辑设计可分为纯逻辑设计和工程设计。

(1)纯逻辑设计

纯逻辑设计为:①把元器件都视为理想器件;②想用什么元器件就用什么元器件。例如课堂上理论设计。实际上,任何元器件都是非理想的,都是有一定的延迟时间的,且元器件的品种还受市场供应制约等。

(2)工程设计

工程设计应从电路的速度、造价、工作可靠性及功耗等方面综合进行评价。这是一个复杂问题。解决这个问题,要根据特定问题的要求,以满足主要性能指标,并兼顾其他的原则。

总之工程设计应尽可能用标准元器件,所使用的元器件应尽可能地少,即性能价格比为最大。对任何一个逻辑问题,只要能列出它的真值表,就能顺利地设计出该逻辑电路。但是,把逻辑问题的文字描述转换成真值表,并不是一件容易的事情,它将取决于设计者对逻辑问题的理解和个人的经验。

对于多输出函数,简化时也是以单个函数简化法作为基础。但多输出网络是一个整体,它的每个输出对应一个函数,并且是一组函数的一部分。我们所要求的是整体简化,因此在简化时应该照顾到全局。

三、实验器材

数字电子技术实验箱、双踪示波器、万用表、74LS00、74LS04。

74LS00 的引脚图和功能特点见实验一。74LS04 内含 6 组相同的反相器，外引脚图如图 2-3-1 所示。

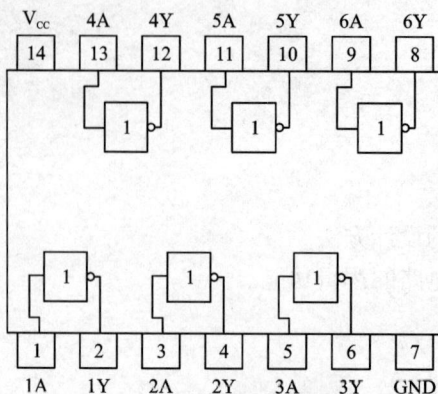

图 2-3-1　74LS04 外引脚图

四、实验内容

(1) 在举重比赛中，有三个裁判。当裁判认为杠铃已完全举上时，按下自己面前的按钮。假定主裁判和两个副裁判面前的按钮分别为 A、B 和 C。表示完全举上的指示灯 F 只有在三个裁判或两个裁判(但其中一个必须是主裁判)按下自己面前的按钮才亮，试设计满足该逻辑功能的逻辑电路。要求按照步骤写出设计的全部过程，并验证其功能是否与设计中的真值表一样。

(2) 用最少的二输入与非门设计一个全减器，要求按照步骤写出设计的全部过程，直到测试电路逻辑功能符合设计要求为止。

五、预习要求

(1) 了解 74LS00、74LS04 的特点。

(2) 根据实验任务要求设计组合逻辑电路，并根据所给的标准器件画出逻辑图。

实验四　全加器及比较器的功能测试及其应用

一、实验目的

(1)掌握中规模集成电路全加器及比较器的逻辑功能及其测试方法。

(2)掌握利用标准器件构成所需逻辑功能的设计方法。

二、实验原理

1. 集成加法器 74LS283

集成加法器 74LS283 是四位二进制超前进位加法器，其引脚排列如图 2-4-1 所示，A_3、A_2、A_1、A_0 和 B_3、B_2、B_1、B_0 分别为加数和被加数，S_3、S_2、S_1、S_0 为和数，C_{0-1} 是来自低位的进位，C_3 是给高位的进位，当两位加数和小于 1111 时，C_3 为低电平 0，当两位加数和大于 1111 时，C_3 为高电平 1。

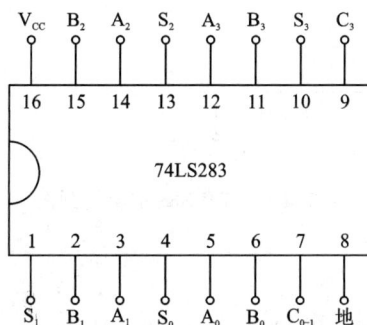

图 2-4-1　74LS283 引脚排列图

2. 集成比较器 74LS85

74LS85 的功能表如表 2-4-1 所示。74LS85 的引脚图如图 2-4-2 所示，74LS85 可以实现两个四位二进制数的比较，比较输入端为 A_3、A_2、A_1、A_0 和 B_3、B_2、B_1、B_0，共 8 个端口，输出端有 3 个 $F_{A>B}$、$F_{A<B}$、$F_{A=B}$，表示 A 与 B 比较的结果，此外还有三个级联输入端 A<B、A>B、A＝B，用于级联和扩展。图 2-4-3 为两片 74LS85 扩展成八位数值比较器的电路。当两个高位数字不相同时，高位比较器输出为比较结果，如果两个高位数值相同，则需要比较低位数值。注意：低位比较器的级联输入端，A<B 和 A>B 接地，A＝B 接高电平。

表 2-4-1　74LS85 的逻辑功能表

比较输入				级联输入			输出		
A_3B_3	A_2B_2	A_1B_1	A_0B_0	A<B	A=B	A>B	$F_{A<B}$	$F_{A=B}$	$F_{A>B}$
>	×	×	×	×	×	×	0	0	1
=	>	×	×	×	×	×	0	0	1
=	=	>	×	×	×	×	0	0	1
=	=	=	>	×	×	×	0	0	1
=	=	=	=	0	0	1	0	0	1
=	=	=	=	0	1	0	0	1	0
=	=	=	=	1	0	0	1	0	0
<	×	×	×	×	×	×	1	0	0
=	<	×	×	×	×	×	1	0	0
=	=	<	×	×	×	×	1	0	0
=	=	=	<	×	×	×	1	0	0

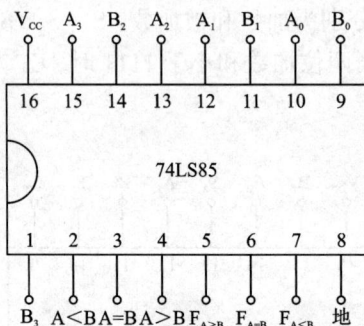

图 2-4-2　74LS85 引脚排列图

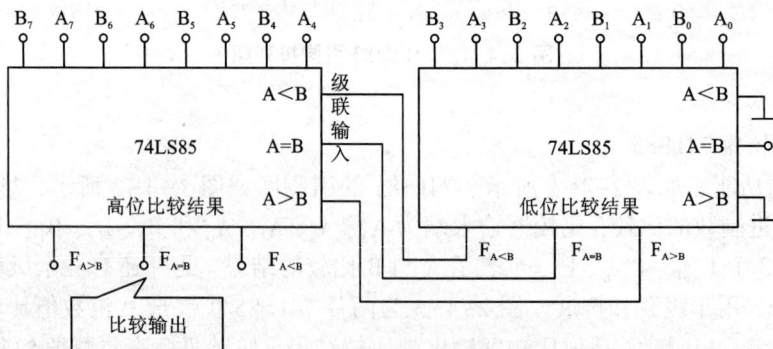

图 2-4-3　8 位数值比较器的电路图

三、实验器材

数字电路实验箱、双踪示波器、74LS283、74LS85、74LS00。

四、实验内容

(1)测试全加器 74LS283 和比较器 74LS85 的逻辑功能。

(2)利用 4 位集成全加器 74LS283 完成 8421BCD 码到余 3 码的转换。

(3)* 试用全加器 74LS283 和比较器 74LS85 完成 8421BCD 码到 5421BCD 码的转换。

(4)* 试用四位全加器及适当门电路设计一个四位二进制数比较器,要求有三个输出端 A>B、A<B 和 A=B。简述设计过程,并通过实验验证。

五、预习要求

(1)了解全加器 74LS283 和比较器 74LS85 的功能特点。

(2)根据实验任务要求设计相关电路,并根据所给的标准器件画出逻辑图。

实验五　数据选择器的功能测试及其应用

一、实验目的

（1）掌握数据选择器的工作原理与逻辑功能。

（2）掌握数据选择器的测试方法。

（3）掌握利用数据选择器构成组合电路的设计方法。

二、实验原理

1. 数据选择器

数据选择器又称多路选择器或多路开关，常用 MUX 表示。它是多输入单输出的组合逻辑电路。在选择信号的控制下，能从多路数据输入中选择一路作输出，其作用相当于单刀多掷开关。常用的 MUX 有 2 选 1、4 选 1、8 选 1 和 16 选 1，它们又分别称为 2 路、4 路、8 路、16 路选择器。图 2-5-1 为 8 选 1 数据选择器 74LS151 的外引线排列图。

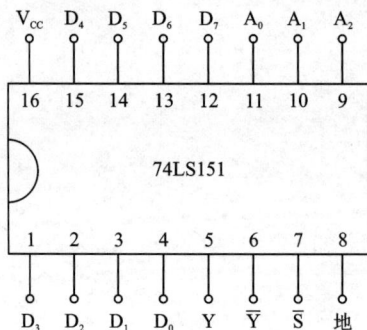

图 2-5-1　74LS151 的外引线排列图

A_2、A_1、A_0 为地址信号，$\bar{S}$ 为选通控制端，D_0、D_1、D_2、D_3、D_4、D_5、D_6、D_7 为数据输入端，Y 为输出端。当 $\bar{S}=1$ 时，被禁止，输出 Y 为低电平，与输入数据无关，即数据选择器不工作。当 $\bar{S}=0$ 时，则：

$$Y=\bar{A}_2\bar{A}_1\bar{A}_0D_0+\bar{A}_2\bar{A}_1A_0D_1+\bar{A}_2A_1\bar{A}_0D_2+\cdots+A_2A_1A_0D_7$$

目前生产的 MUX，最多的路数为 16。在地址输入变量超过四个时，就要对 MUX 进行扩展使用。另外，在手头没有所需大容量 MUX 的情况下，也需要利用小容量 MUX 来扩展。

数据选择器是一种通用的逻辑组件，一般的组合逻辑问题都可以用它来实现。当用具有 n 个地址端的 MUX 实现 $m(\leqslant n+1)$ 变量函数时，只要一块集成数据选择器就可以实现。例如 $n=3$ 的 MUX，可完成 4 变量以内的函数。当用具有 n 个地址端的 MUX 实现 $m(>n+1)$ 变量函数时，一般用多片级联起来实现。另外还可以采用降维法，增加相应的门电路也可实现。

必须指出：

(1)虽然选择器是一种用途很广的器件，但是它只能实现单值函数。对于多值函数，每个函数要用到一个选择器。例如全加器，它是二值函数问题，必须要两个选择器才能实现它的功能。

(2)在 $m>n$ 情况下，需从 m 个变量中选出 n 个作为地址变量，原则上讲，这种选择是任意的，但不同的选择方案会有不同的设计结果。因此，必须试探、比较方可得到最佳方案。

三、实验器材

数字电路实验箱、双踪示波器、万用表、74LS153、74LS151、74LS00。

四、实验内容

(1)测试 74LS151 的逻辑功能。

(2)试用 74LS151 实现函数 $F = \sum (m_0, m_4, m_5, m_8, m_{12}, m_{13}, m_{14})$。要求：写出设计的全部过程，并用实验验证。

(3)用 74LS151 和适当的逻辑门，设计一个路灯控制电路，要求能在四个不同的地方都可以独立地控制灯的亮灭。

五、预习要求

(1)了解数据选择器的功能和引脚图。
(2)掌握用数据选择器来实现组合逻辑函数的方法。
(3)绘出实验设计电路图。

实验六　译码器的功能测试及其应用

一、实验目的

(1)掌握译码器的工作原理与逻辑功能。

(2)掌握译码器的测试方法。

(3)掌握利用译码器构成组合电路的设计方法。

二、实验原理

译码是编码的逆过程,二进制译码器也称为变量译码器。常见的译码器有 2 线-4 线译码器,型号为 74LS139,3 线-8 线译码器,型号为 74LS138,4 线-16 线译码器,型号为 74LS154。图 2-6-1 为 3 线-8 线译码器 74LS138 的外引线排列图。表 2-6-1 为 74LS138 正常工作时的逻辑功能表。

A_2、A_1、A_0 为输入信号,$\overline{Y}_7$、$\overline{Y}_6$、$\overline{Y}_5$、$\overline{Y}_4$、$\overline{Y}_3$、$\overline{Y}_2$、$\overline{Y}_1$、$\overline{Y}_0$ 为输出信号,$\overline{S}_3$、$\overline{S}_2$、S_1 为输入选通控制端,当 $\overline{S}_3 + \overline{S}_2 = 1$ 或 $S_1 = 0$ 时,芯片被禁止工作;$\overline{S}_3 + \overline{S}_2 = 0$ 且 $S_1 = 1$ 时,芯片正常工作。

表 2-6-1　74LS138 正常工作时的逻辑功能表

A_2	A_1	A_0	$\overline{Y}_7$	$\overline{Y}_6$	$\overline{Y}_5$	$\overline{Y}_4$	$\overline{Y}_3$	$\overline{Y}_2$	$\overline{Y}_1$	$\overline{Y}_0$
0	0	0	1	1	1	1	1	1	1	0
0	0	1	1	1	1	1	1	1	0	1
0	1	0	1	1	1	1	1	0	1	1
0	1	1	1	1	1	1	0	1	1	1
1	0	0	1	1	1	0	1	1	1	1
1	0	1	1	1	0	1	1	1	1	1
1	1	0	1	0	1	1	1	1	1	1
1	1	1	0	1	1	1	1	1	1	1

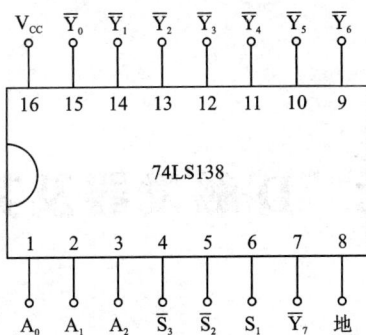

图 2-6-1 74LS138 的外引线图

三、实验器材

数字电路实验箱、双踪示波器、万用表、74LS138、74LS139、74LS00。

四、实验内容

(1)测试 74LS138 的逻辑功能。

(2)用 74LS138 和适当的逻辑门设计一个全加器。

(3)用 74LS138 和适当的逻辑门设计一个路灯控制电路,要求能在四个不同的地方都可以独立地控制灯的亮灭。

五、预习要求

(1)了解译码器的功能和引脚图。

(2)掌握用译码器实现组合逻辑函数的方法。

(3)绘出实验设计电路图。

实验七　D 触发器及其应用

一、实验目的

(1)了解 D 触发器的逻辑功能及其真值表。

(2)学习用 D 触发器构成移位寄存器和计数器的方法。

二、实验原理

D 触发器的状态方程为：$Q^{n+1}=D$，即触发器的状态取决于时钟脉冲上升沿来到之前的 D 状态。本实验采用的集成触发器为 74LS74，管脚排列如图 2-7-1 所示，$\overline{R}_D$ 为异步清零端，$\overline{S}_D$ 为异步置 1 端。

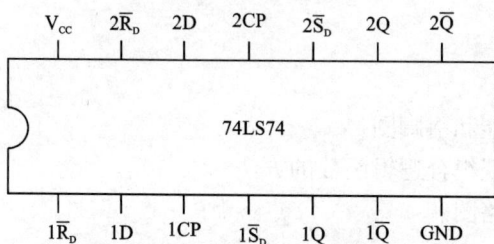

图 2-7-1　74LS74 外引脚图

D 触发器和所有触发器一样，具有存放二进制信息的功能。如果把多个触发器适当连接，就能存放多位二进制信息，而且二进制的信息码可根据需要向左或向右移位。具有这种逻辑功能的电路称为移位寄存器。图 2-7-2 就是一个四位右移寄存器。

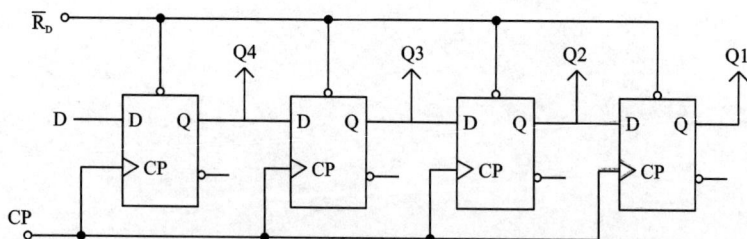

图 2-7-2　四位右移寄存器

D 触发器若接成图 2-7-3 形式,则构成四位二进制加法计数器,其中每个 D 触发器的 $\overline{Q}$ 端和 D 端连在一起,就构成 T′触发器,也称为计数触发器。

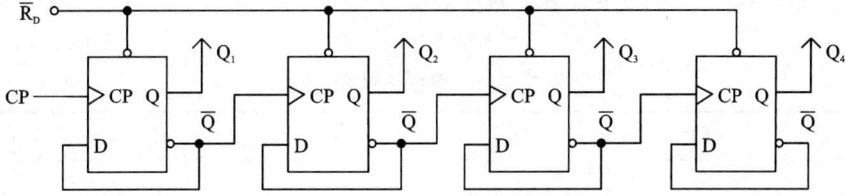

图 2-7-3 四位二进制加法计数器

若把图 2-7-3 的线路稍加改动,将低位触发器的 Q 端和高一位的 CP 端相连,就构成减法计数器,如图 2-7-4 所示。

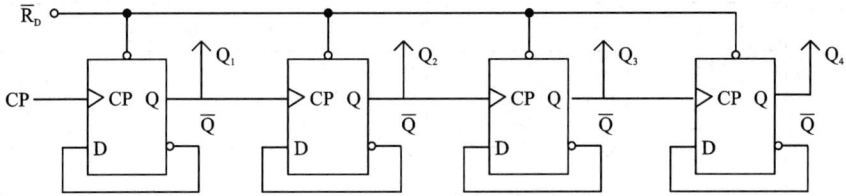

图 2-7-4 四位二进制减法计数器

三、实验器材

数字电子技术实验箱、双踪示波器、万用表、74LS74。

四、实验内容

(1)测量任一 D 触发器的真值表,将结果记录于表 2-7-1 中,判断该 D 触发器的好坏。

表 2-7-1 数据记录表(一)

$\overline{R}_D$	$\overline{S}_D$	D	CP	Q^n	Q^{n+1}
0	0	×	×	0	
				1	
0	1	×	×	0	
				1	
1	0	×	×	0	
				1	
1	1	0		0	
				1	
1	1	1		0	
				1	

(2)按图 2-7-2 接线，$\overline{R}_D = 1$，$\overline{S}_D = 1$，将 D 触发器接成串行输入右移寄存器，清零后，逻辑电平送入 D 端，D 端可任意送"0"和"1"，CP 端接单次脉冲，Q_4、Q_3、Q_2、Q_1 接电平指示，观察 Q_4、Q_3、Q_2、Q_1 的变化，并记录于表 2-7-2 中。

表 2-7-2　数据记录表（二）

D	CP	Q_4	Q_3	Q_2	Q_1
1	1				
	2				
	3				
	4				
0	5				
	6				
	7				
	8				
1	9				
	10				
	11				
	12				

(3)连线构成异步二进制加法计数器。

①按图 2-7-3 接线，先把 D 触发器接成 T′触发器，待各 T′触发器工作正常后，再把它们连接起来。

②清零后，在最低位触发器的 CP 端逐个送入单次脉冲，观察并记录于表 2-7-3 中。

表 2-7-3　数据记录表（三）

CP	0	1	2	3	4	5	6	7	8	9	10	11	12	13	14	15	16
Q_4	0																
Q_3	0																
Q_2	0																
Q_1	0																

(4)连线构成异步二进制减法计数器。

把图 2-7-3 中低位触发器的 Q 和高一位 CP 端相连，构成减法计数器，如图 2-7-4 所示，清零后，在最低位触发器的 CP 端逐个送入单次脉冲，观察并记录于表 2-7-4 中。

表 2-7-4　数据记录表(四)

CP	0	1	2	3	4	5	6	7	8	9	10	11	12	13	14	15	16
Q_4	0																
Q_3	0																
Q_2	0																
Q_1	0																

五、预习要求

(1)D 触发器的逻辑功能是什么?

(2)掌握由 D 触发器构成的移位寄存器、加法器、减法器的工作原理。

实验八　计数器及其应用

一、实验目的

(1)掌握用触发器组成计数器的基本原理。

(2)了解常用集成计数器的特点及功能测试方法。

(3)掌握用集成触发器构成任意计数器的方法。

二、实验原理

计数器是一个用来实现计数功能的时序部件，它不仅可用来计脉冲数，还常用作数字系统的定时、分频和其他特定的逻辑功能。计数器种类很多。按构成计数器中的各触发器是否使用一个时钟脉冲源来分，有同步计数器和异步计数器。根据计数制的不同，有二进制计数器、十进制计数器和任意进制计数器。根据计数的增减趋势，又有加法、减法和可逆计数器。

1. 常见集成计数器

74LS161、74LS163的外引线排列图如图 2-8-1 所示，74LS161 和 74LS163 均为集成 4 位二进制同步加法计数器。74LS161 是异步清零，同步置数；74LS163 是同步清零，同步置数；$CO = Q_3^n Q_2^n Q_1^n Q_0^n$。

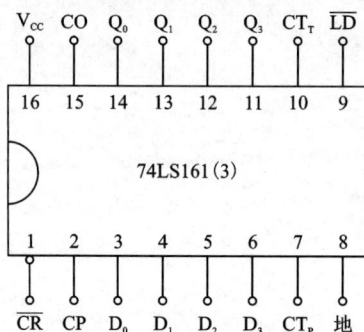

图 2-8-1　74LS161、74LS163、74LS160、74LS162 的外引线排列图

74LS160、74LS162 的外引线排列同图 2-8-1，但它们均为集成十进制同步加法计数器，74LS160 是异步清零，同步置数；74LS162 是同步清零，同步置数；$CO = Q_3^n Q_0^n$。74LS160、74LS161 的状态表如表 2-8-1 所示，74LS162、74LS163 的状态表如表 2-8-2 所示。

表 2-8-1 74LS161 和 74LS160 的状态表

输入									输出				备注
$\overline{\text{CR}}$	$\overline{\text{LD}}$	CT_P	CT_T	CP	D_3	D_2	D_1	D_0	Q_3^{n+1}	Q_2^{n+1}	Q_1^{n+1}	Q_0^{n+1}	
0	×	×	×	×	×	×	×	×	0	0	0	0	异步清零 同步置数
1	0	×	×	↑	d_3	d_2	d_1	d_0	d_3	d_2	d_1	d_0	
1	1	1	1	↑	×	×	×	×	计数				
1	1	0	×	×	×	×	×	×	保持				
1	1	×	0	×	×	×	×	×	保持				

表 2-8-2 74LS162 和 74LS163 的状态表

输入									输出				备注
$\overline{\text{CR}}$	$\overline{\text{LD}}$	CT_P	CT_T	CP	D_3	D_2	D_1	D_0	Q_3^{n+1}	Q_2^{n+1}	Q_1^{n+1}	Q_0^{n+1}	
0	×	×	×	↑	×	×	×	×	0	0	0	0	同步清零 同步置数
1	0	×	×	↑	d_3	d_2	d_1	d_0	d_3	d_2	d_1	d_0	
1	1	1	1	↑	×	×	×	×	计数				
1	1	0	×	×	×	×	×	×	保持				
1	1	×	0	×	×	×	×	×	保持				

2. 利用集成计数器可以构成 M 进制计数器

(1)用复位法(清零)获得任意进制计数器。假定已有 N 进制计数器,而需要得到一个 M 进制计数器时,只要 $M<N$,若计数器清零为异步,用复位法使计数器计数到 M 时置"0",即获得 M 进制计数器。若计数器清零为同步,用复位法使计数器计数到 $(M-1)$ 时置"0",即获得 M 进制计数器。例如:用 74LS163 实现 8 进制计数器,选取 0000~0111 这 8 个状态为新的主循环,其状态图如图 2-8-2 所示,电路图如图 2-8-3 所示。

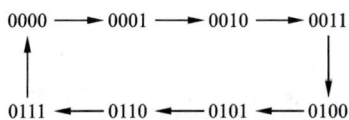

图 2-8-2 状态图

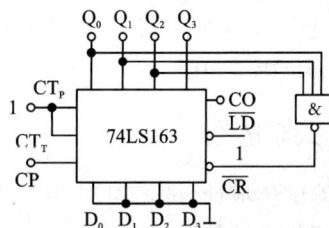

图 2-8-3 电路图

(2)利用预置数功能获得 M 进制计数器。预置的数据可不为 0 而为任意数 N_{10},若计数器置数为异步,则计数器状态变化顺序是从 N_{10} 到 $(N_{10}+M)$;若计数器置数为同步,则计数器状态变化顺序是从 N_{10} 到 $(N_{10}+M-1)$,即获得 M 进制计数器。例:分析图 2-8-4 为几进制计数器并画出其状态图。

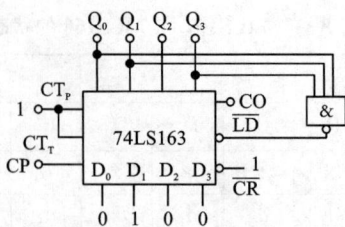

图 2-8-4　电路图

根据电路图得：

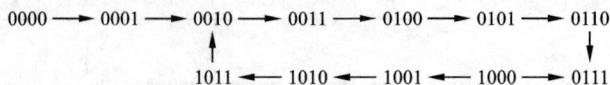

$$0000 \rightarrow 0001 \rightarrow 0010 \rightarrow 0011 \rightarrow 0100 \rightarrow 0101 \rightarrow 0110$$

$$1011 \leftarrow 1010 \leftarrow 1001 \leftarrow 1000 \rightarrow 0111$$

该电路为十进制计数器。

计数器的级联使用：一个集成计数器计数的状态往往是有限的，常见的为十进制或者十六进制计数器，所以常用多个计数器级联使用。若实现一个 24 进制计数器，可采用两片 74LS161 来实现，如图 2-8-5 所示。

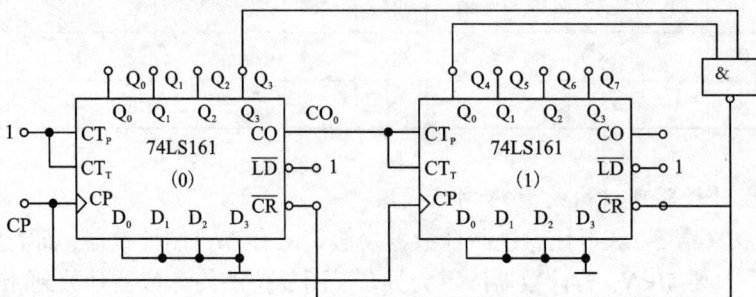

图 2-8-5　24 进制计数器

三、实验器材

数字电子技术实验箱、双踪示波器、万用表、74LS161、74LS160、74LS162、74LS163、74LS00、74LS04、74LS20。

四、实验内容

(1)测试集成计数器 74LS160、74LS161、74LS162 或 74LS163 的功能。

(2)用集成计数器 74LS160、74LS161、74LS162 或 74LS163 和门电路设计一个 8 进制和 60 进制计数器，并通过译码器显示。要求按十进制计数。可分别用清零及置数法实现。

五、预习要求

(1)了解常用计数器的功能特点及功能测试。

(2)绘出实验设计电路图。

实验九　移位寄存器

一、实验目的

(1)掌握移位寄存器74LS194的逻辑功能。

(2)了解三态门74LS125、计数器74LS193和译码器74LS138的使用。

二、实验器材

数字电子技术实验箱、万用表、双踪示波器、74LS193、74LS194、74LS138、74LS125。

三、实验原理

如图2-9-1所示电路可将预置的二进制 $D_3D_2D_1D_0$，在CP脉冲下，经三态门后，串行移位输入到移位寄存器，并行输出到LED显示。

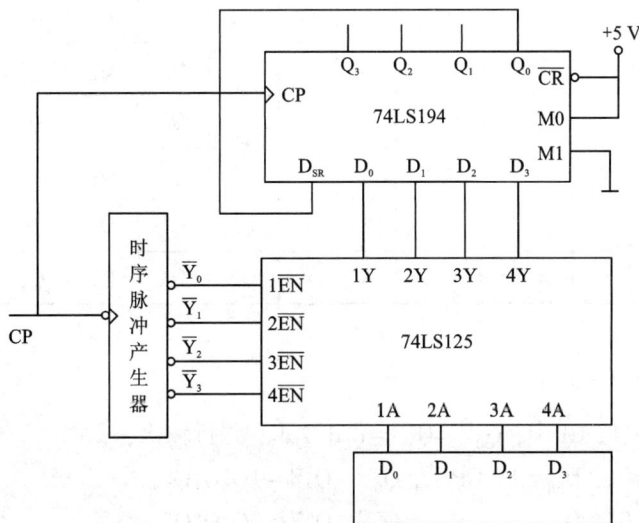

图2-9-1　串行移位寄存器

该电路主要由三部分组成：

1. 移位寄存器

74LS194的外引线排列如图2-9-2所示，74LS194是四位双向移位寄存器，具有并行输入，并行输出，左移和右移的功能，M_1、M_0 是工作状态控制端。D_{SR}、D_{SL} 分别为右移和左移串行数码输入端。$D_3 D_2 D_1 D_0$ 是并行数码输入端，$Q_3 Q_2 Q_1 Q_0$ 是并行数码输出端，CP 是时钟脉冲——移位操作信号。其功能如表 2-9-1 所示。

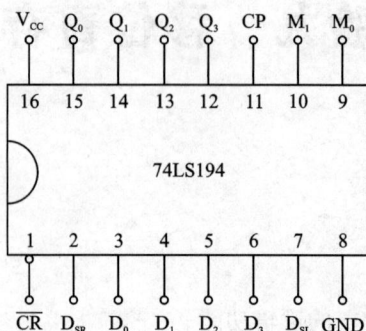

图 2-9-2   74LS194 外引线排列图

表 2-9-1   74LS194 的逻辑功能表

$\overline{CR}$	M_1	M_0	D_{SR}	D_{SL}	CP	D_0	D_1	D_2	D_3	Q_0^{n+1}	Q_1^{n+1}	Q_2^{n+1}	Q_3^{n+1}	备注
0	×	×	×	×	×	×	×	×	×	0	0	0	0	清零
1	×	×	×	×	0	×	×	×	×	Q_0^n	Q_1^n	Q_2^n	Q_3^n	保持
1	1	1	×	×	↑	d_0	d_1	d_2	d_3	d_0	d_1	d_2	d_3	并行输入
1	0	1	1	×	↑	×	×	×	×	1	Q_0^n	Q_1^n	Q_2^n	右移输入 1
1	0	1	0	×	↑	×	×	×	×	0	Q_0^n	Q_1^n	Q_2^n	右移输入 0
1	1	0	×	1	↑	×	×	×	×	Q_1^n	Q_2^n	Q_3^n	1	左移输入 1
1	1	0	×	0	↑	×	×	×	×	Q_1^n	Q_2^n	Q_3^n	0	左移输入 0
1	0	0	×	×	↑	×	×	×	×	Q_0^n	Q_1^n	Q_2^n	Q_3^n	保持

$\overline{CR} = 0$，$Q_0^{n+1} \sim Q_3^{n+1} = 0000$，

$\overline{CR} = 1$，$M_1 M_0 = 11$，$CP \uparrow$，$Q_0^{n+1} \sim Q_3^{n+1} = d_0 d_1 d_2 d_3$，并行输入，

右移 1，$M_1 M_0 = 01$，$D_{SR} = 1$，$CP \uparrow$，$Q_0^{n+1} \sim Q_3^{n+1} = 1 Q_0^n Q_1^n Q_2^n$，

右移 0，$M_1 M_0 = 01$，$D_{SR} = 0$，$CP \uparrow$，$Q_0^{n+1} \sim Q_3^{n+1} = 0 Q_0^n Q_1^n Q_2^n$，

左移 1，$M_1 M_0 = 10$，$D_{SL} = 1$，$CP \uparrow$，$Q_0^{n+1} \sim Q_3^{n+1} = Q_1^n Q_2^n Q_3^n 1$，

左移 0，$M_1 M_0 = 10$，$D_{SL} = 0$，$CP \uparrow$，$Q_0^{n+1} \sim Q_3^{n+1} = Q_1^n Q_2^n Q_3^n 0$。

2. 三态门 74LS125

74LS125 是四总线缓冲门电路，三态输出门（TSL 门）是一种特殊的门电路，它的输出除了具有一般的两种状态，即输出高、低电平状态（低阻态）外，还具有第三种输出状态——高阻状态,又称为禁止态。处于高阻状态时,电路与负载之间相当于开路。其外引线排列如图 2-9-3 所示。

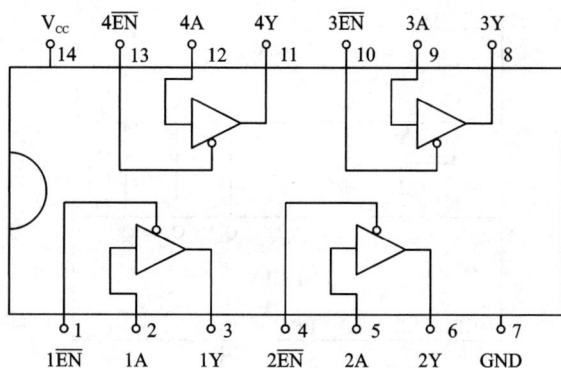

图 2-9-3　74LS125 外引线排列图

当 $\overline{EN}=1$(即为高电平)时,输出端断开;当 $\overline{EN}=0$(即为低电平)时,输出等于输入。

3. 时序脉冲产生器

时序脉冲产生器也称节拍脉冲产生器,是计算机及通信设备经常使用的一种逻辑器件,它有多个输出端,在这些输出端上能按一定的时间顺序逐个地出现节拍控制脉冲。时序脉冲产生器一般分为两类:一类是移位寄存器型;另一类是计数译码型。图 2-9-4 是由 74LS194 构成的移位寄存器型环形计数器。在循环前先使 $M_1=M_0=1$,让预置数并行输入,然后再改变 M_1、M_0 的电平,使预置数左循环或右循环。例如:设 $D_0D_1D_2D_3=1011$,则当 $M_1M_0=11$ 时,$Q_0Q_1Q_2Q_3=1011$,当 $M_1M_0=01$ 时,右移,当第 1 个 CP 来的时候,$Q_0Q_1Q_2Q_3=1101$;当第 2 个 CP 来的时候,$Q_0Q_1Q_2Q_3=1110$;当第 3 个 CP 来的时候,$Q_0Q_1Q_2Q_3=0111$;当第 4 个 CP 来的时候,$Q_0Q_1Q_2Q_3=1011$。

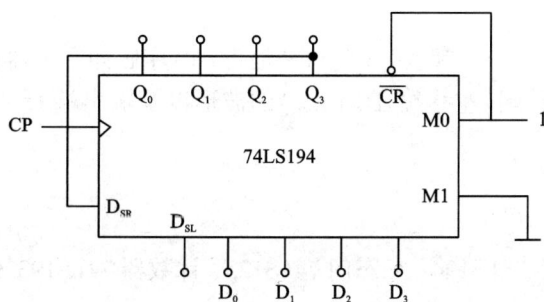

图 2-9-4　移位寄存器型环形计数器

图 2-9-5 是计数译码型时序脉冲产生器。它是由计数器 74LS193 和译码器 74LS138 组成的。

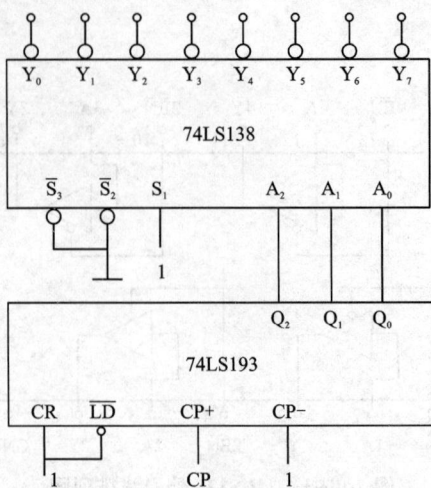

图 2-9-5　计数译码型时序脉冲产生器

四、实验内容

（1）按照 74LS194 的逻辑功能表，测试其逻辑功能。

（2）按照图 2-9-4 连线，测试计数器 74LS194 的计数功能。$Q_0 \sim Q_3$ 接 LED 显示，CP 用手动单次脉冲。

（3）按照图 2-9-5 连线，组成 8 个节拍的时序脉冲产生器，CP 选 1 kHz 方波，在示波器上分别观察 74LS138 的输出。CP 也可以选用手动单次脉冲，74LS138 的输出可以通过电平显示出来，然后改接电路，使之变成 4 个节拍的时序脉冲产生器。

（4）按图 2-9-1 组装串行移位电路，将 74LS125 三态门的输入端接数据开关，并置为 0001，CP 选用手动单次脉冲，观察 0001 四位二进制数串行输入至 74LS194 的右（左）移端，并行输出的传输过程。

（5）将手动脉冲改为方波，观察并记录 CP 波形、时序脉冲产生器输出端 $\overline{Y}_0 \sim \overline{Y}_3$ 的波形、移位寄存器串行输入右移端（左移端）$D_{SR}(D_{SL})$ 的波形以及输出端 $Q_0 \sim Q_3$ 的波形。最后比较它们之间的时序关系。

五、预习要求

（1）熟悉移位寄存器 74LS194、三态门 74LS125、计数器 74LS193 和译码器 74LS138 的逻辑功能。

（2）掌握移位寄存器 74LS194、三态门 74LS125、计数器 74LS193 和译码器 74LS138 的使用方法。

（3）分析图 2-9-1 的基本原理。

实验十　555 定时电路的应用

一、实验目的

(1)了解集成定时器的电路内部结构和基本原理。
(2)掌握 555 定时器的逻辑功能和使用方法。
(3)掌握由集成定时器 555 构成的基本应用电路的方法。

二、实验原理

集成定时器是一种数字、模拟混合型的中规模集成电路,应用十分广泛。它是一种产生时间延迟和多种脉冲信号的电路,由于内部电压标准使用了三个 5 kΩ 的电阻,故取名 555 电路。

1. 555 电路的工作原理

555 电路的内部电路方框图如图 2-10-1 所示,外引脚如图 2-10-2 所示。它含有两个电压比较器、一个基本 RS 触发器、一个晶体放电管开关 T_D。比较器的参考电压由三只 5 kΩ 的电阻构成的分压器提供。它分别接高电平比较器 A1 的同相输入端和低电平比较器 A2 的反相输入端,参考电平分别为 $\frac{2}{3}V_{CC}$ 和 $\frac{1}{3}V_{CC}$。A1 与 A2 的输出端控制 RS 触发器状态和放电管开关状态。当输入信号从 6 脚(即高电平触发)输入并超过参考电平 $\frac{2}{3}V_{CC}$ 时,触发器复位,555 电路的输出端 3 脚输出低电平,同时放电管开关导通;当输入信号从 2 脚输入并低于 $\frac{1}{3}V_{CC}$ 时,触发器置位,555 电路的 3 脚输出高电平,同时放电管开关截止。

$\overline{R_D}$ 是复位端,当 $\overline{R_D}=0$ 时,555 电路输出低电平。平时 $\overline{R_D}$ 端开路或接 V_{CC}。CO 是电压控制端(5 脚),平时输出 $\frac{2}{3}V_{CC}$ 作为比较器 A1 的参考电平,当 5 脚外接一个输入电压时,就改变了比较器参考电平,从而实现对输出的另一种控制;当不接外加电压时,接一个 0.01 μF 的电容器到地,起滤波作用,用来消除外来的干扰,确保参考电平的稳定。T_D 为放电管,当 T_D 导通时,将给接于 7 脚的电容器提供低阻放电通路。

通过外接元件,555 电路可以方便地构成单稳态触发器、多谐振荡器、施密特触发器等脉冲产生或波形变换电路。

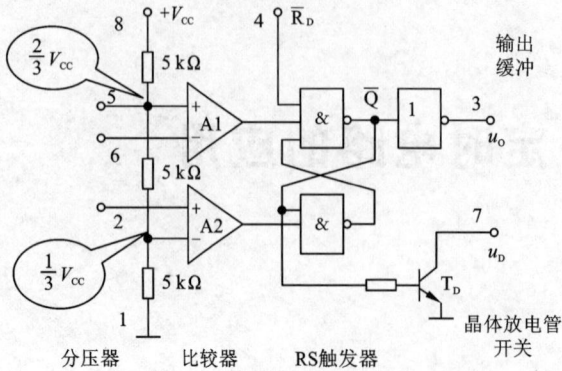

图 2-10-1　555 电路的内部电路方框图

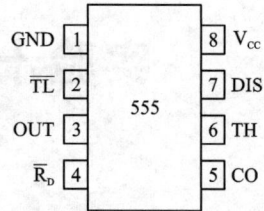

图 2-10-2　555 引脚图

2. 555 定时电路构成的施密特触发器

图 2-10-3 是由 555 定时器构成的施密特触发器，设外加电压 u_S 是正弦波，其正半周通过二极管加至 555 定时器，第 2 脚和第 6 脚的电压 u_I 为半波整流电压，当 u_I 上升到 $\frac{2}{3}V_{CC}$ 时，输出电压 u_O 从高电平变为低电平；当 u_I 继续增大到达最大幅值后并开始减小，u_O 仍继续保持低电平，直到减小到 $u_I = \frac{1}{3}V_{CC}$ 时，u_O 从低电平变为高电平。回差电压为 $\Delta U_T = \frac{2}{3}V_{CC} - \frac{1}{3}V_{CC} = \frac{1}{3}V_{CC}$。

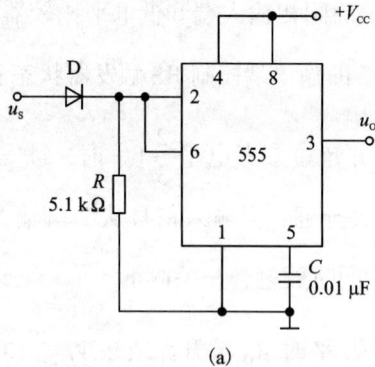

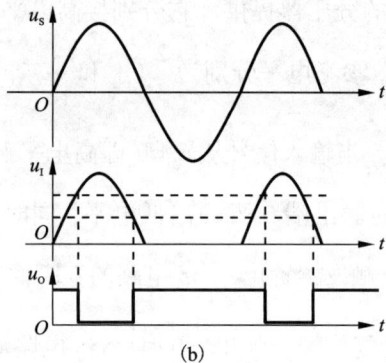

(a)　　　　　　　　　　　　　　(b)

图 2-10-3　555 定时电路构成的施密特触发器

(a)电路图；(b)波形图

3. 555 定时电路构成的单稳态触发器

单稳态触发器，在外来触发脉冲的作用下，能够输出一定幅度和宽度的脉冲。输出脉冲的宽度就是暂稳态的持续时间 t_w。图 2-10-4 是由 555 定时器和外接定时元件 R、C 构成的单稳态触发器。

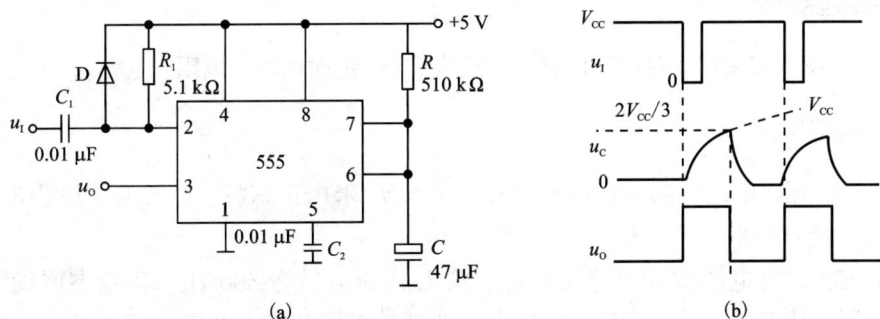

图 2-10-4　555 定时电路构成的单稳态触发器

(a)电路图；(b)波形图

在 u_I 端加上触发信号时，电路处于初始稳态，输出为低电平。若在 u_I 端加上一个具有一定幅度的负脉冲，则在 2 端出现一个负尖脉冲，使该端的电压小于 $\frac{1}{3}V_{CC}$，从而使比较器 A2 翻转，触发器的输出从低电平跳变为高电平。电容 C 两端的电压 u_C 按指数规律增加，当电压升到 $\frac{2}{3}V_{CC}$ 时，比较器 A1 翻转，触发器的输出从高电平回到低电平，同时内部电路使电容器 C 经晶体放电管开关 T_D 放电，暂稳态持续时间 t_w 决定于外接元件 R、C 的大小，即：$t_w=1.1RC$。

4. 555 定时电路构成的多谐振荡器

多谐振荡器没有稳定状态，只有两个暂稳状态，而且无须用外来脉冲触发，电路能自动地交替翻转，使两个暂稳状态轮流出现，输出矩形脉冲。图 2-10-5 就是由 555 定时器和外接组件 R_1、R_2、C 构成的多谐振荡器。

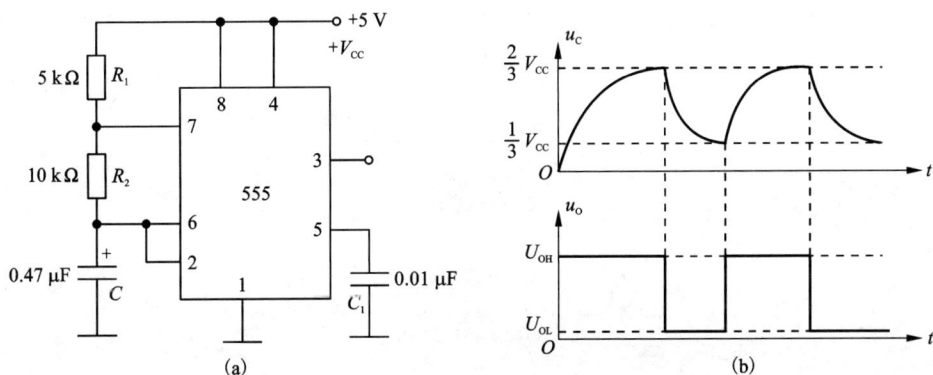

图 2-10-5　555 定时电路构成的多谐振荡器

(a)电路图；(b)波形图

电容器 C 在 $\frac{1}{3}V_{CC}$ 和 $\frac{2}{3}V_{CC}$ 之间充电和放电，其频率与电源电压无关。充电时间：$t_1=0.7(R_1+R_2)C$，放电时间：$t_2=0.7R_2C$，所以周期：$T=t_1+t_2$。

三、实验器材

数字电子技术实验箱、双踪示波器、万用表、555 定时电路、电阻、电容。

四、实验内容

(1)用 555 定时电路构成施密特触发器,输入 u_S 采用正弦波,接通电源逐步加大 u_S 电压,用双踪示波器观察 u_S、u_I 和 u_O 的波形。

(2)用 555 定时电路构成单稳态电路,输入脉冲信号为 500 Hz,暂稳态时间为 0.5~1.5 ms,可调。用双踪示波器观察充放电电容两端的波形和输入及输出端的波形,并分析比较波形。

(3)用 555 定时电路构成多谐振荡器,其振荡频率为 1 kHz,占空比可调。用双踪示波器观察充放电电容两端的波形和输出端的波形,并分析比较波形。

五、预习要求

(1)掌握 555 定时器的工作原理及应用。

(2)设计好实验中记录数据、波形的表格。

(3)根据本实验所给参数,计算多谐振荡器 t_1、t_2、T 的值。

实验十一　模/数、数/模转换器基本应用

一、实验目的

(1) 了解 DAC0832 和 ADC0809 基本结构和特性。

(2) 掌握 DAC0832 和 ADC0809 的基本使用方法。

二、实验原理

1. D/A 转换器

DAC0832 为输入电压、输出电流的 R-$2R$ 电阻网络型的 8 位 D/A 转换器，集成电路内有两级输入寄存器，使 DAC0832 芯片具备双缓冲、单缓冲和直通三种输入方式，以便适于各种电路的需要，所以这个芯片的应用很广泛。其外引线排列图如图 2-11-1 所示和内部功能框图如图 2-11-2 所示。

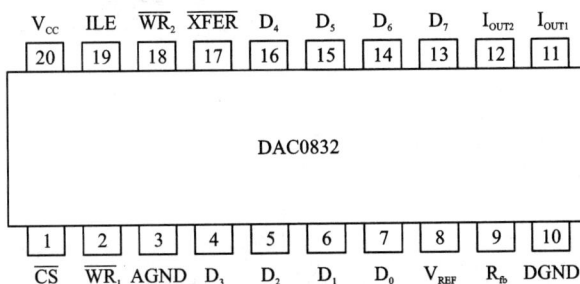

V_{CC}	ILE	$\overline{WR_2}$	$\overline{XFER}$	D_4	D_5	D_6	D_7	I_{OUT2}	I_{OUT1}
20	19	18	17	16	15	14	13	12	11

DAC0832

1	2	3	4	5	6	7	8	9	10
$\overline{CS}$	$\overline{WR_1}$	AGND	D_3	D_2	D_1	D_0	V_{REF}	R_{fb}	DGND

图 2-11-1　外引线排列图

根据对 DAC0832 的输入寄存器和 DAC 寄存器的不同的控制方式，DAC0832 有三种工作方式：直通方式、单缓冲方式和双缓冲方式，如图 2-11-3 所示。

(1) 单缓冲方式。单缓冲方式是控制输入寄存器和 DAC 寄存器同时接收信号，或者只用输入寄存器而把 DAC 寄存器接成直通方式。此方式适用只有一路模拟量输出或几路模拟量异步输出的情形。

(2) 双缓冲方式。双缓冲方式是先使输入寄存器接收信号，再控制输入寄存器的输出信号到 DAC 寄存器，即分两次锁存输入信号。此方式适用于多个 D/A 转换同步输出的情况。

(3) 直通方式。直通方式是信号不经两级锁存器锁存，即 $\overline{CS}$、$\overline{WR_1}$、$\overline{WR_2}$、$\overline{XFER}$ 均接低电平，ILE 接高电平。此方式适用于连续反馈控制线路和不带微机的控制系统，不过在使

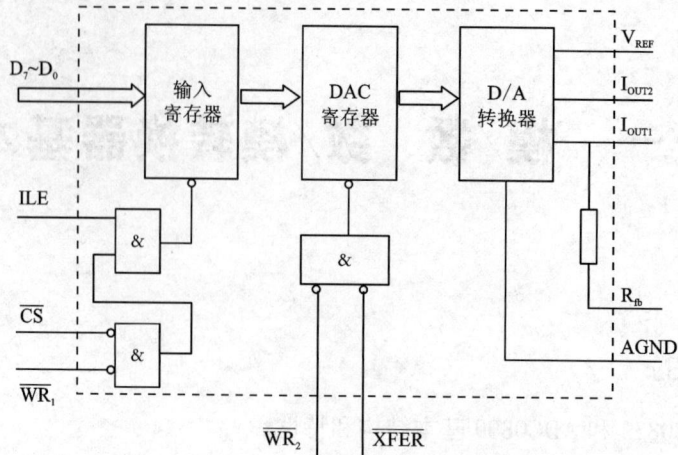

图 2-11-2　内部功能框图

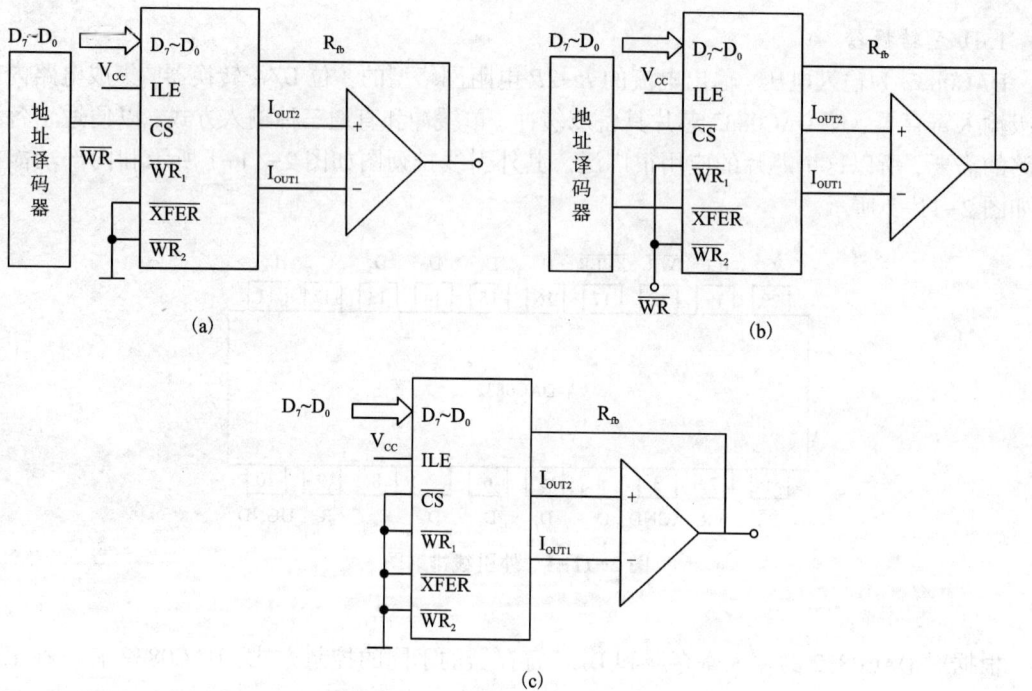

(a)

(b)

(c)

图 2-11-3　DAC0832 三种工作方式连接图

（a）单缓冲方式；（b）双缓冲方式；（c）直通方式

用时，必须通过另加 I/O 接口与 CPU 连接，以匹配 CPU 与 D/A 转换。

DAC0832 管脚说明如下：

V_{CC}：电源输入端，V_{CC} 的范围为 +5 V～+15 V，最佳状态为 +15 V；

V_{REF}：参考电压输入线，V_{REF} 的范围为 −10 V～+10 V；

AGND：模拟信号地；

DGND：数字信号地；

$D_0 \sim D_7$：8 位数据输入线，TTL 电平，有效时间应大于 90 ns（否则锁存器的数据会出错）；

ILE：数据锁存允许控制信号输入线，高电平有效；

$\overline{CS}$：片选信号输入线（选通数据锁存器），低电平有效，与 ILE 共同作用，对 $\overline{WR_1}$ 信号进行控制；

$\overline{WR_1}$：写信号 1，低电平（脉宽应大于 500 ns）有效。当 $\overline{WR_1} = 0$，$\overline{CS} = 0$ 且 ILE = 1 时，将输入数据锁存到输入寄存器中；

$\overline{XFER}$：数据传输控制信号输入线，低电平有效，负脉冲（脉宽应大于 500 ns）有效，控制 $\overline{WR_1}$ 有效；

$\overline{WR_2}$：写信号 2，低电平有效，当 $\overline{WR_2} = 0$，$\overline{XFER} = 0$ 时，将输入寄存器中的数据锁存到 8 位 DAC 寄存器中，并开始 D/A 转换；

I_{OUT1}：电流输出端 1，其值随 DAC 寄存器的内容成线性变化，当 DAC 寄存器全为 1 时，输出电流最大，当 DAC 寄存器全为 0 时，输出电流最小；

I_{OUT2}：电流输出端 2，其值为 I_{OUT1} 与常数之差；

R_{fb}：反馈电阻引出端，在构成电压输出 DAC 时，此端应接运算放大器的输出端。

2. A/D 转换器

ADC0809 是美国半导体公司生产的 CMOS 工艺 8 通道、8 位逐次逼近式 A/D 转换器。其内部有一个 8 通道多路开关，它可以根据地址码锁存和译码后的信号，只选通 8 路模拟输入信号中的一个进行 A/D 转换。转换时间为 100 μs（时钟为 640 kHz 时），或 130 μs（时钟为 500 kHz 时），模拟输入电压范围 0 ~ +5 V，不需零点和满刻度校准。内部结构如图 2-11-4 所示，它由 8 路模拟开关、地址锁存与译码器、比较器、8 位开关树型 A/D 转换器、逐次逼近寄存器、逻辑控制和定时电路组成。

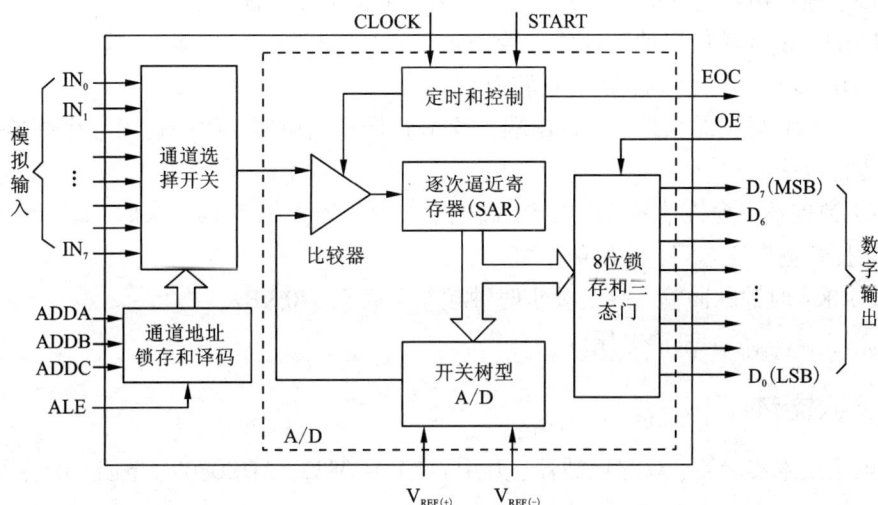

图 2-11-4　ADC0809 内部结构

图 2-11-5 为 ADC0809 外引脚图，它有 28 条引脚，采用双列直插式封装。

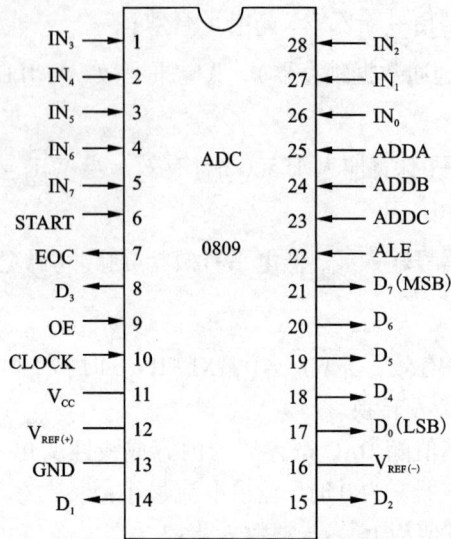

图 2-11-5　ADC0809 外引脚图

下面说明各引脚功能：

- V_{CC}：电源，单一+5 V。
- GND：地
- $IN_0 \sim IN_7$：8 路模拟量输入端。
- $D_0 \sim D_7$：8 位数字量输出端。
- ADDA、ADDB、ADDC：3 位地址输入线，用于选通 8 路模拟输入中的一路。
- ALE：地址锁存允许信号，输入端，产生一个正脉冲以锁存地址。
- START：A/D 转换启动脉冲输入端，输入一个正脉冲(至少 100 ns 宽)使其启动(脉冲上升沿使 0809 复位，下降沿启动 A/D 转换)。
- EOC：A/D 转换结束信号，输出端，当 A/D 转换结束时，此端输出一个高电平(转换期间一直为低电平)。
- OE：数据输出允许信号，输入端，高电平有效。当 A/D 转换结束时，此端输入一个高电平，才能打开输出三态门，输出数字量。
- CLOCK：时钟脉冲输入端。要求时钟频率不高于 640 kHz。
- $V_{REF(+)}$、$V_{REF(-)}$：基准电压。

三、实验器材

数字电子技术实验箱、双踪示波器、万用表、DAC0832、ADC0809、电阻、电容等。

四、实验内容

(1)将 DAC0832 接成直通工作方式，且输出为单极性电压输出，数字量输入端 $D_0 \sim D_7$ 均为零,测量模拟输出电压 V_0 的值。

(2)按表 2-11-1 所列,从输入数字量的最低端 D_0 起,逐位置 1,对应测出模拟输出电压 V_0 的值。

表 2-11-1　数据记录表(一)

输入数字量								输出模拟量 V_0/V
D_7	D_6	D_5	D_4	D_3	D_2	D_1	D_0	
0	0	0	0	0	0	0	0	
0	0	0	0	0	0	0	1	
0	0	0	0	0	0	1	1	
0	0	0	0	0	1	1	1	
0	0	0	0	1	1	1	1	
0	0	0	1	1	1	1	1	
0	0	1	1	1	1	1	1	
0	1	1	1	1	1	1	1	
1	1	1	1	1	1	1	1	

(3)按图 2-11-6 所示接线,并分析 ADC0809 实验电路的连接原理。确定该电路中的 R_P 及 $R_0 \sim R_7$ 的电阻值,选择 500 kHz 脉冲信号作为时钟信号,调节 R_P 使 ADC0809 的输出全为高电平,测量模拟电压值。

(4)按表 2-11-2 记录 8 路模拟信号的转换结果,并将结果换算成十进制数表示的电压值,并与数字电压表实测的各路输入电压值进行比较,分析误差原因。

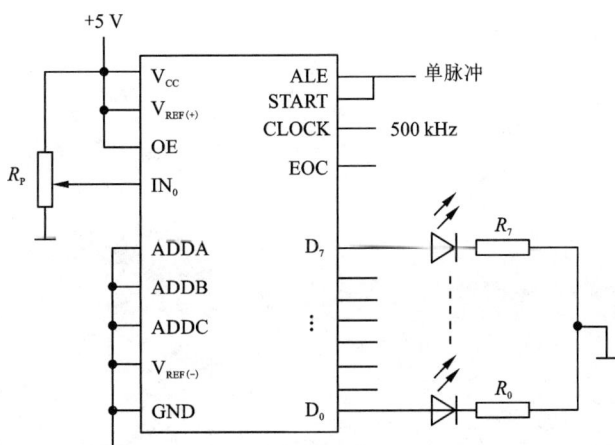

图 2-11-6　ADC0809 实验电路

表 2-11-2　数据记录表(二)

模拟通道	输入模拟量	地址			数字量输出								
IN	$V_i(V)$	ADDC	ADDB	ADDA	D_7	D_6	D_5	D_4	D_3	D_2	D_1	D_0	十进制
IN_0	4.5	0	0	0									
IN_1	4.0	0	0	1									
IN_2	3.5	0	1	0									
IN_3	3.0	0	1	1									
IN_4	2.5	1	0	0									
IN_5	2.0	1	0	1									
IN_6	1.5	1	1	0									
IN_7	1.0	1	1	1									

实验十二　数字显示电路

一、实验目的

(1)掌握基本门电路的应用,了解用简单门电路实现控制逻辑。
(2)熟悉各种常用 MSI 组合逻辑电路的功能与使用方法。
(3)掌握多片 MSI、SSI 组合逻辑电路的级联、功能扩展和综合设计技能。
(4)学会组装和调试各种 MSI 组合逻辑电路。

二、实验器材

数字电子技术实验箱、双踪示波器、万用表、74LS283、74LS148、74LS00、74LS04、74LS47。

三、设计内容

(1)用已有芯片完成 0~15 数字按键动作时的显示。

一操作面板如图 2-12-1 所示,左侧有 16 个按键,编号为 0 到 15 数字,面板右侧配 2 个七段显示器。设计一个电路,当按下小于 10 的键后,右侧低位七段显示器显示数字,左侧七段显示器显示 0;当按下大于或等于 10 的键后,右侧低位七段显示器显示个位数字,左侧七段显示器显示 1。若同时按下几个按键,优先级别的顺序是 15 到 0。

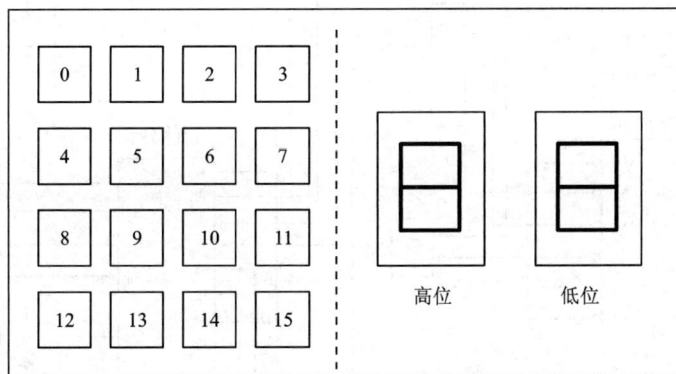

图 2-12-1　组合电路综合实验操作面板示意图(一)

（2）用已有芯片完成将输入 8421BCD 码转换成为余 3 码，并显示。

一操作面板左侧有 10 个按键，编号为 0 到 9，面板右侧配 2 个数码显示管，如图 2-12-2 所示。设计一个电路，当按下按键后，7 段显示器显示所有按下数字加 3 的数字。右侧显示器显示个位数，左侧显示器显示十位数，若同时按下几个按键，优先级别的顺序是 9 到 0。

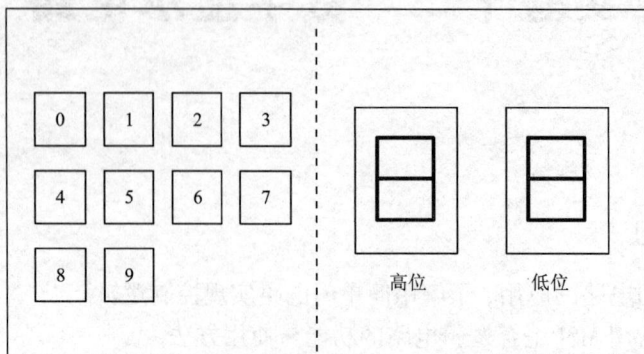

图 2-12-2　组合电路综合实验操作面板示意图（二）

四、各模块设计（以设计内容 1 为例）

（1）编码、译码和显示电路：采用 2 个 8 线-3 线编码器 74LS148 组成一个 16 线-4 线编码器，如图 2-12-3 所示（左半部分）。

（2）基本门电路、全加器电路。

根据系统要求，显示输入应为 8421BCD 码，可以采用加 6 的方法实现，但小于 9 时，直接输入；当大于 9 时，将 BCD 码加 6（溢出后相当于减 10）且十位进 1，如图 2-12-3 所示。

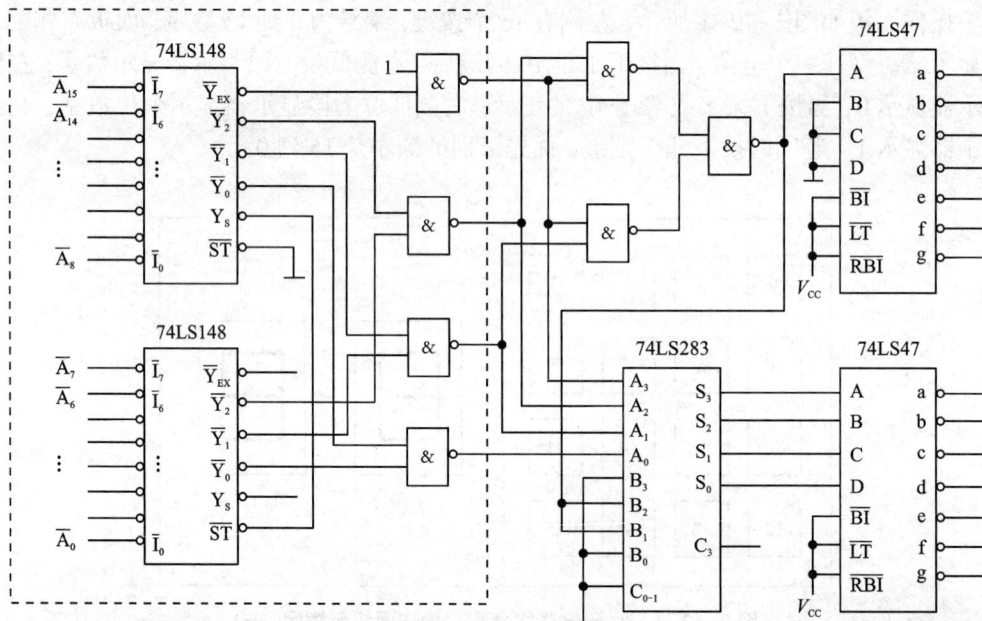

图 2-12-3　组合电路综合实验电路图

五、思考及发挥题

(1)用 LED 显示高低电平时，为什么要串接一个电阻？该电阻值如何选择？

(2)共阳极与共阴极 7 段显示发光管有何区别？在使用上如何处理？

(3)如何将两片 8 线-3 线编码器改为 16 线-4 线编码器？

实验十三　数字时钟设计

钟表的数字化给人们生产生活带来了极大的方便，而且大大地扩展了钟表原先的报时功能。比如定时自动报警、按时自动响铃、定时广播、定时启闭路灯、定时开关电器、定时通断动力设备等，所有这些都是以钟表数字化为基础的，因此，研究多功能数字钟的应用有非常现实的意义。

一、设计任务与要求

(1)掌握数字时钟的设计、组装与调试。

(2)用中小规模集成电路设计一个有"时""分""秒"(23小时59分59秒)显示的数字钟，并在实验箱上进行组装、调试。

(3)具有整点报时功能，在59分59秒时输出1000 Hz信号，音响持续1秒，在1000 Hz音响结束时刻为整点。

(4)选作：

①实现闹钟功能；

②加上日历显示功能。

二、主要参考元器件

集成电路：74LS48、74LS162、74LS74、74LS160，石英晶体振荡器、LED显示器、电阻、电容等。

三、设计原理及参考框图

数字电子钟基本原理框图如图2-13-1所示。它由石英晶体振荡器、分频器、计数器、译码器、显示器和校时电路组成，石英晶体振荡器产生的信号经过分频器作为秒脉冲，秒脉冲送入计数器计数，计数结果通过"时""分""秒"译码器显示时间。

1. 石英晶体振荡器

石英晶体振荡器的特点是振荡频率准确、电路结构简单、频率易调整。用反相器和石英晶体构成振荡器，如图2-13-2所示。利用两个非门自我反馈，使它们工作在线性状态，然后利用石英晶体来控制振荡频率，同时利用电容C_1作为两个非门之间的耦合，两个非门的输入输出之间并接电阻R_1和R_2作为负反馈元件，由于电阻小，可以近似看成非门的输出输入压降相等。电容C_2是为了防止寄生振荡。

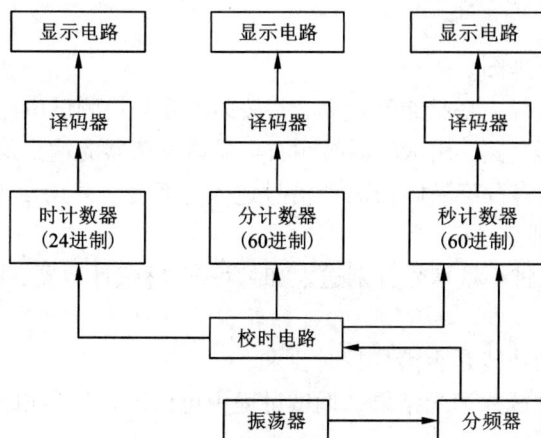

图 2-13-1　数字电子钟原理框图

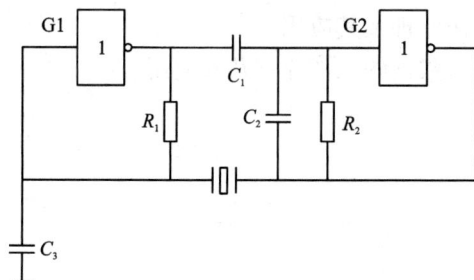

图 2-13-2　石英晶体振荡电路

2. 分频器

由于石英晶体振荡器产生的频率很高，要得到脉冲，需要用分频电路。例如，振荡器输出 4 MHz 信号，通过 D 触发器（74LS74）进行 4 分频变成 1 MHz，然后再送到 10 分频计数器等。

3. 计数器

计数器可以选用常见的集成计数器 74LS160 或 74LS162 级联而成，分别组成 24 进制加计数器和 60 进制加计数器。

4. 译码器和显示器

译码是将给定的代码进行翻译。计数器采用的码制不同，译码电路也不同。74LS48 驱动器是与 8421BCD 编码计数器配合用的 7 段译码驱动器。本系统采用 7 段发光二极管显示译码器输出的数字。

5. 校时电路

校时电路实现对"时""分""秒"的校准。在电路中设有正常计时和校时位置。"秒""分""时"的校准开关分别通过 RS 触发器控制。

四、实验内容

(1)按照要求设计原理图。

(2)在标准板或面包板上搭接组装电路，并按照单元分块测试电路。

(3)调试石英振荡器电路，用示波器检测石英晶体振荡器的输出信号波形和频率。

(4)调试分频电路，将石英晶体振荡器信号送入分频器，并用示波器检查各级分频器的输出频率是否符合设计要求。

(5)调试计时电路，将1秒信号分别送入"时""分""秒"计数器，检查各级计数器的工作情况。

(6)观察校时电路的功能是否满足校时要求。

(7)进行整体电路调试并记录结果。调试过程中可借助仪器对电路工作过程进行观测和调试。

五、预习要求

(1)掌握石英晶体的工作原理及其应用。

(2)了解分频器和集成计数器的工作原理及其应用。

(3)掌握报时电路的设计。

(4)画出总体电路图。

六、实验报告要求

(1)符合设计要求。

(2)选择设计方案，画出总电路原理框图。

(3)单元电路设计及基本原理分析，提供参数计算过程。

(4)记录调试过程，对调试过程中所遇到的故障进行分析。

(5)记录测试结果，并作简要说明。

(6)设计过程的体会、创新和建议。

(7)列出元件清单。

实验十四　多路抢答器

在进行智力竞赛时，需要反应及时准确、显示清楚方便的定时抢答设备。通常参加竞赛的有多组，所以定时抢答设备，应该包括一个总控制和多个具有显示及抢答设置的终端。本题目要求学生以中规模数字集成电路为主，设计多路抢答器。

一、设计任务与要求

（1）设计一个智力竞赛抢答器，可同时提供五名选手参加比赛，其编号为 1、2、3、4、5。

（2）给主持人设置一个控制开关，用来控制系统的清零。

（3）抢答器具有数据锁存和显示的功能，主持人将系统复位后，参赛者按抢答开关，则该组指示灯亮，并且显示出抢答序号，同时发出报警声音。

（4）设置计分电路，每组在开始时预置 100 分，抢答后由主持人控制，答对加 10 分，答错减 10 分。

（5）选作：增加抢答器定时抢答的功能，抢答的时间可预设，当主持人启动开关键后，定时器开始减计数并显示，参赛选手在设定时间内进行抢答，如果定时时间到，无人抢的，定时器发出短暂的声响，本次抢答无效，封锁输入电路，禁止选手超时后抢答。

二、主要参考元器件

74LS192、74LS148、74LS48、74LS279、555、74LS00、74LS283、74LS121、电阻、电容、发光二极管、三极管、LED 显示器等。

三、设计原理及参考框图

如图 2-14-1 所示，多路抢答器主要由抢答电路和控制电路组成，其工作过程为，接通电源后，主持人按下复位键，使抢答器处于禁止工作状态，按下开始键后，抢答器处于工作状态，当参赛选手按下抢答键后，优先编码电路对抢答者的序号进行编码，有锁存器进行锁存，译码显示电路显示序号，控制电路使报警电路发出短暂声响，对输入编码电路进行封锁，禁止其他选手进行抢答，主持人可以对选手得分进行加、减控制，以上过程结束后，主持人可通过控制开关，使系统复位，以便进行下一轮抢答。

四、实验内容

（1）设计整体电路，画出电路原理图，并在计算机上做仿真实验。

（2）分模块调试电路，并记录参数。

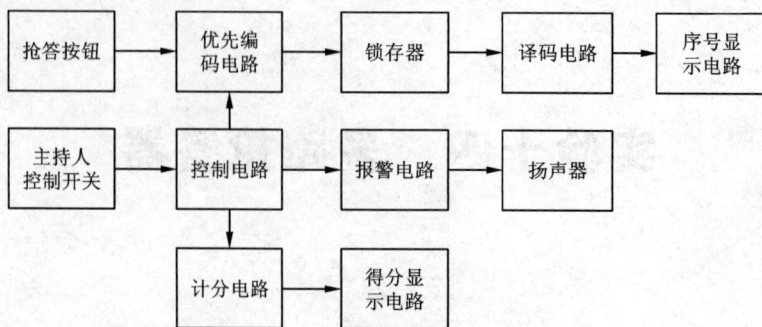

图 2-14-1　多路定时抢答器总体方案框图

（3）组装调试电路，测试整体电路的功能。

（4）画出逻辑电路图，写出完整的总结报告。

五、预习要求

（1）掌握编码器、译码器、十进制加减计数器的工作原理。

（2）设计控制电路、定时电路。

（3）画出总体电路图。

六、实验报告要求

（1）符合设计要求。

（2）选择设计方案，画出总电路原理框图。

（3）单元电路设计及基本原理分析，提供参数计算过程。

（4）记录调试过程，对调试过程中所遇到的故障进行分析。

（5）记录测试结果，并作简要说明。

（6）设计过程的体会、创新和建议。

（7）列出元件清单。

实验十五　交通灯控制电路

在城市道路上的交叉路口一般设置有交通灯，用于管理两条道路通行车辆。交通灯由红、黄、绿三色组成。红灯亮表示此道路禁止车辆通过路口；黄灯亮表示此通道未过停车线的车辆禁止通行，已过停车线的车辆继续通行；绿灯亮表示该通道车辆可以通行。要求设计一个交通灯控制电路以控制十字路口两组交通灯的状态转换，指挥车辆安全通行。

一、设计任务与要求

(1)设计一个十字路口交通灯控制电路，要求两个干道交替通行。当第一干道通行时第一干道绿灯亮，第二干道红灯亮，时间为75秒。当第二干道通行时，第二干道绿灯亮，第一干道红灯亮，时间为45秒。

(2)每次绿灯变红灯时，要求黄灯先亮3秒钟。此时另一路口红灯不变。

(3)黄灯亮时，要求黄灯闪烁，频率为1 Hz。

(4)要求在绿灯亮(通行时间内)和红灯亮(禁止通行时间内)均有倒计时显示。

二、主要参考元器件

计数器74LS193、触发器74LS74、555定时电路、译码器74LS248、数码管LC5011、门电路、发光二极管等。

三、设计原理及参考框图

交通灯控制电路原理框图如图2-15-1所示。根据要求，该控制电路应该具有计时功能，即75秒、45秒和3秒的计时及倒计时功能。通过对秒脉冲的计数，实现红、黄、绿三种颜色灯的交替显示，因此需要计数器、各种逻辑门及触发器。由于要有时间提示的数字显示，即根据红绿灯的时间进行倒计时显示，因此需要数码管、译码器等显示、控制器件。综上所述，设计电路应包括主控电路、定时电路、译码显示电路及秒脉冲信号发生器电路。

四、实验内容

(1)设计电路，画出电路原理图，并在计算机上做仿真实验。

(2)调试单元电路，并记录参数。注意观察时序关系。

(3)组装调试电路，测试整体电路的功能。信号灯可以用发光二极管代替。

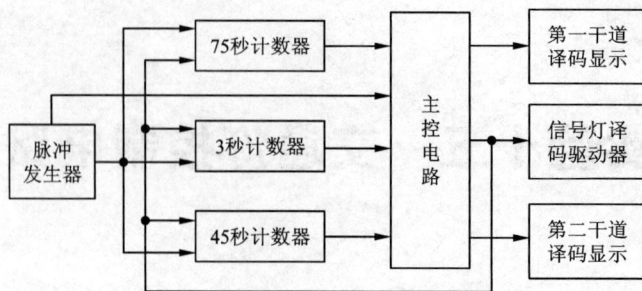

图 2-15-1　交通灯控制电路原理框图

五、预习要求

(1)掌握加/减计数器的工作原理。

(2)掌握 D 触发器的工作原理。

(3)了解 555 定时电路的基本原理,掌握用 555 定时电路组成振荡器的设计方法和参数计算。

(4)根据交通灯控制系统框图,画出完整的电路图。

六、实验报告要求

(1)符合设计要求。

(2)选择设计方案,画出总电路原理框图。

(3)单元电路设计及基本原理分析,提供参数计算过程。

(4)记录调试过程,对调试过程中所遇到的故障进行分析。

(5)记录测试结果,并作简要说明。

(6)设计过程的体会、创新和建议。

(7)列出元件清单。

实验十六　出租车里程计价

当我们坐到出租汽车上时，只要汽车一开动，就会看到汽车前面的数字计价表读数从 0 逐渐增大，自动显示出该收的费用。当出租车达到某地需要等候时，司机只要按一下计时按键，每等待一定时间，显示数字就增加一个该收的等候费用，汽车行驶时停止计算等候费，继续增加里程费。到达目的地后，就可按显示的数字收费。如果要开发票，司机只要按一下开票键，打印机就打印出发票，作为报销凭证。

一、设计任务与要求

(1)掌握出租车里程计价表的设计、组装和调试。
(2)掌握同步十进制系数乘法计数器的工作原理。
(3)进一步加深对计数器、寄存器、译码器和显示电路的理解。
(4)对车轮运行传感器输出信号进行计算，通过设计里程单价得到行驶里程费。
(5)对等候时间进行计时，通过设计计时等候单价得到等候费。
(6)采用显示器显示总的费用。

二、主要参考元器件

74LS167、74LS190、74LS49、74LS121、74LS74、LED 显示器等。

三、设计原理及参考框图

原理框图如图 2-16-1 所示，电路首先由传感器获得行驶里程信号，假设汽车每行驶 10 米时，发出 1 个脉冲信号，行驶里程信号数和里程单价相乘后，得出行驶费用。如：设 1 km 应收费 1.5 元，则汽车每行驶 1 km 就有 100 个信号，相当于每个信号应收费 0.015 元，随着信号数的增加，费用也是不断增大的。

等候时间信号由时钟脉冲产生，如：每分钟发出 1 个脉冲信号，规定每分钟等候时间费用，等候时间单价乘以脉冲信号数，得出等候费用。行驶费用和等候费用之和就是总的费用。

传感器选用普通的继电器，一般装在汽车变速器后的软轴上，汽车每前进 10 m，涡轮边缘的磁铁就从继电器旁边经过一次，发出一个信号。

乘法器可用十进制系数乘法器，产生行驶里程信号可选用继电器作为脉冲产生电路，根据乘法器输入系数设计开关或按键电路，用来改变里程单价。

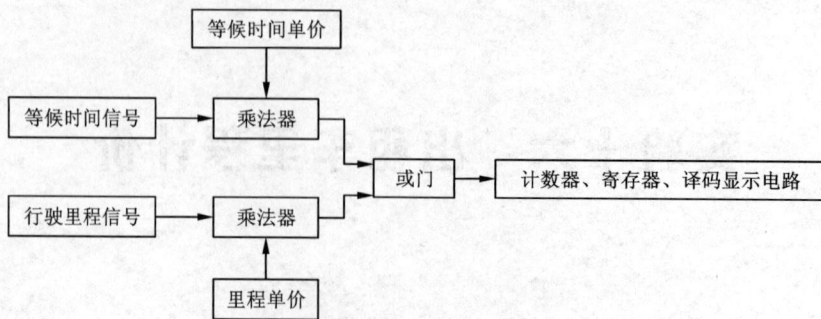

图 2-16-1　出租车里程计价原理框图

四、实验内容

(1) 设计整体电路，画出电路原理图。

(2) 在计算机上做仿真实验。

(3) 分模块调试电路：调试里程计价电路、等候计价电路、译码电路，并记录相应参数。

(4) 组装调试电路，测试整体电路的功能。

五、预习要求

(1) 掌握分频器、常用加法计算器、译码器的工作原理及其应用。

(2) 画出总体电路图。

六、实验报告要求

(1) 符合设计要求。

(2) 选择设计方案，画出总电路原理框图。

(3) 单元电路设计及基本原理分析，提供参数计算过程。

(4) 记录调试过程，对调试过程中所遇到的故障进行分析。

(5) 记录测试结果，并作简要说明。

(6) 设计过程的体会、创新和建议。

(7) 列出元件清单。

第三篇
高频电子线路实验

实验一　单调谐回路谐振放大器

一、实验目的

(1)熟悉电子元器件和高频电子线路实验系统;

(2)掌握单调谐回路谐振放大器的基本工作原理;

(3)熟悉放大器静态工作点的测量方法;

(4)熟悉放大器静态工作点和集电极负载对单调谐放大器幅频特性(包括电压增益、通频带、Q 值)的影响;

(5)掌握测量放大器幅频特性的方法。

二、实验设备与器材

实验设备与器材如表 3-1-1 所示。

表 3-1-1　实验设备与器材

名称	数量	备注
数字示波器	1	
函数信号发生器	1	
数字万用表	1	
高频实验箱①号实验板	1	HT-GP-G1 型
高频实验箱⑤号实验板	1	HT-GP-G1 型
电源	1	

三、实验原理

1. 单调谐回路谐振放大器原理

小信号谐振放大器是通信接收机的前端电路, 主要用于高频小信号或微弱信号的线性放大和选频。单调谐回路谐振放大器原理电路如图 3-1-1 所示。图中, R_{B1}、R_{B2}、R_E 用以保证晶体管工作于放大区域, 从而使放大器工作于甲类。C_E 是 R_E 的旁路电容, C_B、C_C 是输入、输出耦合电容, L、C 是谐振回路, R_C 是集电极(交流)电阻, 它决定了回路 Q 值、带宽。为了减轻晶体管集电极电阻对回路 Q 值的影响, 采用了部分回路接入方式。

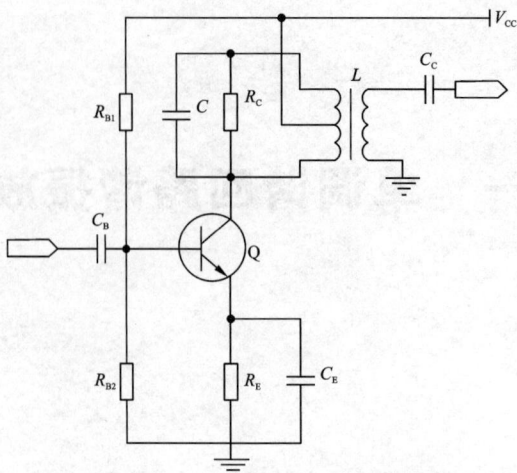

图 3-1-1　单调谐回路放大器原理电路

2. 单调谐回路谐振放大器实验电路

单调谐回路谐振放大器实验电路如图 3-1-2 所示(为与实验板电路符号表示相同,图中元器件符号均以正体字母+数字表示)。其基本部分与图 3-1-1 相同。图中,CM11 用来调谐;RM11 用以改变集电极电阻,以观察集电极负载变化对谐振回路(包括电压增益、带宽、Q 值)的影响;W11 用以改变基极偏置电压,以观察放大器静态工作点变化对谐振回路(包括电压增益、带宽、Q 值)的影响。

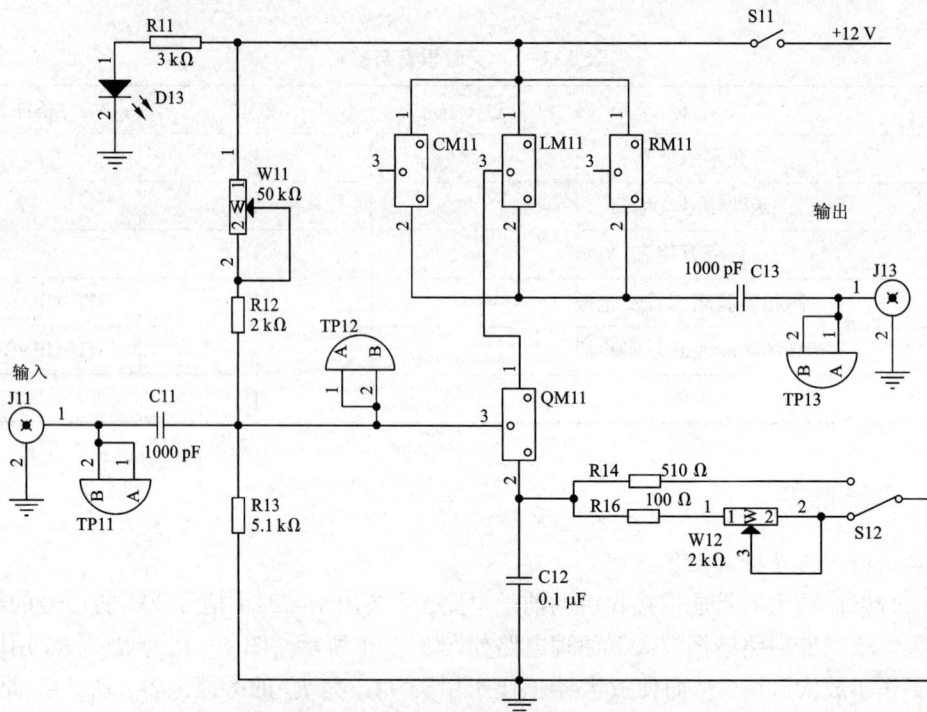

图 3-1-2　单调谐回路谐振放大器实验电路图

四、实验内容

1. 实验准备

(1)把元件库板中的双联电容元件插入到"CM11"位置上。把"0.33 μH 1 μH"电感对元件插入到"LM11"位置上。把"3DG12"三极管元件插入到"QM11"位置上。

(2)打开稳压电源,并调节为直流+12 V左右。关掉电源。

(3)把电源夹子线连接到实验板"电源输入电路"中的"+12 V_IN"和"GND"上。注意不能接反。

(4)打开稳压电源开关,按下实验板上"S11"开关,点亮D13,上电成功。

2. 静态工作点测量

用万用表测量三极管基极电压,调整电位器W11使三极管QM11的基极直流电压 V_B 为 2.5 V左右,测量三极管集电极电压 V_C 和发射极电压 V_E,并记入表3-1-2中。

表3-1-2　静态工作点测量及工作状态判断

实测			实测计算			根据 V_{BE} 判断是否工作在放大区		原因
$V_B(V)$	$V_C(V)$	$V_E(V)$	$V_{BE}(V)$	$V_{CE}(V)$	$I_C(mA)$	是	否	

3. 动态测量

调节函数信号发生器产生频率为 10.7 MHz、峰-峰值为 100 mV 的正弦波信号,信号由"CH1 输出",用电缆线连接至实验板"J11"上。示波器连接到实验板"TP13"上,调整示波器,观察输出波形。调节 CM11 双联可调电容,使示波器上得到的波形最大(回路谐振在 10.7 MHz),将相关数据记入表3-1-3中。调节 V_{ip-p} 由 0.02 V 逐渐变化到 0.8 V,逐点记录 V_{op-p} 电压,并填入表3-1-3中。V_{ip-p} 的各点测量值可根据(各自)实测情况来确定。

表3-1-3　放大倍数测量

$V_{ip-p}(mV)$	20			100			
$V_{op-p}(V)$							
A_v							

4. 单调谐回路谐振放大器幅频特性测量

测量幅频特性通常有两种方法,即扫频法和点测法。扫频法简单直观,可直接观察到单调谐放大特性曲线,但需要扫频仪。本实验采用扫频信号和示波器代替扫频仪(但为时域分析,请同学们注意),在上述实验步骤的基础上完成下述实验内容。

(1)记录不同频率点对应的输出电压值并计算其电压放大倍数。

保持输入端输入信号峰-峰值 100 mV 不变,改变函数信号发生器的频率,开始频率调至 8 MHz,用示波器测量此点频率所对应的输出电压峰-峰值。之后对应表3-1-4测出相应频率的输出电压峰-峰值，并算出放大倍数 A_v。

表 3-1-4　幅频特性测量（$V_{ip-p}=100$ mV 时）

f(MHz)	8.0	8.2	8.5	8.8	9.0	9.2	9.4	9.6	9.8	10.0	10.2	10.4	10.5	10.6	10.7
V_{op-p}(mV)															
A_v															

f(MHz)	10.8	10.9	11.0	11.2	11.4	11.6	11.8	12.0	12.2	12.4	12.6	12.8	13.0		
V_{op-p}(mV)															
A_v															

（2）参照示波器上的波形，根据上述表格中的数据，以 X 轴为频率轴、Y 轴为电压轴作图。

（3）计算谐振点的电压峰-峰值下降至 0.707 倍时的两个点，找出这两点所对应的频率，计算回路的通频带。

如谐振点的峰-峰值为 2 V，0.707×2 V = 1.414 V，则在谐振点前后有两个频率点对应的峰-峰值为 1.414 V。通过设置扫频信号的开始频率找到前点频率，通过设置扫频信号的终止频率找到后点频率。

5. 静态工作点对单调谐放大器幅频特性的影响

顺时针调整 W11（此时 W11 阻值增大），使 QM11 基极直流电压为 1.2 V，从而改变静态工作点。按照上述幅频特性的测量方法，测出幅频特性曲线。逆时针调整 W11（此时 W11 阻值减小），使 QM11 基极直流电压为 4.5 V，重新测出幅频特性曲线。分析实验结果。

6. 观察集电极负载对单调谐放大器幅频特性的影响

把元件库板中的可调电位器模块插到实验板"RM11"处，把基极电压调至 2.5 V，步骤同上。首先把可调电位器顺时针调至最大，后逆时针逐渐减小电位器，仔细观察幅频特性曲线的变化情况，分析实验结果。

五、实验报告要求

（1）对实验数据进行分析，说明静态工作点变化对单调谐放大器幅频特性的影响，并画出相应的幅频特性。写出实验结论。

（2）对实验数据进行分析，说明集电极负载变化对单调谐放大器幅频特性的影响，并画出相应的幅频特性。写出实验结论。

（3）总结由本实验所获得的体会。

实验二 双调谐回路谐振放大器

一、实验目的

(1)熟悉电子元器件和高频电子线路实验系统;

(2)熟悉耦合电容对双调谐回路放大器幅频特性的影响;

(3)了解放大器动态范围的概念和测量方法。

二、实验设备与器材

实验设备与器材如表 3-2-1 所示。

表 3-2-1 实验设备与器材

名称	数量	备注
数字示波器	1	
函数信号发生器	1	
数字万用表	1	
高频实验箱①号实验板	1	HT-GP-G1 型
高频实验箱⑤号实验板	1	HT-GP-G1 型
电源	1	

三、实验原理

1. 双调谐回路谐振放大器原理

双调谐回路是指有两个调谐回路:一个靠近"信源"端(如晶体管输出端),称为初级;另一个靠近"负载"端(如下级输入端),称为次级。两者之间,可采用互感耦合,或电容耦合。与单调谐回路相比,双调谐回路的矩形系数较小,即:它的谐振特性曲线更接近于矩形。电容耦合双调谐回路谐振放大器原理图如图 3-2-1 所示。

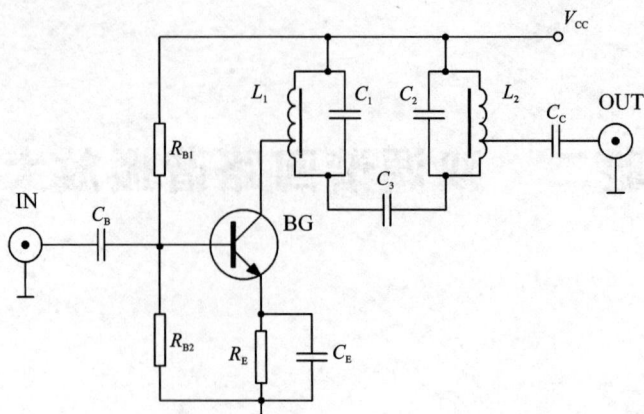

图 3-2-1 电容耦合双调谐回路谐振放大器原理图

与图 3-1-1 相比,两者都采用了分压偏置电路,放大器均工作于甲类,但图 3-2-1 中有两个谐振回路: L_1、C_1 组成了初级回路,L_2、C_2 组成了次级回路;两者之间并无互感耦合(必要时,可分别对 L_1、L_2 加以屏蔽),而是由电容 C_3 进行耦合,故称为电容耦合。

2. 双调谐回路谐振放大器实验电路

双调谐回路谐振放大器实验电路如图 3-2-2 所示,其基本部分与图 3-2-1 相同。图中,CM21、CM22 分别用来对初、次级回路调谐,CM23 用以改变耦合电容数值,以改变耦合程度。

四、实验内容

1. 实验准备

(1)把元件库板中的双联电容元件插入到"CM21""CM22"位置上。把"0.33 μH 1 μH"电感对元件插入到"LM22"位置上,把"0.33 μH 1.8 μH"电感对元件插入到"LM21"位置上。把"3DG12"三极管元件插入到"QM21"位置上。把 51 pF 电容元件插入到"CM23"位置上。用元件库板上的短路块连接 R24 电阻至地,电位器 W22 转到最小。打开稳压电源,并调节为直流+12 V 左右。关掉电源。把电源夹子线连接到实验板"电源输入电路"中的"GND"和"+12 V_IN"上。注意不能接反。打开稳压电源开关,按下实验板上"S21"开关,点亮 D21,上电成功。

(2)用万用表测量三极管基极电压,调整 W21 使 QM21 的基极直流电压为 4.2 V 左右,使得放大器工作在放大状态。测量集电极和发射极电压并自拟表格记录之。

2. 用点频法测量双调谐回路谐振放大器幅频特性和放大倍数

调节函数信号发生器使之产生频率为 10.7 MHz、峰-峰值为 100 mV 的正弦波信号,信号由"CH1 输出",用电缆线连接至实验板"J21"上。示波器连接到实验板"TP24"上,正确调整示波器,并观察波形。调节双联电容 CM21、CM22,使输出波形最大。测量此时的输出电压并记入表 3-2-2 中(回路谐振频率在 10.7 MHz)。改变函数信号发生器频率,逐点测量,将结果记入表 3-2-2 中。

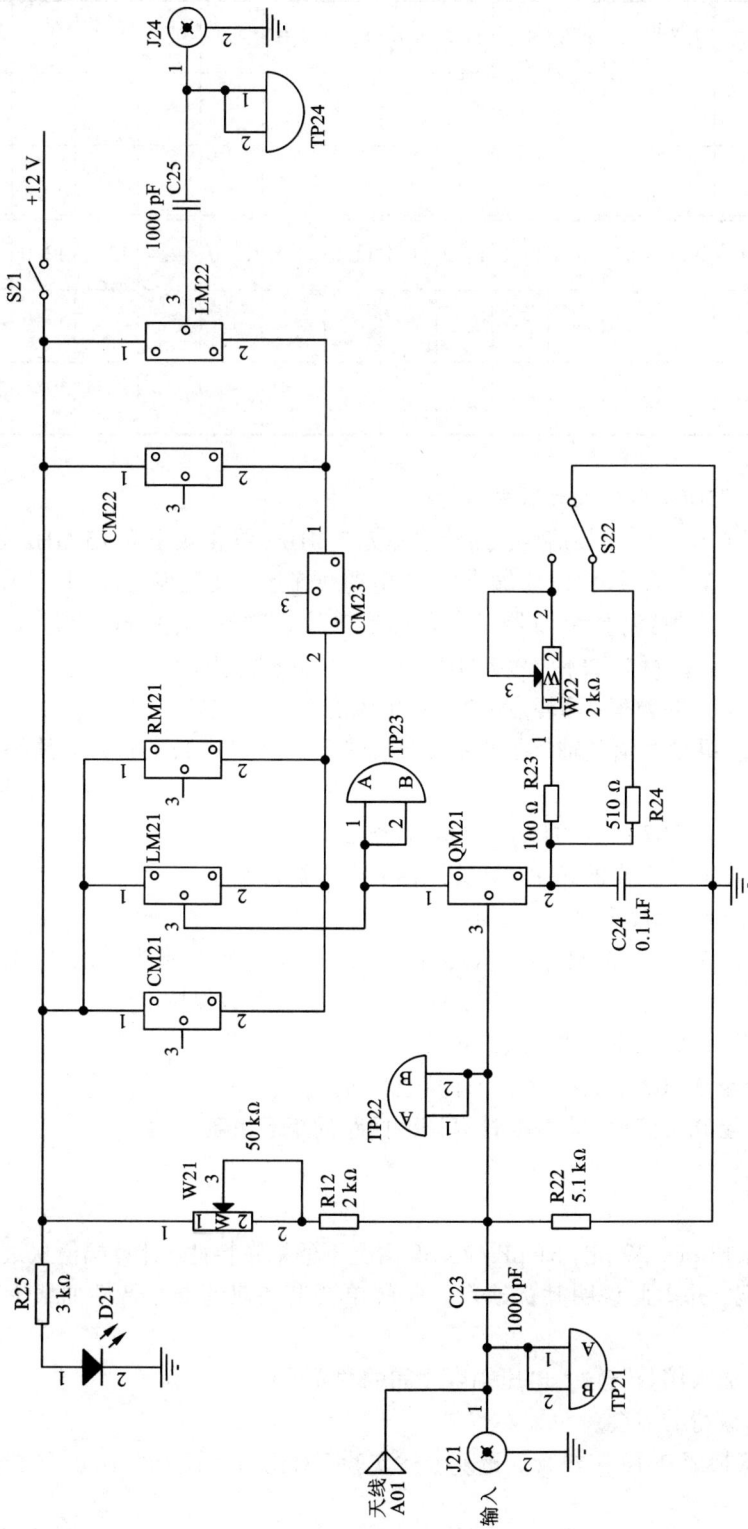

图3-2-2 双调谐回路谐振放大器实验电路图

表 3-2-2　幅频特性及放大倍数测量

信号频率 f(MHz)	7.0	7.2	7.5	7.8	8.0	8.2	8.4	8.6	8.8	9.0	9.2	9.4	9.6	9.8	10.0
输出电压峰–峰值 V_{op-p}(mV)															
A_v ($V_{ip-p}=100$ mV)															
信号频率 f(MHz)	10.2	10.4	10.6	10.7	10.8	11.0	11.2	11.4	11.6	11.8	12.0	12.4	12.8	13.0	
输出电压峰–峰值 V_{op-p}(mV)															
A_v ($V_{ip-p}=100$ mV)															

3. 用扫频法测量双调谐回路谐振放大器幅频特性

使用函数信号发生器产生一个扫频信号，开始频率为 7 MHz、终止频率为 15 MHz，时间为 10 ms，峰–峰值为 100 mV。信号由"CH1 输出"，用电缆线连接至实验板"J21"上。示波器连接到实验板"TP24"上，正确调整示波器，使有波形观察。联动调整双联电容 CM21、CM22，使输出波形最大、两峰对称，并使 10.7 MHz 频率在中间凹点附近。

(1)测出两峰之间凹陷点的频率、两峰点的频率，计算放大器的增益。

(2)以横轴为频率轴，纵轴为幅度轴，参照示波器上图形，画出双调谐放大器的幅频特性曲线。

(3)测量两峰值下降至 0.707 倍点的频率，计算通频带。

(4)测量两峰值下降至 0.1 倍点的频率，计算调谐回路的矩形系数。

4. 回路耦合电容对回路特性的影响

断开 S21 开关，取下 CM23 上的 51 pF 电容，测量 CM23 上电容分别为 10 pF、39 pF、75 pF、100 pF 情况下的幅频特性，闭合 S21 开关加电，其他实验参数保持不变。

(1)测出两峰之间凹陷点的频率、两峰点的频率。

(2)测量两峰值下降至 0.707 倍点的频率，计算通频带。

(3)测量两峰值下降至 0.1 倍点的频率，计算调谐回路的矩形系数。

五、实验报告要求

(1)画出耦合电容为 10 pF、39 pF、51 pF、75 pF 情况下的幅频特性，计算幅值从最大值下降到 0.707 倍时的带宽，并由此说明其优缺点。比较单调谐和双调谐在特性曲线上有何不同。

(2)画出放大器电压放大倍数与输入电压幅度之间的关系曲线。

(3)总结由本实验所获得的体会。

(4)把 3DG12 晶体管换成 9018 三极管。重复上述实验，对比两种管子的不同。（选做）

实验三(1)　　电容三点式 *LC* 振荡器

一、实验目的

(1)熟悉电子元器件和高频电子线路实验系统;

(2)掌握电容三点式 *LC* 振荡电路的基本原理,熟悉其各元件功能;

(3)熟悉静态工作点、耦合电容、反馈系数、等效 *Q* 值对振荡器振荡幅度和频率的影响;

(4)熟悉负载变化对振荡器振荡幅度的影响。

二、实验设备与器材

实验设备与器材如表 3-3-1 所示。

表 3-3-1　实验设备与器材

名称	数量	备注
数字示波器	1	
数字万用表	1	
高频实验箱②号实验板	1	HT-GP-G1 型
高频实验箱⑤号实验板	1	HT-GP-G1 型
电源	1	

三、实验原理

1. 概述

LC 振荡器实质上是满足振荡条件的正反馈放大器。*LC* 振荡器是指振荡回路是由 *LC* 元件组成的。从交流等效电路可知:由 *LC* 振荡回路引出三个端子,分别接振荡管的三个电极,而构成反馈式自激振荡器,因而又称为三点式振荡器。如果反馈电压取自分压电感,则称为电感反馈 *LC* 振荡器或电感三点式振荡器;如果反馈电压取自分压电容,则称为电容反馈 *LC* 振荡器或电容三点式振荡器。

在几种基本高频振荡回路中,电容反馈 *LC* 振荡器具有较好的振荡波形和稳定度,电路形式简单,适于在较高的频段工作,尤其是以晶体管极间分布电容构成反馈支路时其振荡频率可高达吉赫(GHz)。

2. LC 振荡器的起振条件

一个振荡器能否起振，主要取决于振荡电路自激振荡的两个基本条件，即：振幅起振平衡条件和相位平衡条件。

3. LC 振荡器的频率稳定度

频率稳定度表示在一定时间或一定温度、电压等变化范围内振荡频率的相对变化程度，常用表达式 $\Delta f_0/f_0$ 来表示(f_0 为所选择的测试频率；Δf_0 为振荡频率的频率误差，$\Delta f_0 = f_{02} - f_{01}$；$f_{02}$ 和 f_{01} 为不同时刻的 f_0)，频率相对变化量越小，表明振荡频率的稳定度越高。由于振荡回路的元件是决定频率的主要因素，所以要提高频率稳定度，就要设法提高振荡回路的标准性，除了采用高稳定和高 Q 值的回路电容和电感外，其振荡管可以采用部分接入，以减小晶体管极间电容和分布电容对振荡回路的影响，还可采用负温度系数元件实现温度补偿。

4. LC 振荡器的调整和参数选择

以实验采用改进型电容三点式 LC 振荡电路(西勒电路)为例，交流等效电路如图 3-3-1 所示。

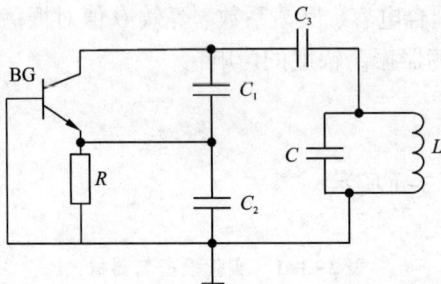

图 3-3-1　电容三点式 LC 振荡器交流等效电路

(1)静态工作点的调整

合理选择振荡管的静态工作点，对振荡器工作的稳定性及波形的好坏有一定的影响，偏置电路一般采用分压式电路。

当振荡器稳定工作时，振荡管工作在非线性状态，通常是依靠晶体管本身的非线性实现稳幅。若选择晶体管进入饱和区来实现稳幅，则将使振荡回路的等效 Q 值降低，输出波形变差，频率稳定度降低。因此，一般在小功率振荡器中总是使静态工作点远离饱和区，靠近截止区。

(2)振荡频率 f 的计算

$$f = \frac{1}{2\pi\sqrt{L(C+C_{\mathrm{T}})}}$$

式中 C_{T} 为 C_1、C_2 和 C_3 的串联值，因 $C_1(300\text{ pF}) > C_3(75\text{ pF})$，$C_2(1000\text{ pF}) > C_3(75\text{ pF})$，故 $C_{\mathrm{T}} \approx C_3$，所以，振荡频率主要由 L、C 和 C_3 决定。

(3)反馈系数 F 的选择

$$F = \frac{C_1}{C_2}$$

反馈系数 F 不宜过大或过小，一般经验数据 $F = 0.1 \sim 0.5$，本实验取 $F = \dfrac{300\text{ pF}}{1000\text{ pF}} = 0.3$。

5. 克拉泼和西勒振荡电路

图 3-3-2 为串联改进型电容三点式振荡电路——克拉泼振荡电路。

图 3-3-3 为并联改进型电容三点式振荡电路——西勒振荡电路。

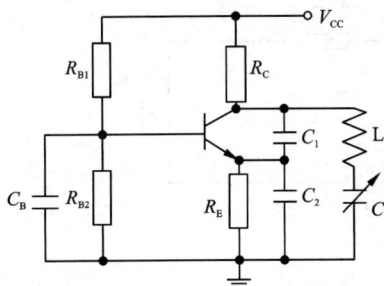

图 3-3-2　克拉泼振荡电路　　　　图 3-3-3　西勒振荡电路

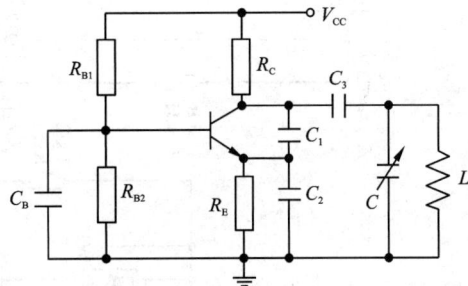

6. 电容三点式 *LC* 振荡器实验电路

电容三点式 *LC* 振荡器实验电路如图 3-3-4 所示。图中 CM11 接可变电容、LM11 接电感为改进型克拉泼振荡电路，将 CM12 接电容、CM14 接可变电容、LM11 接电感为改进型西勒振荡电路。

四、实验内容

(一)克拉泼振荡器电路

1. 实验准备

(1)把元件库板中的 100 pF 电容插入到"CM11"位置上，把 1.8 μH 电感插入到"LM11"位置上，"CM12"短接。接入电源(注意不能接反)，调节电位器 W11，使 LM317 的输出电压为 9.7 V 左右。

(2)用万用表测量三极管(Q11)基极电压，调整电位器 W12 使三极管 Q11 的基极直流电压为 3 V 左右，保证放大器工作在放大状态。示波器 CH1 连接到实验板"TP13"上，调整示波器，使输出有波形观察，调整电位器 W13 使输出波形达到最大。

2. 实验内容

(1)根据电路连接关系，判断此振荡器为克拉泼振荡器还是西勒振荡器。

(2)改变振荡器电容，测量振荡频率和输出电压，将测量结果记入表 3-3-2 中。(把相关电容并联到 CM11 上)

表 3-3-2　克拉泼振荡器实验

电容 C(pF)	100	100+10	100+39	100+51
振荡频率 f_0(MHz)				
输出电压 V_{op-p}(V)				

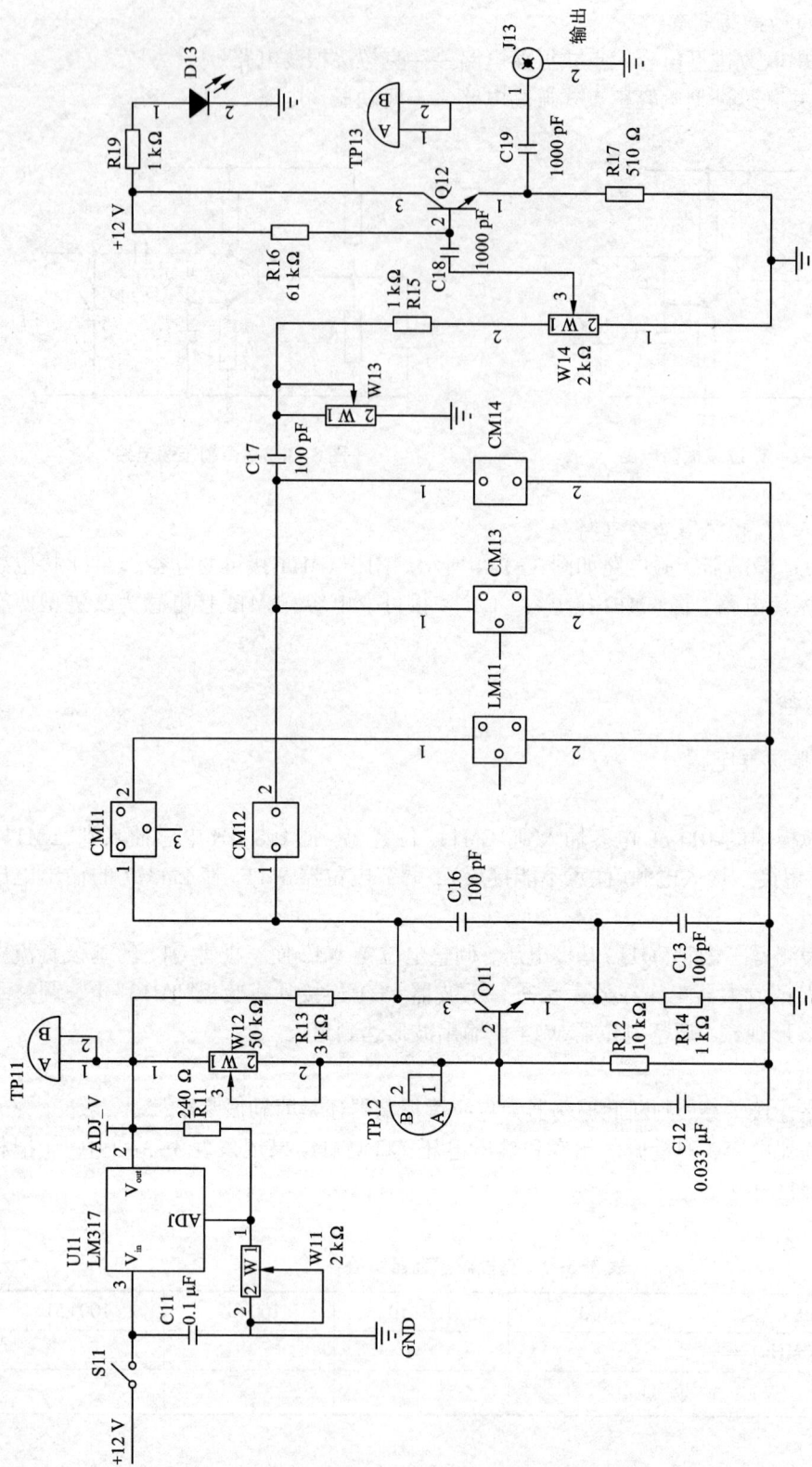

图3-3-4 电容三点式LC振荡器实验电路

（3）波段覆盖系数的测量

波段覆盖即调谐振荡器的频率范围，此范围的大小，通常以波段覆盖系数 *K* 表示：

$$K=\frac{f_{\max}}{f_{\min}}$$

测量方法：根据测量的幅频特性，以输出电压最大点的频率为基准，即为一边界频率，再找出输出电压下降至二分之一处的频率，即为另一边界频率，如图 3-3-5 所示，再由公式求出 *K*。

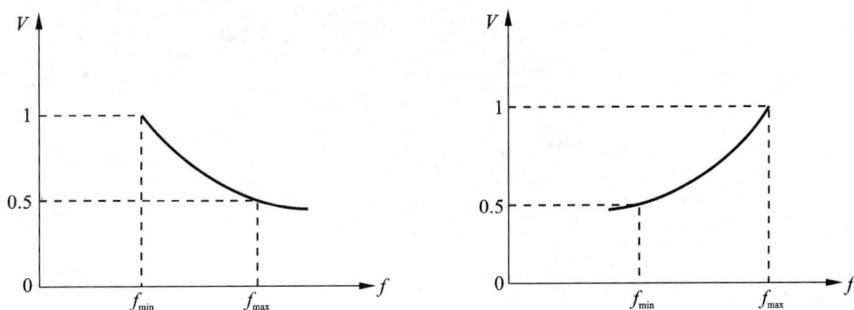

图 3-3-5　波段覆盖系数的频率边界

（二）西勒振荡器电路

1. 实验准备

把元件库板中的 100 pF 电容插入到"CM12"位置上，把 1.8 μH 电感插入到"LM11"位置上，短接"CM11"。接入电源（注意不能接反），调节电位器 W11，使 LM317 的输出电压为 9.7 V 左右。

用万用表测量三极管（Q11）基极电压，调整电位器 W12 使 Q11 的基极直流电压为 2.5 V 左右，保证放大器工作于放大状态。

把示波器连接到实验板"TP13"上，调节电位器 W13 使输出波形达到最大。

2. 实验内容

（1）根据电路连接关系，判断此振荡器为克拉泼振荡器还是西勒振荡器。

（2）改变振荡器电容，测量振荡频率。（保持 CM12 不变，把相关电容并联到 CM14 上）

按照表中电容的变化测出与电容相对应的振荡频率和输出电压（峰-峰值 $V_{\mathrm{op-p}}$），并将测量结果记入表 3-3-3 中。

表 3-3-3　西勒振荡器实验

电容 C(pF)	10	39	51	75	75+10	51+39	75+39	75+51
振荡频率 f_0(MHz)								
输出电压 $V_{\mathrm{op-p}}$(V)								

注：如果在开关转换过程中振荡器停振无输出，可调整 W11，使之恢复振荡。

（3）西勒振荡器电路是克拉泼振荡器电路的改进型，比较两种电路的频率改变范围。

五、实验报告要求

（1）根据测试数据，分别绘制西勒振荡器、克拉泼振荡器的幅频特性曲线，并进行分析比较。

（2）对实验中出现的问题进行分析判断。

（3）总结由本实验所获得的体会。

实验三(2)　改进型电容三点式振荡器

一、实验目的

(1)掌握 *LC* 三点式振荡电路的基本原理，掌握电容三点式振荡电路设计及电参数计算。

(2)掌握振荡回路 *Q* 值对频率稳定度的影响。

(3)掌握振荡器反馈系数不同时，静态工作电流 I_{EQ} 对振荡器起振及振幅的影响。

二、实验设备与器材

实验设备与器材如表 3-3-4 所示。

表 3-3-4　实验设备与器材

名称	数量	备注
数字示波器	1	
数字万用表	1	
Dais 实验箱	1	

三、实验内容

实验电路见图 3-3-6。实验前根据图 3-3-6 所示原理在实验板上找到相应器件及插孔并了解其作用。

1. 检查静态工作点

(1)在实验板+12 V 插孔上接入+12 V 直流电源，注意电源极性不能接反。

(2)改变电位器 R_p 使晶体管 T 的发射极电压 V_E 为 2 V，保证放大器处于放大状态。

2. 振荡频率与振荡幅度的测试

(1)实验条件：$C=C_5=120$ pF，$C'=C_6=680$ pF，$R_L=110$ kΩ，C_T 为 50 pF 时，输出端接示波器，调节电位器 R_p 使得输出波形最大不失真，用示波器测量相应的振荡频率 f_0 和输出电压峰-峰值 V_{op-p}，并填入表 3-3-5。

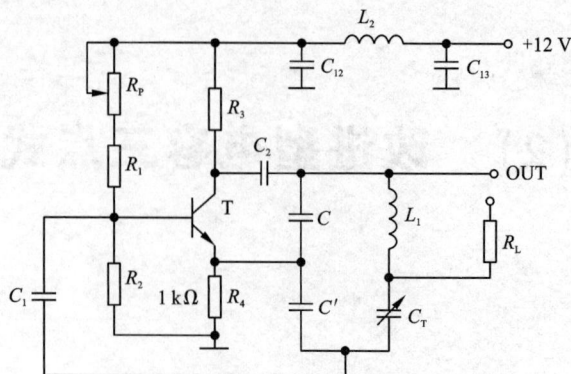

图 3-3-6 电容三点式振荡器原理图

表 3-3-5 数据记录表（一）

C_T	C、C'	f_0(MHz)	V_{op-p}(V)
50 pF	C_3、C_4		
	C_5、C_6		
	C_7、C_8		
100 pF	C_3、C_4		
	C_5、C_6		
	C_7、C_8		
150 pF	C_3、C_4		
	C_5、C_6		
	C_7、C_8		

（2）改变 C、C' 和 C_T 的值，重复步骤（1）直至把表中的内容做完（$C_3 = 100$ pF，$C_4 = 1200$ pF，$C_5 = 120$ pF，$C_6 = 680$ pF，$C_7 = 1200$ pF，$C_8 = 680$ pF）。

3. 频率稳定度的影响

（1）回路 LC 参数及 Q 值不变，$C/C' = 120$ pF/680 pF，$R_L = 110$ kΩ，$C_T = 50$ pF，观察 I_{EQ} 改变时对振荡频率和输出电压的影响。用示波器记录 I_{EQ} 不同时的振荡频率与输出电压，记入表 3-3-6。

表 3-3-6 数据记录表（二）

I_{EQ}(mA)	0.8						5.1
V_{op-p}(V)							
f_0(MHz)							

(2)回路 LC 参数及 I_{EQ} 固定时, $C/C' = 120\ \mathrm{pF}/680\ \mathrm{pF}$, $C_T = 50\ \mathrm{pF}$, $I_{EQ} = 2\ \mathrm{mA}$, 改变并联在 L_1 上的电阻使等效 Q 值变化时, 观察其对振荡频率的影响。电阻 R_L 分别为 1 kΩ、10 kΩ、110 kΩ, 记录电路的振荡频率和输出电压, 并填入表 3-3-7。

表 3-3-7　数据记录表(三)

R_L	1 kΩ	10 kΩ	110 kΩ
$V_{op-p}(\mathrm{V})$			
$f_0(\mathrm{MHz})$			

四、实验报告要求

(1)写明实验目的。

(2)写明实验所用仪器设备。

(3)画出实验电路的直流与交流等效电路, 整理实验数据, 分析实验结果。

(4)以 I_{EQ} 为横轴, 输出电压峰-峰值 V_{op-p} 为纵轴, 在坐标纸上绘制曲线。

(5)说明本振荡电路有什么特点。

实验四(1)　石英晶体振荡器

一、实验目的

(1)熟悉电子元器件和高频电子线路实验系统。

(2)掌握石英晶体振荡器、串联型晶体振荡器的基本工作原理,熟悉其各元件功能。

(3)熟悉静态工作点对晶体振荡器工作的影响。

(4)感受晶体振荡器频率稳定度高的特点,了解晶体振荡器工作频率微调的方法。

二、实验设备与器材

实验设备与器材如表3-4-1所示。

表3-4-1　实验设备与器材

名称	数量	备注
数字示波器	1	
数字万用表	1	
高频实验箱②号实验板	1	HT-GP-G1 型
高频实验箱⑤号实验板	1	HT-GP-G1 型
电源	1	

三、实验内容

晶体振荡器实验电路如图3-4-1所示。

1. 实验准备

把元件库板中的 6 MHz 晶体元件插入到"JM31"位置上,可变电容插入"CM31"位置上。打开直流电源,调节为直流+12 V 左右。调节电位器 W31,使 Q31 基极电压为 3.3 V 左右。把示波器连接到实验板"TP32"上,正确调节示波器,使有波形观察。

2. 静态工作点测量(串联型晶体振荡器)

改变电位器 W31 可改变 Q31 的基极电压 V_B,并改变其发射极电压 V_E。记下 V_E 的最大、最小值,并计算相应的 I_{Emax}、I_{Emin} 值(发射极电阻 R29 = 1 kΩ)。

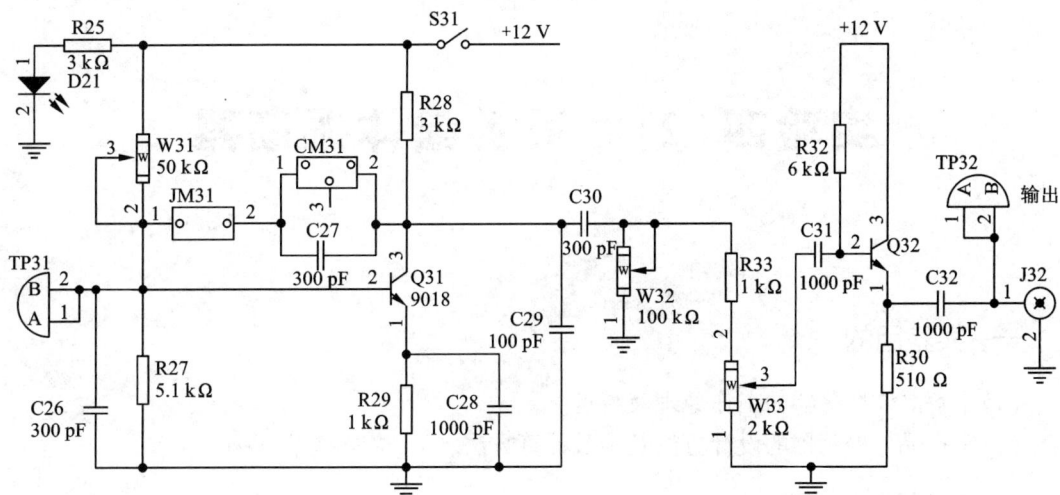

图 3-4-1　晶体振荡器实验电路

3. 静态工作点变化对振荡器工作的影响

调节电位器 W31 以改变晶体管静态工作点 I_{EQ}，使其分别为表 3-4-2 所示各值，且把示波器探头接到 TP32 端，观察振荡波形，测量相应的振荡电压峰-峰值 V_{op-p} 和频率值 f_0，填入表 3-4-2。

表 3-4-2　静态工作点的影响

$I_{EQ}(mA)$	2.0	2.2	2.4	2.6	2.8	3.0
$f_0(MHz)$						
$V_{op-p}(V)$						

4. 设计电路

按上述方法自行设计皮尔斯晶体振荡电路(频率为 10.7 MHz)。

四、实验报告要求

(1)根据实验测量数据，分析静态工作点(I_{EQ})对晶体振荡器工作的影响。

(2)对晶体振荡器与 LC 振荡器之间在静态工作点影响、带负载能力方面作一比较，并分析其原因。

(3)总结由本实验所获得的体会。

实验四(2) 石英晶体振荡器

一、实验目的

(1)了解晶体振荡器的工作原理及特点。

(2)掌握晶体振荡器的设计方法及参数计算方法。

二、实验设备与器材

实验设备与器材如表 3-4-3 所示。

表 3-4-3 实验设备与器材

名称	数量	备注
数字示波器	1	
数字万用表	1	
Dais 实验箱	1	

三、实验内容

实验电路见图 3-4-2，图中 $R_4 = 2$ kΩ。

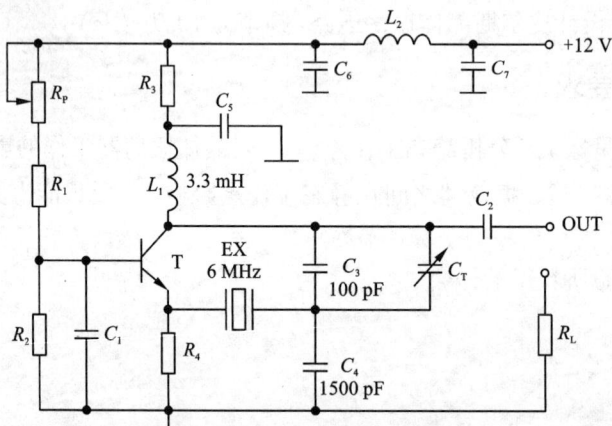

图 3-4-2 晶体振荡器原理图

(1)测振荡器静态工作点:调节 R_P,测得 I_{Emin} 及 I_{Emax}。

(2)工作点不同时对振荡频率的影响:测量 I_{EQ} 不同时的振荡频率与输出电压,记入表3-4-4。

表3-4-4　数据记录表(一)

$I_{EQ}(mA)$	0.8							5.1
$V_{op-p}(V)$								
$f_0(MHz)$								

(3)负载不同时对频率的影响: R_L 分别取110 kΩ,10 kΩ,1 kΩ,测出电路振荡频率与输出电压,记入表3-4-5。

表3-4-5　数据记录表(二)

$R_L(k\Omega)$	110	10	1
$V_{op-p}(V)$			
$f_0(MHz)$			

四、实验报告要求

(1)画出实验电路的交流等效电路。

(2)整理实验数据。

(3)比较改进型电容三点式振荡器与石英晶体振荡器带负载能力的差异,并分析原因。

(4)你如何肯定电路工作在晶体的频率上?

(5)根据电路给出的 LC 参数计算回路中心频率,并阐述本电路优点。

实验五(1)　高频功率放大器及调幅电路

一、实验目的

(1)加深对丙类功率放大器基本工作原理的理解,掌握丙类功率放大器的调谐特性。

(2)掌握输入激励电压、集电极电源电压及负载变化对放大器工作状态的影响。

(3)通过实验进一步了解调幅的工作原理。

二、实验设备与器材

实验设备与器材如表 3-5-1 所示。

表 3-5-1　实验设备与器材

名称	数量	备注
数字示波器	1	
函数信号发生器	1	
数字万用表	1	
高频实验箱③号实验板	1	HT-GP-G1 型
高频实验箱⑤号实验板	1	HT-GP-G1 型
电源	1	

三、实验原理

图 3-5-1 为丙类功率放大器原理图,输入信号(又称为激励信号)经变压器耦合到晶体管的输入端得到 u_b,V_{CC} 是集电极直流电源电压,V_{BB} 是基极偏置电压,L、C 组成并联谐振回路,作为集电极负载回路(或匹配网络),该回路又称为槽路,负载回路既可以实现选频滤波,又可实现阻抗匹配。放大器的工作状态由偏置电压 V_{BB} 的大小决定:

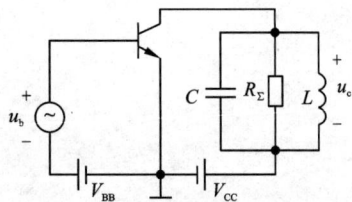

图 3-5-1　丙类功率放大器原理图

当 $V_{BB} = V_{beQ} > V_{be(on)}$ 为甲类状态；

当 $V_{BB} = V_{beQ} = V_{be(on)}$ 为乙类状态；

当 $V_{BB} = V_{beQ} < V_{be(on)}$ 为丙类状态。

　　放大器也可按照电流导通角 θ 的范围分为甲类、乙类及丙类等不同类型。功率放大器电流导通角 θ 越小，放大器的效率则越高。丙类功率放大器的电流导通角 $\theta < 90°$，效率可达 80%，通常作为发射机末级功放以获得较大的输出功率和较高的效率。为了不失真地放大信号，它的负载必须是 LC 谐振回路。

　　由于丙类调谐功率放大器采用的是反向偏置，在静态时，管子处于截止状态。只有当激励信号 u_b 足够大，超过反偏电压 V_{BB} 及晶体管起始导通电压 V_i 之和时，管子才导通。这样，管子只有在一周期内的一小部分时间内导通。所以集电极电流是周期性的余弦脉冲，波形如图 3-5-2 所示。

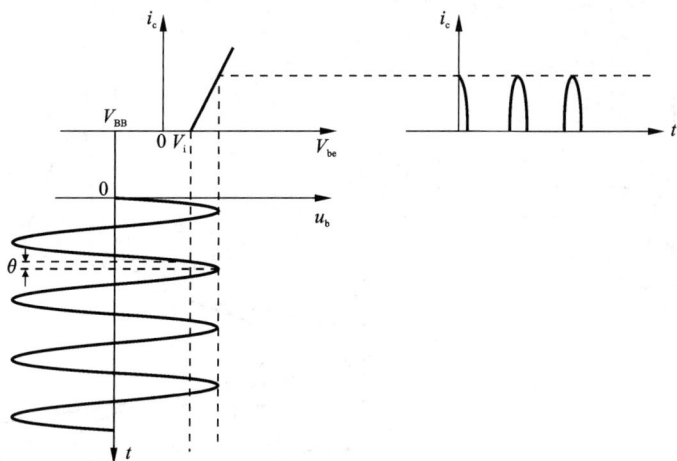

图 3-5-2　折线法分析非线性电路电流波形

　　根据调谐功率放大器在工作时是否进入饱和区，可将放大器分为欠压、过压和临界三种工作状态。若在整个周期内，晶体管工作不进入饱和区，也即在任何时刻都工作在放大区，称放大器工作在欠压状态；若刚刚进入饱和区的边缘，称放大器工作在临界状态；若晶体管工作时有部分时间进入饱和区，则称放大器工作在过压状态。放大器的这三种工作状态取决于电源电压 V_{CC}、偏置电压 V_{BB}、激励电压幅值 V_{bm} 以及集电极等效负载电阻 R_c。

　　(1)激励电压幅值 V_{bm} 变化对工作状态的影响

　　当调谐功率放大器的电源电压 V_{CC}、偏置电压 V_{BB} 和负载电阻 R_c 保持恒定时，激励电压振幅 V_{bm} 变化对放大器工作状态的影响如图 3-5-3 所示。

　　由图可以看出，当 V_{bm} 增大时，i_{cmax}、V_{cm} 也增大；当 V_{bm} 增大到一定程度，放大器的工作状态由欠压进入过压，电流波形出现凹陷，但此时 V_{cm} 还会增大(如 V_{cm3})。

　　(2)负载电阻 R_c 变化对放大器工作状态的影响

　　当 V_{CC}、V_{BB}、V_{bm} 保持恒定时，改变集电极等效负载电阻 R_c 对放大器工作状态的影响如图 3-5-4 所示。

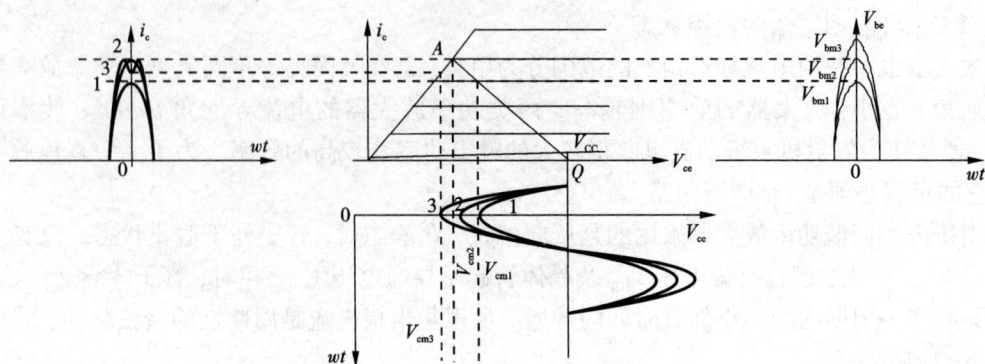

图 3-5-3　V_{bm} 变化对工作状态的影响

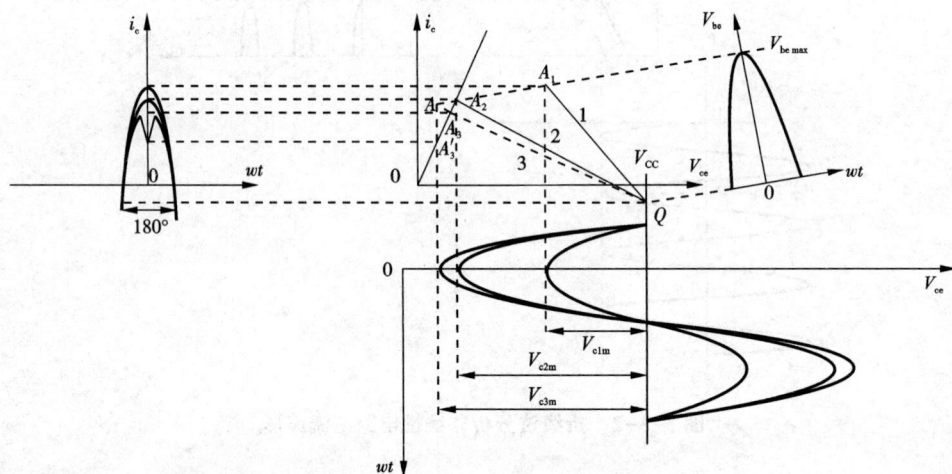

图 3-5-4　不同负载电阻时的动态特性

图 3-5-4 表示在三种不同负载电阻 R_c 时，作出的三条不同动态特性曲线 QA_1、QA_2、QA_3。其中 QA_1 对应于欠压状态，QA_2 对应于临界状态，QA_3 对应于过压状态。QA_1 相对应的负载电阻 R_c 较小，V_{cm} 也较小，集电极电流波形是余弦脉冲。随着 R_c 增加，动态负载线的斜率逐渐减小，V_{cm} 逐渐增大，放大器工作状态由欠压到临界，此时电流波形仍为余弦脉冲，只是幅值比欠压时略小。当 R_c 继续增大，V_{cm} 进一步增大，放大器进入过压状态。作动态负载线 QA_3 与 A_1A_2 的延长线相交于 A，从 A 点作垂线与饱和线交于 A_3'。此后电流 i_c 随 V_{cm} 沿饱和线下降到 A_3'，电流波形顶端下凹，呈马鞍形。

（3）电源电压 V_{CC} 变化对放大器工作状态的影响

在 V_{BB}、V_{bm}、R_c 保持恒定时，集电极电源电压 V_{CC} 变化对放大器工作状态的影响如图 3-5-5 所示。

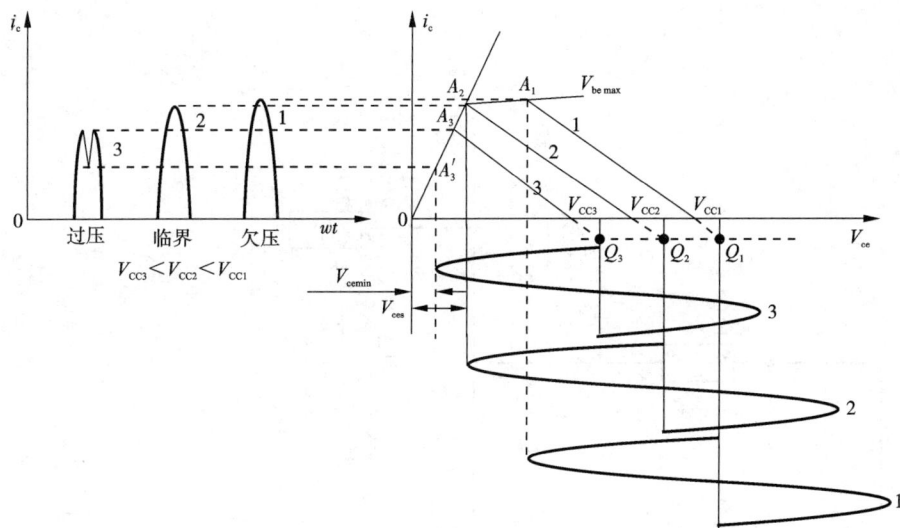

图 3-5-5 V_{CC} 改变时对工作状态的影响

由图可见, V_{CC} 变化, V_{cemin} 也随之变化, 使得 V_{cemin} 和临界饱和压降 V_{ces} 的相对大小发生变化。当 V_{CC} 较大时, V_{cemin} 具有较大数值, 且远大于 V_{ces}, 放大器工作在欠压状态。随着 V_{CC} 减小, V_{cemin} 也减小, 当 V_{cemin} 接近 V_{ces} 时, 放大器工作在临界状态。V_{CC} 再减小, V_{cemin} 小于 V_{ces} 时, 放大器工作在过压状态。图 3-5-5 中, $V_{CC}>V_{CC2}$ 时, 放大器工作在欠压状态; $V_{CC}=V_{CC2}$ 时, 放大器工作在临界状态; $V_{CC}<V_{CC2}$ 时, 放大器工作在过压状态。即当 V_{CC} 由大变小时, 放大器的工作状态由欠压进入过压, i_c 波形也由余弦脉冲波形变为中间凹陷的脉冲波。

2. 高频功率放大器实验电路

高频功率放大器实验电路如图 3-5-6 所示。

本实验单元由两级放大器组成, Q11 是前置放大级, 工作在甲类线性状态, 以适应较小的输入信号电平。TP12、TP14 为该级输入、输出测量点。由于该级负载是电阻, 对输入信号没有滤波和调谐作用, 因而既可作为调幅放大, 也可作为调频放大。Q12 为丙类高频功率放大电路, 其基极偏置电压为零, 通过发射极上的电压构成反偏。因此, 只有在载波的正半周且幅度足够大时才能使功率管导通。其集电极负载为 LC 选频谐振回路(CM11、LM11), 谐振在载波频率上以选出基波, 因此可获得较大的功率输出。本实验功放谐振频率由学生设计, 当进行基极调幅实验时选择 6.5 MHz 频率; 当进行谐振放大器实验时, 选择 4 MHz 频率, 此时可用于测量二种状态(欠压、临界、过压)下的电流脉冲波形, 因频率较低时测量效果较好。RM11 用于接通负载电阻, 电位器用来改变负载电阻的大小。W11 用来调整功放集电极电源电压的大小(谐振回路频率为 4 MHz 左右时)。J13 为音频信号输入口, 加入音频信号时可对功放进行基极调幅。TP16 为功放集电极测试点, TP15 为发射极测试点, 可在该点测量电流脉冲波形。

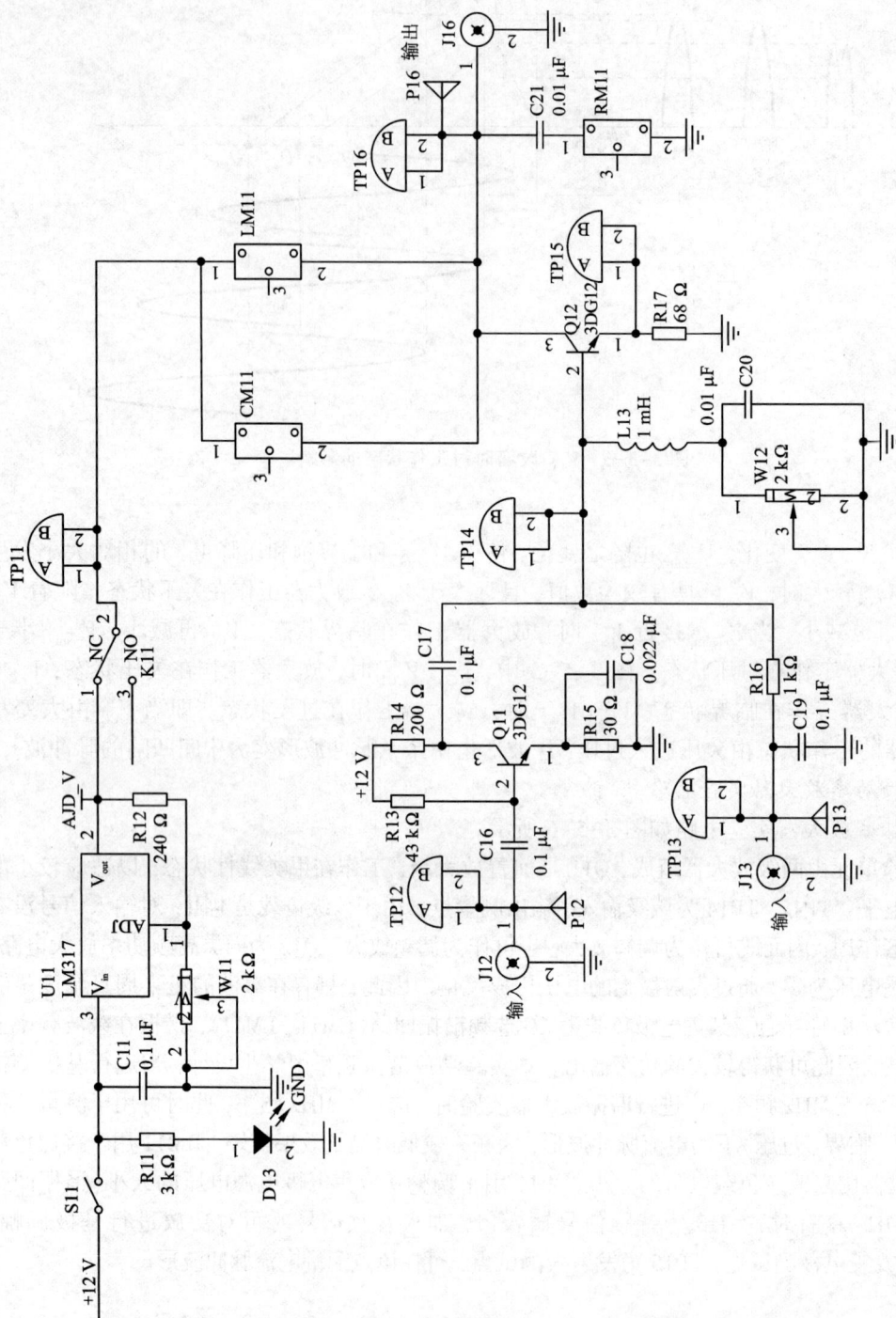

图3-5-6 高频功率放大器实验图

四、实验内容

1. 实验准备

（1）把元件库板中的 100 pF 电容元件插入到"CM11"位置上。把电位器元件调节为 8 kΩ 插入到 RM11 处。

（2）打开稳压电源，调节为直流 +12 V 左右。用短路块连接 K11 上端接入可调电压源，并调整 W11 使 TP11 处的电压为 6 V。

2. 测量各级放大器静态工作点

保持电源电压 V_{CC} = 6 V，测量第一级 Q11 和第二级 Q12 静态工作点并记入表 3-5-2 中。

表 3-5-2 静态工作点测量

第一级			第二级			判断是否处于放大状态	
V_{B1}	V_{C1}	V_{E1}	V_{B2}	V_{C2}	V_{E2}	第一级	第二级

3. 激励电压 u_b、电源电压 V_{CC} 及负载 R_L 变化对丙类功放工作状态的影响

（1）激励电压 u_b 对放大器工作状态的影响

保持电源电压 V_{CC} = 6 V（用万用表测 TP11 直流电压，调 W11 使其等于 6 V），负载电阻 R_L = 8 kΩ 不变。调节高频信号源使输入信号 u_b 频率为 4 MHz、峰-峰值为 40 mV，并连接至功放模块输入端（J12），示波器接输出端。改变信号源幅度，即改变激励信号电压 u_b，观察输出电压波形。当信号源幅度变化时，可观察到欠压、临界、过压时脉冲波形（图 3-5-7）。测量并记录输入信号电压幅值 V_{bm}、输出电压有效值 V_o、总电流 I_o 及电流脉冲波形，计算有用功 P_o、总功 P_D 和效率 η（如果波形不对称，应微调高频信号源频率），将结果记入表 3-5-3 中。

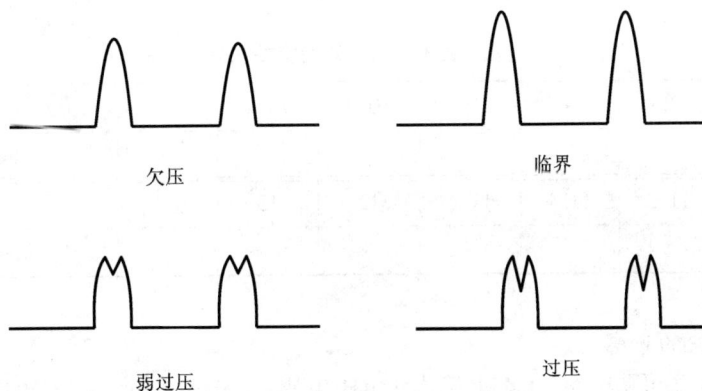

欠压   临界

弱过压   过压

图 3-5-7 三种状态下的电流脉冲波形

表 3-5-3　欠压、临界和过压的波形和电流

	测量值			计算值			波形
	V_{bm}	V_o	I_o	P_o	P_D	η	
临界							
欠压							
过压							

(2)电源电压 V_{CC} 对放大器工作状态的影响

保持激励电压 u_b(80~100 mV 峰-峰值)、负载电阻 $R_L = 8$ kΩ 不变,改变功放电源电压 V_{CC}(调整 W11 电位器,使 V_{CC} 在 5~10 V 变化),观察输出电压波形。调整电压 V_{CC} 时,仍可观察到图 3-5-7 的波形(调整时要细心,波形不易观察),但此时欠压波形幅度比临界时稍大,自行设计表格记录相关数据和波形。

(3)负载电阻 R_L 变化对放大器工作状态的影响

保持功放电源电压 $V_{CC} = 2.5$ V,激励电压 u_b(100 mV 峰-峰值)不变,改变负载电阻 R_L(调整 RM11 电位器),观察输出电压波形。同样能观察到图 3-5-7 的脉冲波形,但欠压时波形幅度比临界时大。测出欠压、临界、过压时负载电阻的大小,记录表格自行设计。

4. 功放调谐特性测试

(1)CM11 接入双联可调电容,LM11 接入 1 μH 电感,RM11 不接。K11 短路模块接入下方 12 V。在 J12 处输入峰-峰值为 100 mV、频率为 10.7 MHz 信号,示波器接输出端,调节 CM11 电容,让回路谐振于 10.7 MHz,记录此频率时的输出电压,之后改变频率,记录不同频率点的输出电压峰-峰值 V_{op-p} 于表 3-5-4 中。

(2)在 J12 处输入开始频率 8 MHz,终止频率 13 MHz,时间 10 ms,峰-峰值 200 mV 的扫频信号,作出谐振曲线图。

表 3-5-4　调谐特性

f_0(MHz)	8	9	10	10.2	10.4	10.6	10.7	10.8	11
V_{op-p}(V)									
f_0(MHz)	11.2	11.4	11.6	12	13				
V_{op-p}(V)									

5. 功放调幅波的观察

CM11 接入双联可调电容,LM11 接入 1 μH 电感,RM11 不接。K11 短路模块接入下方 12 V。在输入端 TP12 输入 10.7 MHz、峰-峰值 200 mV 的正弦波信号(信号源 CH1 通道输出)。信号源另一端输出频率 2 kHz、峰-峰值 500 mV 的音频信号,由 CH2 通道输出,接入到 TP13 上,用示波器观察输出端的波形。此时该点波形应为调幅波,改变音频信号的幅度,输

出调幅波的调制度应发生变化。改变调制信号的频率，调幅波的包络亦随之变化。自行设计表格记录相关数据和波形。

五、实验报告要求

（1）认真整理实验数据，对实验参数和波形进行分析，说明输入激励电压、集电极电源电压、负载电阻对工作状态的影响。

（2）用实测参数分析丙类功率放大器的特点。

（3）总结由本实验所获得的体会。

实验五(2)　高频功率放大器(丙类)

一、实验目的

(1)了解丙类功率放大器的基本工作原理,掌握丙类功率放大器的计算与设计方法。

(2)了解激励电压、电源电压与集电极负载对功率放大器功率和效率的影响。

二、实验设备与器材

实验设备与器材如表 3-5-5 所示。

表 3-5-5　实验设备与器材

名称	数量	备注
双踪示波器	1	
扫频仪	1	
函数信号发生器	1	
数字万用表	1	
Dais 实验箱	1	

三、实验内容

实验电路见图 3-5-8。

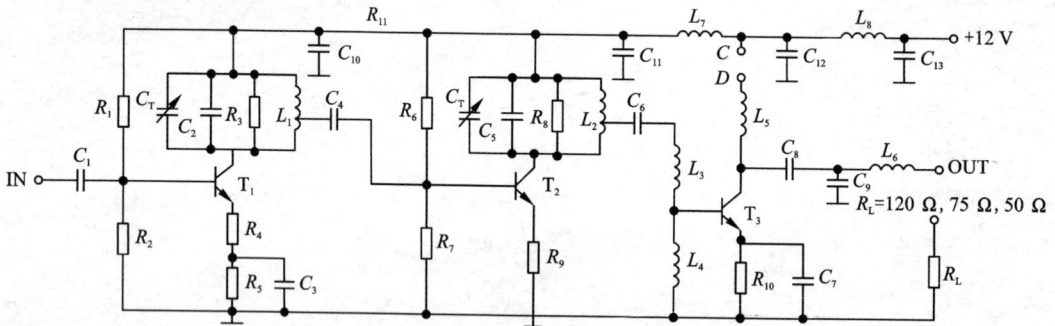

图 3-5-8　功率放大器(丙类)

按图接好实验板所需电源,将 C、D 点短接。利用扫频仪调回路谐振频率,使其谐振在 6.5 MHz 的频率上。

(1)测量各级静态工作点并记入表 3-5-6 中。

表 3-5-6　三级静态工作点测量

第一级			第二级			第三级			判断是否处于放大状态		
V_{B1}	V_{C1}	V_{E1}	V_{B2}	V_{C2}	V_{E2}	V_{B3}	V_{C3}	V_{E3}	第一级	第二级	第三级

(2)加负载 50 Ω，在输入端输入 f=6.5 MHz、$V_{ip\text{-}p}$=120 mV 信号，用示波器观察输出波形，找到与输入频率相同的输出波形，在此基础上，调节输入信号，由小增大，观察输出波形的变化，输出波形由变化较快到变化缓慢，其转折点即为临界点，记下放大器处于临界状态时的输入电压 $V_{ip\text{-}p}$，测量输出电压 $V_{op\text{-}p}$，第三级发射极电压即电阻 R_{10} 两端电压 V_{E3}，将测量值填入表 3-5-7 内。

(3)在输入端加入大于临界状态时输入电压，放大器即工作在过压状态(可选择大于临界状态电压 20 mV 至 30 mV)，记下放大器处于过压状态时的输入电压 $V_{ip\text{-}p}$，测量输出电压 $V_{op\text{-}p}$，第三级发射极电压即电阻 R_{10} 两端电压 V_{E3}，将测量值填入表 3-5-7 内。

(4)在输入端加入小于临界状态时输入电压，放大器即工作在欠压状态(可选择小于临界状态电压 10 mV 至 30 mV)，记下放大器处于欠压状态时的输入电压 $V_{ip\text{-}p}$，测量输出电压 $V_{op\text{-}p}$，第三级发射极电压即电阻 R_{10} 两端电压 V_{E3}，将测量值填入表 3-5-7 内。

其中：$V_{ip\text{-}p}$：输入电压峰-峰值；

$V_{op\text{-}p}$：输出电压峰-峰值；

I_o：电源给出总电流；

P_D：电源给出总功率($P_D = V_{CC} I_o$，V_{CC} 为电源电压)；

P_o：输出功率。

(5)分别加 75 Ω 和 120 Ω 负载电阻，重复步骤(2)、(3)、(4)，将结果填入表 3-5-7 内。

(6)改变电源电压 V_{CC}=5 V，重复(2)、(3)、(4)、(5)测试步骤，将结果填入表 3-5-7 内。

表 3-5-7　各动态参数测量与计算值

f=6.5 MHz			实测			实测计算			
	状态	负载电阻	$V_{ip\text{-}p}$	$V_{op\text{-}p}$	V_{E3}	I_o	P_o	P_D	η
V_{CC} = 12 V	V_i 欠压	120 Ω							
		75 Ω							
		50 Ω							
	V_i 临界	120 Ω							
		75 Ω							
		50 Ω							
	V_i 过压	120 Ω							
		75 Ω							
		50 Ω							

续上表

f=6.5 MHz			实测			实测计算			
	状态	负载电阻	V_{ip-p}	V_{op-p}	V_{E3}	I_o	P_o	P_D	η
$V_{CC}=5$ V	V_i 欠压	120 Ω							
		75 Ω							
		50 Ω							
	V_i 临界	120 Ω							
		75 Ω							
		50 Ω							
	V_i 过压	120 Ω							
		75 Ω							
		50 Ω							

四、实验报告要求

(1)根据实验测量结果,计算各种情况下 I_o、P_o、P_i、η。

(2)说明电源电压、输出电压、输出功率的相互关系。

(3)总结在功率放大器中对功率放大晶体管有哪些要求。

实验六(1)　集成乘法器幅度调制电路

一、实验目的

(1)通过实验了解振幅调制的工作原理。
(2)掌握用 MC1496 来实现 AM 和 DSB 的方法,并研究已调波与调制信号、载波之间的关系。
(3)掌握用示波器测量调幅系数的方法。

二、实验设备与器材

实验设备与器材如表 3-6-1 所示。

表 3-6-1　实验设备与器材

名称	数量	备注
数字示波器	1	
函数信号发生器	1	
数字万用表	1	
高频实验箱③号实验板	1	HT-GP-G1
电源	1	

三、实验原理

所谓调幅就是用低频调制信号去控制高频振荡(载波)的幅度,使其成为带有低频信息的调幅波。目前由于集成电路的发展,集成模拟乘法器得到广泛的应用,为此本实验采用价格较低廉的 MC1496 集成模拟乘法器来实现调幅之功能。

1. MC1496 简介

本实验采用集成模拟乘法器 MC1496 来构成调幅器,图 3-6-1 为 MC1496 芯片内部电路图,它是一个四象限模拟乘法器的基本电路,电路采用了两组差动对,由 $T_1 \sim T_4$ 组成,以反极性方式相连接,而且两组差分对的恒流源又组成一对差分电路,即 T_5 与 T_6,因此恒流源的控制电压可正可负,以此实现了四象限工作。D、T_7、T_8 为差动放大器 T_5、T_6 的恒流源。进行调幅时，载波信号加在 $T_1 \sim T_4$ 的输入端，即引脚的 8、10 之间；调制信号加在差动放大器 T_5、T_6 的输入端，即引脚的 1、4 之间，2、3 脚外接 1 kΩ 电阻，以扩大调制信号动态范围，已调制信号取自双差动放大器的两集电极（即引出脚 6、12 之间）输出。

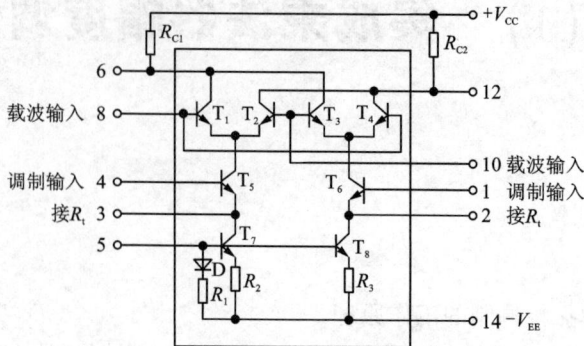

图 3-6-1　MC1496 内部电路及外部连接

2. MC1496 组成的调幅器实验电路

如图 3-6-2 所示，W32 用来调节 1、4 端之间的平衡，W33 用来调节 8、10 端之间的平衡。K31 开关控制 1 端是否接入直流电压，短路下方时，MC1496 的 1 端接入直流电压，其输出为正常调幅波（AM），调整 W31 电位器，可改变调幅波的调制度。当不接时，其输出为平衡调幅波（DSB）。晶体管 Q31 为射极跟随器，以提高调制器的带负载能力。

四、实验内容

1. 实验准备

调制（基带）信号源 u_Ω：从函数信号发生器 CH2 输出频率为 1 kHz、峰-峰值为 300 mV 的正弦波信号；载波信号源 u_C：从函数信号发生器 CH1 输出频率为 2 MHz、峰-峰值为 400 mV 的正弦波信号；两路信号均用示波器观察。

2. 输入失调电压的调整（交流馈通电压的调整）

集成模拟乘法器在使用之前必须进行输入失调调零，也就是要进行交流馈通电压的调整，其目的是使乘法器调整为平衡状态。因此在调整时，开关 K31 不接，以切断其直流电压。交流馈通电压指的是乘法器的一个输入端加上信号电压，而另一个输入端不加信号时的输出电压，这个电压越小越好。

（1）载波输入端输入失调电压调节

把调制信号源输出的音频调制信号加到音频输入端（J32），而载波输入端不加信号。用示波器监测乘法器输出端（TP33）的输出波形，调节电位器 W33，使输出端（TP33）的输出信号（称为调制输入端馈通误差）最小。

（2）调制输入端输入失调电压调节

把载波源输出的载波信号加到载波输入端（J31），而音频输入端不加信号。用示波器监测乘法器输出端（TP33）的输出波形。调节电位器 W32 使输出端（TP33）的输出信号（称为载波输入端馈通误差）最小。

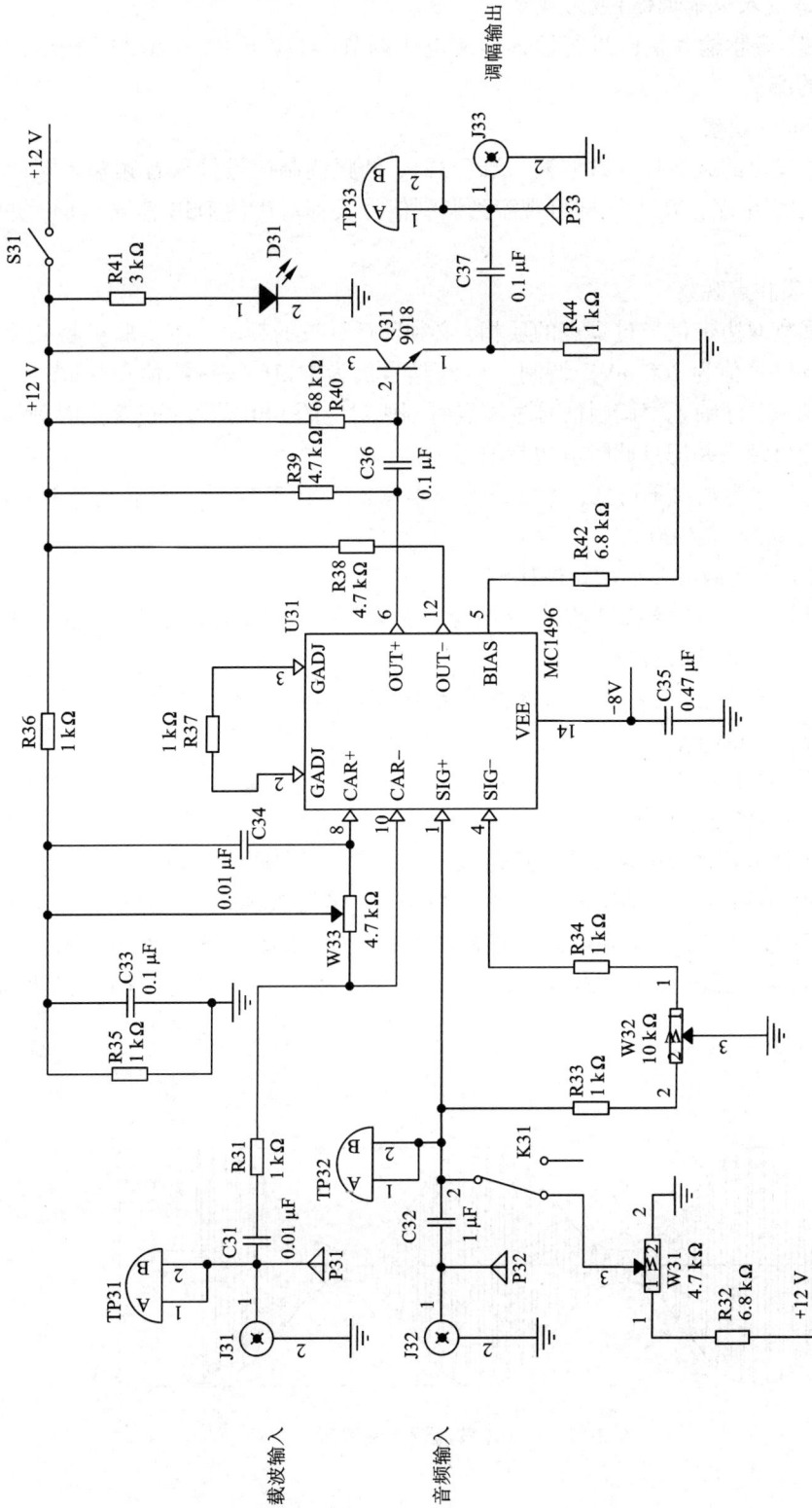

图3-6-2　MC1496组成的调幅器实验电路

3.DSB(抑制载波双边带调幅)波形观察

在载波输入端、音频输入端已进行输入失调电压调节(对应于 W33、W32 调节)的基础上,可进行 DSB 的测量。

(1)DSB 信号波形观察

将高频信号源输出的载波接入载波输入端(J31),低频调制信号接入音频输入端(J32)。示波器 CH1 接调幅输出端(TP33),即可观察到调制信号及其对应的 DSB 信号波形,并记录双边带波形。

(2)DSB 信号反相点观察

为了清楚地观察双边带信号过零点的反相,必须降低载波的频率。本实验可将载波频率降低为 100 kHz、峰-峰值为 200 mV。调制(基带)信号仍为 1 kHz(峰-峰值 300 mV)。增大示波器 X 轴扫描速率,仔细观察调制信号过零点时刻所对应的 DSB 信号,过零点时刻的波形是否应该反相?分析结果并记录此时双边带波形。

注意:如果反相波形观测不明显,可把载波频率降低为 10 kHz、峰-峰值为 200 mV,调制信号仍为 1 kHz(峰-峰值 300 mV)。

(3)DSB 信号波形与载波波形的相位比较

在(2)的基础上,将示波器 CH2 改接 TP31 点,把调制器的输入载波波形与输出 DSB 波形的相位进行比较。记录此时波形。

注意:如果观测不明显,可把载波频率降低为 10 kHz、峰-峰值为 200 mV,调制信号仍为 1 kHz(峰-峰值 300 mV)。

4.AM(常规调幅)波形测量

(1)AM 普通调幅波波形观测

在保持输入失调电压调节的基础上,接通 K31,即转为正常调幅状态。载波频率仍设置为 2 MHz(峰-峰值 200 mV),调制信号频率为 1 kHz(峰-峰值 300 mV)。调整 W31,示波器 CH1 接 TP32、CH2 接 TP33,即可观察到普通调幅 AM 波形,如图 3-6-3 所示,记录调制信号 u_Ω、载波信号 u_C 峰-峰值,用示波器测量 A、B 值,记入表 3-6-2 中,并计算调制度 m_a 的值($m_a = \dfrac{A-B}{A+B} \times 100\%$)。

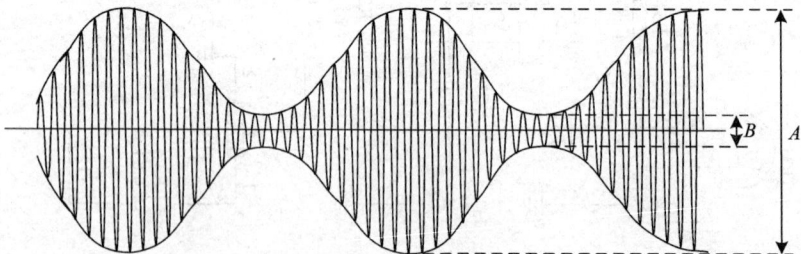

图 3-6-3 AM 普通调幅波波形

表 3-6-2　数据记录表

	测量值				计算值	记录波形
	$U_{\Omega\text{p-p}}$	$U_{C\text{p-p}}$	A	B	m_a	
普通调幅波						
临界调幅						
过调幅						
调制信号为三角波					—	
调制信号为方波					—	

调整电位器 W31，改变调制信号 u_Ω 幅度重复以上实验，记录相关数据，可得到不同的 m_a。

(2)不对称调制度的 AM 波形观察

在 AM 正常波形调整的基础上，改变 W33，可观察到调制度不对称的情形。最后仍调制到调制度对称的情形。

(3)临界调幅时 AM 波形观察

在上述实验的基础上，即载波 2 MHz(幅度 200 mV)，加大调制信号(1 kHz)幅度，或调整 W31 使调制度为 100%，即 $B=0$，把相关数据记入表 3-6-2 中。

(4)过调幅时 AM 波形观察

在上述实验的基础上，即载波 2 MHz(幅度 200 mV)，继续加大调制信号(1 kHz)幅度，或调整 W31 使调制度为 100%，即 $B<0$，把相关数据记入表 3-6-2 中。

(5)调制信号为三角波和方波时的调幅波观察

保持载波源输出不变，但把调制信号源输出的调制信号改为三角波(峰-峰值 200 mV)或方波(峰-峰值 200 mV)，并改变其频率，观察已调波形的变化；调整 W31，观察输出波形调制度的变化。

五、实验报告要求

(1)整理按实验步骤所得数据，绘制记录的波形，并作出相应的结论。

(2)画出 DSB 波形和 $m_a=100\%$ 时的 AM 波形，比较两者的区别。

(3)总结由本实验所获得的体会。

实验六(2)　全载波调幅器(利用乘法器)

一、实验目的

(1)掌握用集成模拟乘法器实现全载波调幅(普通调幅)的方法与过程,并研究已调波与二输入信号的关系。

(2)掌握测量调制度的方法。

(3)通过实验中波形的变换,学会分析实验现象。

二、实验设备与器材

实验设备与器材如表 3-6-3 所示。

表 3-6-3　实验设备与器材

名称	数量	备注
双踪示波器	1	
函数信号发生器	1	
数字万用表	1	
Dais 实验箱	1	

三、实验内容

实验电路见图 3-6-4。

1. 直流调制特性的测量

(1)调节 R_{P2} 电位器使载波输入端平衡:在调制信号输入端 IN2 输入峰-峰值为 100 mV、频率为 1 kHz 的正弦波信号,调节 R_{P2} 电位器使输出端信号最小(即载波输入端平衡),然后去掉输入信号。

(2)在载波输入端 IN1 输入峰-峰值 U_{Cp-p} 为 10 mV、频率为 100 kHz 的正弦波信号 u_C,用万用表测量 A、B 之间的电压 U_{AB},用示波器观察 OUT 输出端的波形,A、B 之间电压以 0.1 V 为步长,记录 R_{P1} 由一端调至另一端的输出波形及其峰-峰值电压 U_{op-p},注意观察相位变化,并填入表 3-6-4。如果输出波形不够清晰,可以加大载波信号,并根据实际输入记录其大小。

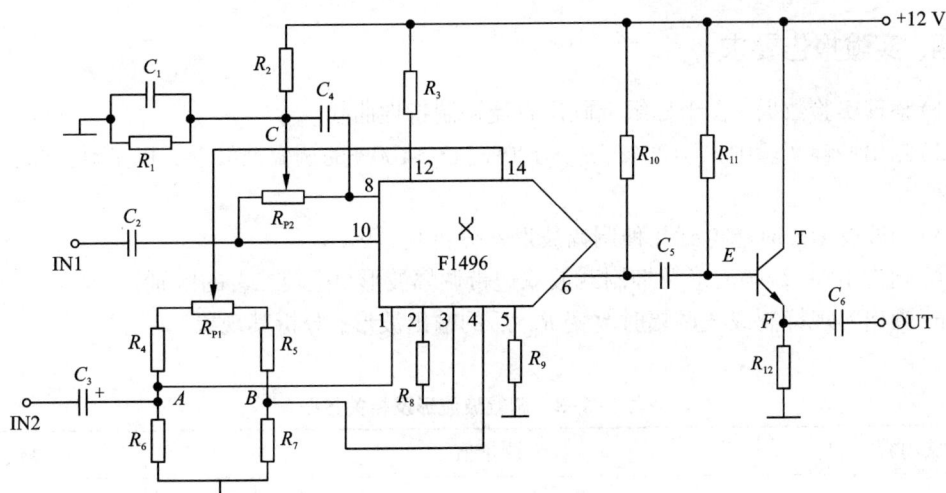

图 3-6-4 F1496 构成的调谐器

表 3-6-4 直流调制特性测量

U_{AB}						
$U_{\text{op-p}}$						

2. 实现全载波调幅

保持 R_{P2} 电位器不变，调节 R_{P1} 使 $U_{AB} = 0.1$ V，载波信号 IN1 输入端输入峰–峰值为 20 mV、频率为 100 kHz 的载波信号 u_C，低频信号（音频信号）IN2 输入端输入峰–峰值为 200 mV、频率为 1 kHz 的正弦调制信号 u_Ω，调节示波器，让示波器出现清晰 AM 普通调幅波波形。画出波形，将此时调幅波波形峰–峰值 A、谷–谷值 B 记录于表 3-6-5 中，并计算此时的 m_a，s_a（交直流叠加系数）的值。

3. 实现抑制载波调幅

保持载波信号 u_C 不变，调制信号（音频信号）u_Ω 不变，缓慢调节电位器 R_{P1}，即改变 U_{AB} 直至无法调节为止，观察波形变化。再调节 R_{P1} 令 $U_{AB} = 0$。记录波形及相关数据于表 3-6-5 中。

4. 载波信号、调制信号幅度变化引起 m_a 的变化

调节 R_{P1} 使 $U_{AB} = 0.1$ V，保持其他参数不变，改变 u_Ω 幅度，观察波形变化，选择记录 $m_a<1$，$m_a=1$，$m_a>1$ 的波形，将相关数据记录于表 3-6-5 中。

加大示波器扫描速率，观察记录已调波在零点附近波形，比较它与 $m_a = 100\%$ 调幅波的区别。

调节 R_{P1} 使 $U_{AB}=0.1$ V，保持其他参数不变，只改变 u_C 幅度，记录相关数据于表 3-6-5 中。

5. 调制信号为方波、三角波时的调幅波观察

保持 $U_{AB}=0.1$ V 及其他参数不变，只改变输入调制信号 u_Ω 为方波、三角形，观察已调波的变化。

四、实验报告要求

（1）整理实验数据，在坐标纸上画出直流调制特性曲线。

（2）画出调幅实验中 $m_a = 30\%$、$m_a = 100\%$、$m_a > 100\%$ 的调幅波波形，并在图上标明峰–峰值电压。

（3）当改变 U_{AB} 时能得到几种调幅波形？分析其原因。

（4）画出 100% 调幅波形及抑制载波双边带调幅波形，比较二者的区别。

（5）画出实现抑制载波调幅时改变 R_{P2} 后的输出波形，分析其现象。

表 3-6-5　调幅波波形及相关数据

实验内容		测量值						计算值	
参数	波形	$U_{Cm}(mV)$	$U_{\Omega m}(mV)$	$A(mV)$	$B(mV)$	$U_{AB}(V)$		m_a	s_a
全载波调幅		10	100			0.1			
保持其他参数不变，只改变 U_{AB}，记录 $m_a<1$，$m_a=1$，$m_a>1$ 和 m_a 无穷大时的情况		10	100						
		10	100						
		10	100						
		10	100			0.00		∞ 即为双边带	
保持其他参数不变，只改变 $U_{\Omega m}$，记录 $m_a<1$，$m_a=1$，$m_a>1$ 的情况		10				0.1			
		10				0.1			
		10				0.1			
保持其他参数不变，只改变 U_{Cm}，记录相关数据			100			0.1			
			100			0.1			
			100			0.1			
改变调制波形为方波、三角波，记录相关数据		10	100			0.1			
		10	100			0.1			

注：$s_a = \dfrac{A-B}{A+B} \cdot \dfrac{U_{AB}}{U_{\Omega m}}$，$m_a = \dfrac{A-B}{A+B}$

实验七　振幅解调器(包络检波、同步检波)

一、实验目的

(1)掌握用包络检波器实现 AM 波解调的方法;了解滤波电容数值对 AM 波解调的影响;

(2)理解包络检波器只能解调 $m_a \leq 100\%$ 的 AM 波,而不能解调 $m_a > 100\%$ 的 AM 波以及 DSB 波的概念;

(3)掌握用 MC1496 模拟乘法器组成的同步检波器来实现 AM 波和 DSB 波解调的方法。

二、实验设备与器材

实验设备与器材如表 3-7-1 所示。

表 3-7-1　实验设备与器材

名称	数量	备注
数字示波器	1	
函数信号发生器	1	
数字万用表	1	
高频实验箱③号实验板	1	HT-GP-G1
电源	1	

三、实验原理

振幅解调即是从已调制调幅信号中提取原调制信号的过程,亦称为检波。通常,振幅解调的方法有包络检波和同步检波两种。

1. 二极管包络检波

二极管包络检波器是包络检波器中最简单、最常用的一种。它适合于解调信号电平较大(俗称大信号,通常要求峰-峰值为 1.5 V 以上)的 AM 波。它具有电路简单、检波线性好、易于实现等优点。二极管包络检波电路主要包括二极管、RC 低通滤波器和低频放大部分,如图 3-7-1 所示。

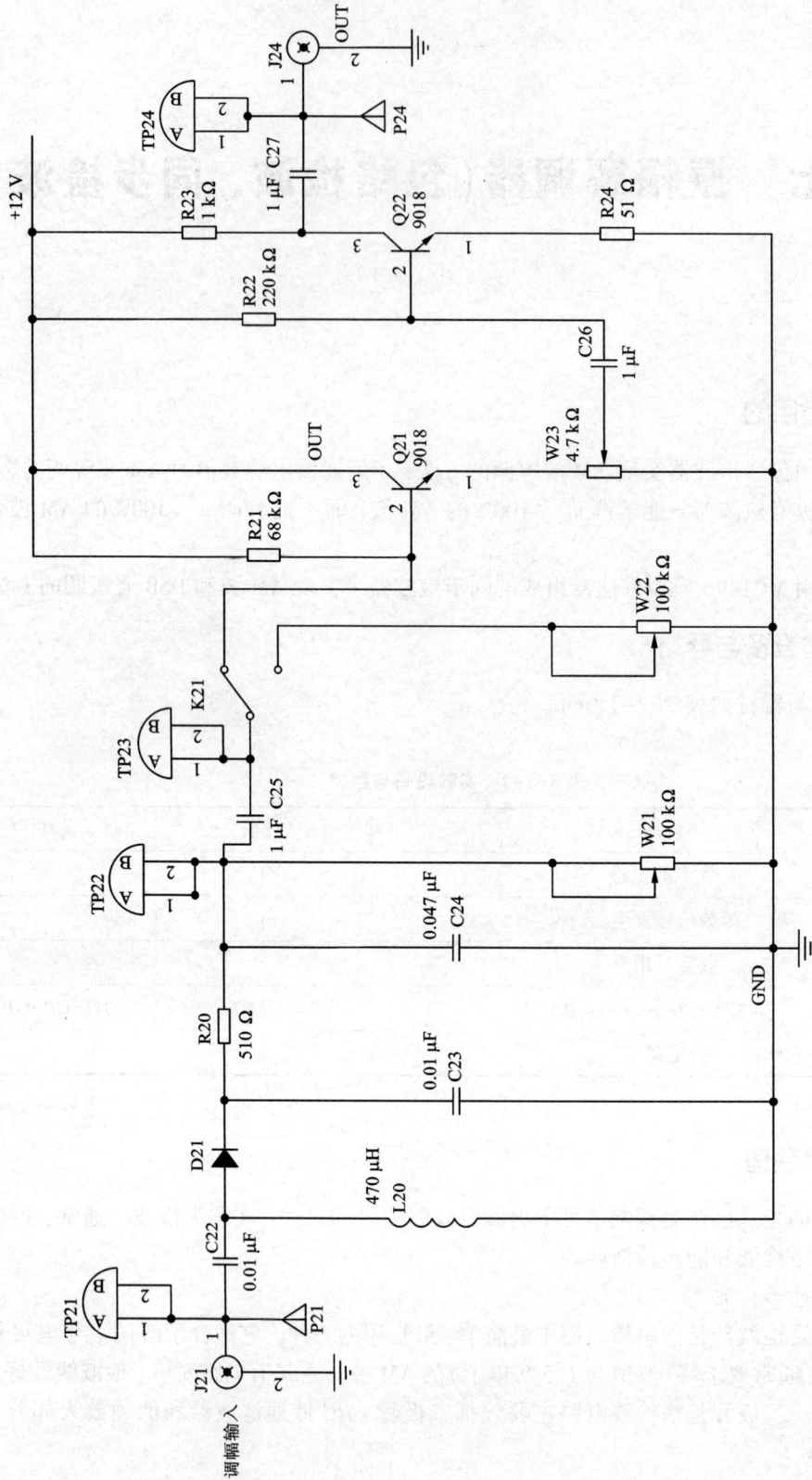

图3-7-1 二极管包络检波电路

图 3-7-1 中，D21 为检波管，C23、R20、C24 构成低通滤波器，W21 为二极管检波直流负载，W21 用来调节直流负载大小，W22 接入构成二极管检波交流负载，W22 用来调节交流负载大小。开关 K21 是为二极管检波交流负载的接入与断开而设置的，短路下方时为接入交流负载，全不接入为断开交流负载，短路上方为接入后级低频电压放大电路。调节 W23 可调整输出幅度。图中，利用二极管的单向导电性使得电路的充放电时间常数不同(实际上，相差很大)来实现检波，所以 RC 时间常数的选择很重要。RC 时间常数过大，则会产生对角切割失真(又称惰性失真)。RC 时间常数太小，高频分量会滤除不干净。RC 时间常数综合考虑要求满足下式：

$$RC \ll \frac{\sqrt{1-m_a^2}}{m_a \Omega}$$

式中：m_a 为调制度，Ω 为调制信号角频率。

当检波器的直流负载电阻 R(W21)与交流负载电阻 R_Ω(W22)不相等，而且调制度 m_a 又相当大时会产生底部切割失真(又称负峰切割失真)，为了保证不产生底部切割失真应满足

$$m_a < \frac{R_\Omega}{R}$$。

2. 同步检波

同步检波又称相干检波。它利用同步信号与已调幅波相乘，再用低通滤波器滤除高频分量，从而解调出调制信号。本实验采用 MC1496 集成电路来组成解调器，如图 3-7-2 所示。图中，恢复载波 u_C 加到输入端 J41 上，再经过电容 C41 加在 8、10 脚之间。已调波 u_{AM} 加到输入端 J42 上，再经过电容 C42 加在 1、4 脚之间。相乘后的信号由 6 脚输出，再经过由 C43、C45、R55 组成的 Π 型低通滤波器滤除高频分量后，在解调输出端(J43)提取出调制信号。

需要指出的是，在图 3-7-2 中对 MC1496 采用了单电源(+12 V)供电，因而 14 脚需接地，且其他脚亦应偏置相应的正电位，如图中所示。

四、实验内容

(一)二极管包络检波

1. $m_a = 30\%$ 的 AM 波的解调

(1)AM 波的获得

AM 波的获得(载波 2 MHz、峰-峰值 2 V，调制信号 1 kHz，调制度 30%)：第一种方法由高频信号源产生(见高频信号源的使用)；第二种方法由丙类功率放大器实验中的基极调幅电路产生。

(2)AM 波的包络检波器解调

先断开检波器交流负载(K21 不接)，把上面得到的 AM 波加到包络检波器输入端(J21)，即可用示波器在 TP22 观察到包络检波器的输出，并记录输出波形。为了更好地观察包络检波器的解调性能，可将示波器 CH1 接包络检波器的输入(TP21)，而将示波器 CH2 接包络检波器的输出(TP22)。调节直流负载的大小(调 W21)，使输出得到一个不失真的解调信号，画出波形。

图3-7-2 MC1496组成的解调器实验电路

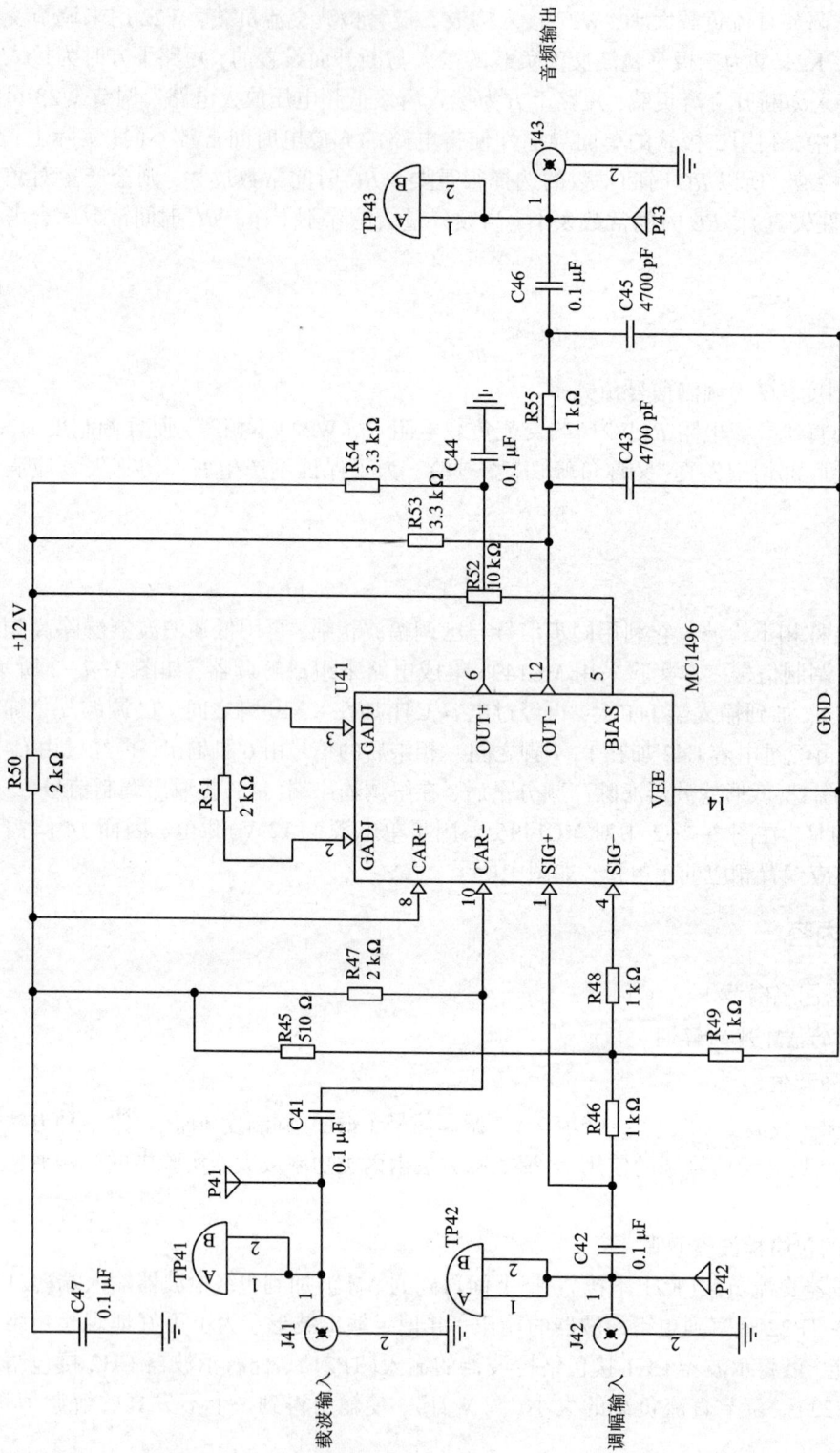

(3)观察对角切割失真

保持以上输出,调节直流负载(调 W21),使输出产生对角切割失真,如果失真不明显可以加大调制度,画出其波形,并计算此时的 m_a 值。

(4)观察底部切割失真

当交流负载未接入前,先调节 W21 使解调信号不失真。然后接通交流负载(K21 接下方短路),示波器 CH2 接 TP23。调节交流负载的大小(调 W22),使解调信号出现底部切割失真,如果失真不明显,可加大调制度,画出其波形,并计算此时的 m_a 值。

当出现底部切割失真后,减小 m_a(减小音频调制信号幅度)使失真消失,并计算此时的 m_a 值。在解调信号不失真的情况下,将 K21 短路上方,示波器 CH2 接 TP24,可观察到放大后音频信号,调节 W23 音频幅度会发生变化。

2. $m_a = 100\%$ 的 AM 波的解调

$m_a = 100\%$,观察并记录检波器输出波形。

3. $m_a > 100\%$ 的 AM 波的解调

$m_a > 100\%$,观察并记录检波器输出波形。

(二)集成电路(乘法器)构成的同步检波

1. AM 波的解调

将集成调幅电路产生的调幅波输出接到幅度解调电路的调幅输入端(J42)。解调电路的恢复载波,可用铆孔线直接与调制电路中载波输入相连,即 J41 与 J31 相连。示波器 CH1 接调制信号(TP32),CH2 接同步检波器的输出(TP43),分别观察并记录当调制电路输出 $m_a = 30\%$、$m_a = 100\%$、$m_a > 100\%$ 时三种 AM 波的解调输出波形,并与调制信号作比较。

2. DSB 波的解调

获得 DSB 波,并加入到幅度解调电路的调幅输入端(J42),而其他连线均保持不变,观察并记录解调输出波形,并与调制信号作比较。改变调制信号的频率及幅度,观察解调信号有何变化。

五、实验报告要求

(1)自拟表格记录相关数据。

(2)由本实验归纳出两种检波器的解调特性,以"能/不能正确解调"填入表 3-7-2 中。

表 3-7-2　两种检波器的解调特性

输入的调幅波	AM 波			DSB
	$m_a = 30\%$	$m_a = 100\%$	$m_a > 100\%$	
包络检波				
同步检波				

(3)观察对角切割失真和底部切割失真现象并分析产生的原因。

(4)对实验中的两种解调方式进行总结。

实验八　变容二极管调频器

一、实验目的

（1）熟悉电子元器件和高频电子线路实验系统；
（2）掌握用变容二极管调频振荡器实现 FM 的方法；
（3）理解静态调制特性、动态调制特性的概念和测试方法。

二、实验设备与器材

实验设备与器材如表 3-8-1 所示。

表 3-8-1　实验设备与器材

名称	数量	备注
数字示波器	1	
函数信号发生器	1	
数字万用表	1	
高频实验箱④号实验板	1	HT-GP-G1
电源	1	

三、实验原理

1. 变容二极管调频器实验电路

变容二极管调频器实验电路如图 3-8-1 所示。图中，Q11 本身为电容三点式振荡器，它与 D15、D16（变容二极管）一起组成了直接调频器。Q12 为放大器，Q13 为射极跟随器。W11 用来调节变容二极管偏压。

2. 变容二极管调频器工作原理

由图 3-8-1 可见，加到变容二极管上的直流偏压就是+12 V 电压经由 R16、W11 和 R17 分压后，从 R17 得到的电压，因而调节 W11 即可调整偏压。由图可见，该调频器本质上是一个电容三点式振荡器（共基接法），由于电容 C17 对高频短路，因此变容二极管实际上与 L12 相并联。调整电位器 W11，可改变变容二极管的偏压，也即改变了变容二极管的容量，从而改变其振荡频率。因此变容二极管起着可变电容的作用。

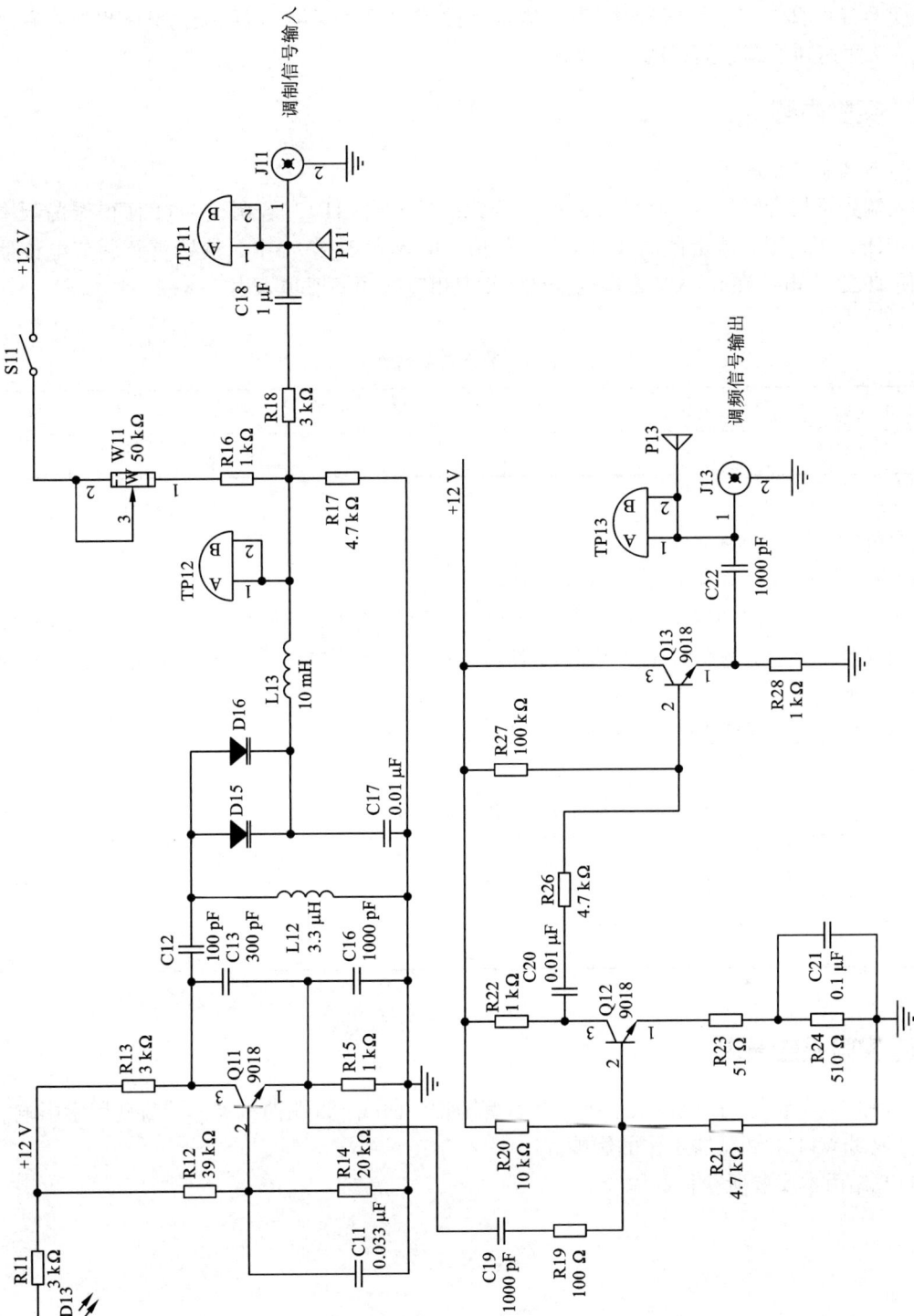

图3-8-1 变容二极管调频器实验电路

对输入音频信号而言，L13 短路，C17 开路，从而音频信号可加到变容二极管 D15、D16 上。当变容二极管加有音频信号时，其等效电容按音频规律变化，因而振荡频率也按音频规律变化，从而达到了调频的目的。

四、实验内容

1. 静态调制特性测量

输入端先不接音频信号，将示波器接到调频信号输出(TP13)，调整 W11 使得振荡频率 $f_0 = 8.5$ MHz，用万用表测量此时 TP12 点电位值，填入表 3-8-1 中。然后重新调节电位器 W11，使 TP12 点电位在 0~9 V 范围内变化，并把相应的频率值填入表 3-8-2。

表 3-8-2　静态调制特性

V_{TP12}(V)	0	1	2	3	4	5	6	7	8	9
f_0(MHz)										

2. 动态调制特性测量

(1) 调整 W11 使得振荡频率 $f_0 = 8.5$ MHz。

从函数信号发生器中取出信号频率 $f = 1$ kHz、峰-峰值 $V_{\Omega p-p}$ 为 1 V 的正弦波调制信号，加入到调频器单元的音频信号输入端 J11，便可在调频器单元的 TP13 端上观察到 FM 波，记录调频波上下频偏。

(2) 改变 $V_{\Omega p-p}$，重复步骤(1)，将结果记入表 3-8-3 中。

表 3-8-3　动态调制特性

$V_{\Omega p-p}$(V)		0	1.0	2.0	3.0	4.0	5.0	6.0	7.0	10.0
∇f_0(MHz)	上									
	下									

五、实验报告要求

(1) 根据实验数据，在坐标纸上画出静态调制特性曲线，说明曲线斜率受哪些因素影响。

(2) 说明 W11 对调频器工作的影响。

(3) 总结由本实验所获得的体会。

实验九　相位鉴频器

一、实验目的

(1) 了解调频波产生和解调的全过程以及整机调试方法，建立起调频系统的初步概念；

(2) 了解电容耦合回路相位鉴频器的工作原理；

(3) 熟悉初、次级回路电容，耦合电容对于电容耦合回路相位鉴频器工作的影响。

二、实验设备与器材

实验设备与器材如表 3-9-1 所示。

表 3-9-1　实验设备与器材

名称	数量	备注
数字示波器	1	
函数信号发生器	1	
数字万用表	1	
高频实验箱④号实验板	1	HT-GP-G1
电源	1	

三、实验原理

本实验采用平衡叠加型电容耦合回路相位鉴频器，实验电路如图 3-9-1 所示。

相位鉴频器由频相转换电路和鉴相器两部分组成。输入的调频信号加到放大器 Q21 的基极上。放大管的负载是由 L21、C25、C26 组成的频相变换电路，输出接至分压电容 C27、C28 之间。鉴相器采用两个并联二极管检波电路，采用这种电路时，二极管电流中的直流分量已由 R32、R33 构成通路，可以省掉高频扼流圈。检波后的低频信号经 RC 滤波器输出，初级和次级都调谐在中心频率 $f_0 = 8.5$ MHz 上。

四、实验内容

1. 实验准备

接通电源，即可开始实验。

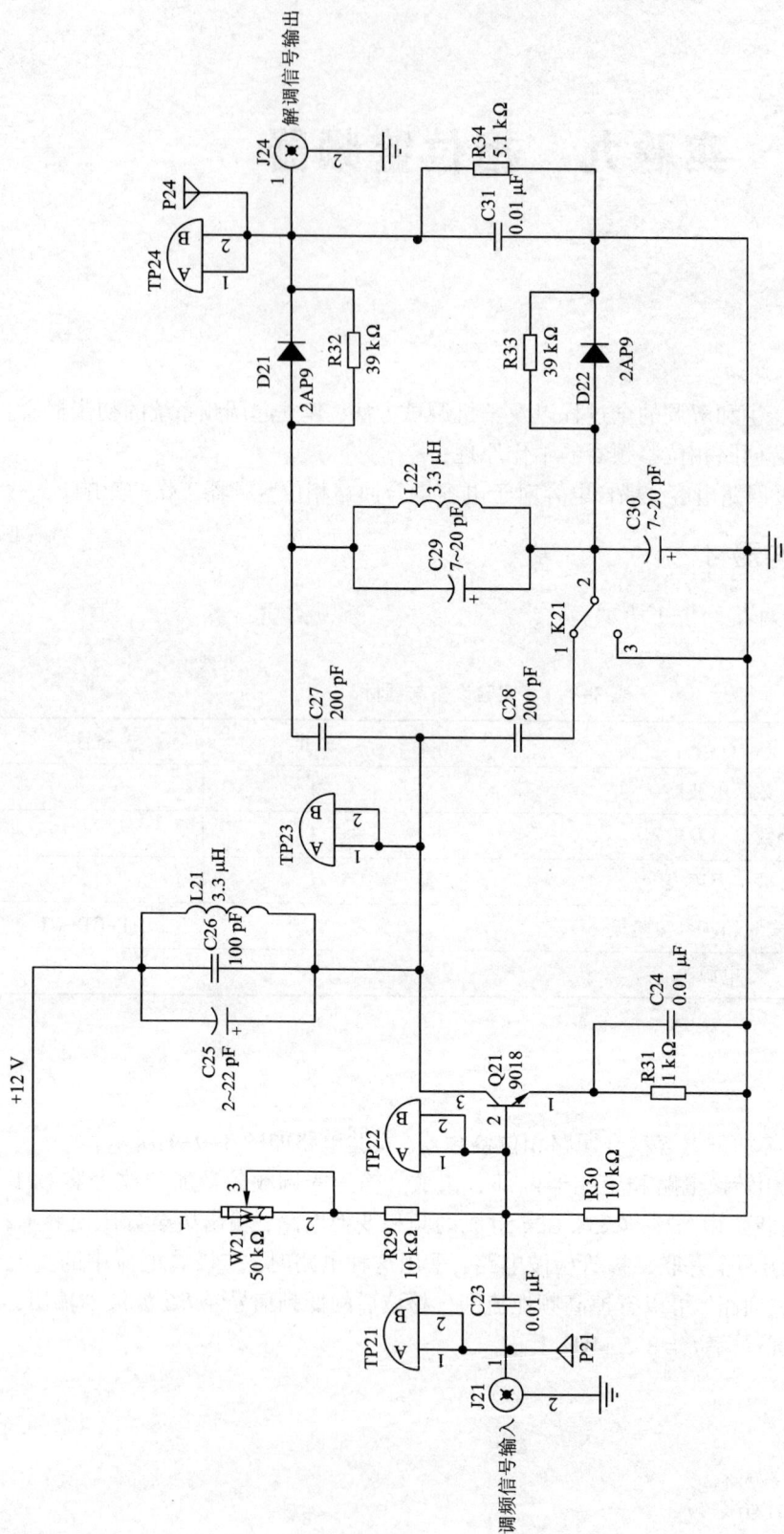

图3-9-1 相位鉴频器实验电路

2. 调频-鉴频过程观察

(1)以实验八中的方法产生 FM 波(示波器监视),并将调频器单元的输出连接到鉴频器调频信号的输入端上。短路 K21,由 2 接 1 构成斜率鉴频选项。

用示波器观察鉴频器输出波形,此时可观察到频率为 1 kHz 的正弦波。如果没有波形或波形不好,应调整 W21。建议采用示波器作双线观察:CH1 接调频器输入端 TP11,CH2 接鉴频器输出端 TP24,并作比较。

(2)增大调制信号峰-峰值,观察鉴频器输出信号峰-峰值如何变化。

3. 三个电容变化对 FM 波解调的影响

与本实验的实验步骤 2 相同,观察半可变电容 C25、C29、C30 变化对于鉴频器输出端解调波形的影响。用小起子分别调整 C25、C29、C30,看输出波形有何变化。

4. 短路 K21 的相位鉴频选项

按 1 到 3 的步骤进行实验。

五、实验报告要求

(1)自拟表格记录相关数据。

(2)画出调频-鉴频系统正常工作时的调频器输入、输出波形和鉴频器输入、输出波形。

(3)根据实验数据,说明可变电容 C25、C29、C30 变化对于鉴频器输出解调波形的影响。

(4)总结由本实验所获得的体会。

实验十　锁相环频率调制器

一、实验目的

(1)熟悉 4046 单片集成电路的组成和应用;

(2)加深锁相环基本工作原理的理解;

(3)掌握用 4046 集成电路实现频率调制的原理和方法;

(4)了解调频方波的基本概念。

二、实验设备与器材

实验设备与器材如表 3-10-1 所示。

表 3-10-1　实验设备与器材

名称	数量	备注
数字示波器	1	
函数信号发生器	1	
数字万用表	1	
高频实验箱④号实验板	1	HT-GP-G1
电源	1	

三、实验原理

1. 4046 锁相环芯片介绍

4046 锁相环功能框图如图 3-10-1 所示。外引线排列管脚功能简要介绍如下:

第 1 引脚(PDO3):相位比较器 2 输出的相位差信号,为上升沿控制逻辑。

第 2 引脚(PDO1):相位比较器 1 输出的相位差信号,它采用异或门结构,即鉴相特性为 PDO1=PDI1 ⊕PDI2

第 3 引脚(PDI2):相位比较器输入信号,通常 PD(相位比较器)为来自 VCO(压控振荡器)的参考信号。

第 4 引脚(VCOO):压控振荡器的输出信号。

第 5 引脚(INH):控制信号输入,若 INH 为低电平,则允许 VCO 工作和源极跟随器输出;若 INH 为高电平,则相反,电路将处于功耗状态。

第6引脚(CI)：与第7引脚之间接一电容，以控制 VCO 的振荡频率。

第7引脚(CI)：与第6引脚之间接一电容，以控制 VCO 的振荡频率。

第8引脚(GND)：接地。

第9引脚(VCOI)：压控振荡器的输入信号。

第10引脚(SFO)：源极跟随器输出。

第11引脚(R1)：外接电阻至地，分别控制 VCO 的最高和最低振荡频率。

第12引脚(R2)：外接电阻至地，分别控制 VCO 的最高和最低振荡频率。

第13引脚(PDO2)：相位比较器输出的三态相位差信号，它采用 PDI1、PDI2 上升沿控制逻辑。

第14引脚(PDI1)：相位比较器输入信号，PDI1 输入允许将 0.1 V 左右的小信号或方波信号在内部放大再经过整形电路后，输出至相位比较器。

第15引脚(VZ)：内部独立的齐纳稳压二极管负极，其稳压值 $V_Z = 5 \sim 8$ V，若与 TTL 电路匹配时，可以用来作为辅助电源用。

第16引脚(VDD)：正电源，通常选+5 V，+10 V 或+15 V。

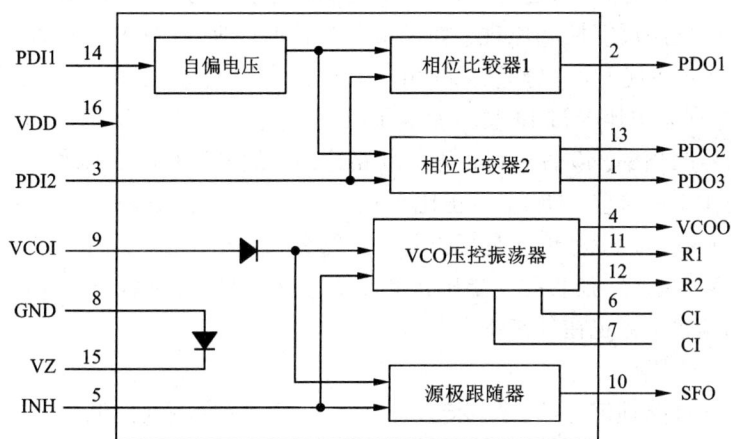

图 3-10-1　4046 锁相环逻辑框图

2. 锁相环的构成及工作原理

(1)锁相环的基本组成

图 3-10-2 是锁相环的基本组成方框图，它主要由鉴相器(PD)、环路滤波器(LF)和压控振荡器(VCO)组成。

①压控振荡器(VCO)

VCO 是本锁相环的控制对象，被控参数通常是其振荡频率，控制信号为加在 VCO 上的电压。所谓压控振荡器就是振荡频率受输入电压控制的振荡器。

②鉴相器(PD)

PD 是一个相位比较器，用来检测输出信号 $V_o(t)$ 与输入信号 $V_i(t)$ 之间的相位差 $\theta(t)$，并把 $\theta(t)$ 转化为电压 $V_d(t)$ 输出，$V_d(t)$ 称为误差电压。通常 $V_d(t)$ 作为一直流分量或一低频交流量。

图 3-10-2 基本锁相环组成框图

③环路滤波器(LF)

LF 作为一低通滤波电路,其作用是滤除因 PD 的非线性而在 $V_d(t)$ 中产生的无用组合频率分量及干扰,产生一个只反映 $\theta(t)$ 大小的控制信号 $V_c(t)$。

4046 锁相环芯片包含鉴相器(相位比较器)和压控振荡器两部分,而环路滤波器由外接阻容元件构成。

(2)锁相环锁相原理

锁相环是一种以消除频率误差为日的反馈控制电路,它的基本原理是利用相位误差电压去消除频率误差。按照反馈控制原理,如果由于某种原因使 VCO 的频率发生变化使得与输入频率不相等,这必将使 $V_o(t)$ 与 $V_i(t)$ 的相位差 $\theta(t)$ 发生变化,该相位差经过 PD 转换成误差电压 $V_d(t)$。此误差电压经过 LF 滤波后得到 $V_c(t)$,由 $V_c(t)$ 去改变 VCO 的振荡频率,使其趋近于输入信号的频率,最后达到相等。环路达到最后的这种状态就称为锁定状态。当然由于控制信号正比于相位差,即 $V_d(t)$ 正比于 $\theta(t)$,因此在锁定状态,$\theta(t)$ 不可能为零,换言之,在锁定状态 $V_o(t)$ 与 $V_i(t)$ 仍存在相位差。虽然有剩余相位误差存在,但频率误差可以降低到零,因此环路锁定时,压控振荡器输出频率 F_o 与外加基准频率(输入信号频率)F_i 相等,即压控振荡器的频率被锁定在外来参考频率上。

(3)同步带与捕捉带

同步带是指从环路锁定开始,改变输入信号的频率 F_i(向高或向低两个方向变化),直到环路失锁(由锁定到失锁),这段频率范围称为同步带。

捕捉带是指锁相环处于一定的固有振荡频率 f_V,即处于失锁状态,当慢慢减小外加输入信号频率 f_i(初始频率设置较高),直到环路锁定,此时外加输入信号频率 f_{imax} 就是同步带的最高频率。环路失锁时,当慢慢增加外加输入信号频率(初始频率设置较低),直到环路锁定,此时外加输入信号频率 f_{imin} 就是捕捉带的最低频率。捕捉带为 $f_{imax} - f_{imin}$。

(4)4046 锁相环组成的频率调制器

4046 锁相环组成的频率调制器实验电路如图 3-10-3 所示。

图中 J31 为外加输入信号连接点,是在测试 4046 锁相环同步带、捕捉带时用的,R37、C32 和 R40 构成环路滤波器。J32 为音频调制信号输入口,调制信号由 J32 输入,通过 4046 的第 9 脚控制其 VCO 的振荡频率。由于此时的控制电压为音频信号,因此 VCO 的振荡频率也会按照音频的规律变化,即达到了调频。调频信号由 J33 输出。TP32 为音频输入信号测试点,TP33 为调频信号测试点。改变 W31 可以改变压控振荡器的中心频率,由于振荡器输出的是方波,因此本实验输出的是调频非正弦波。

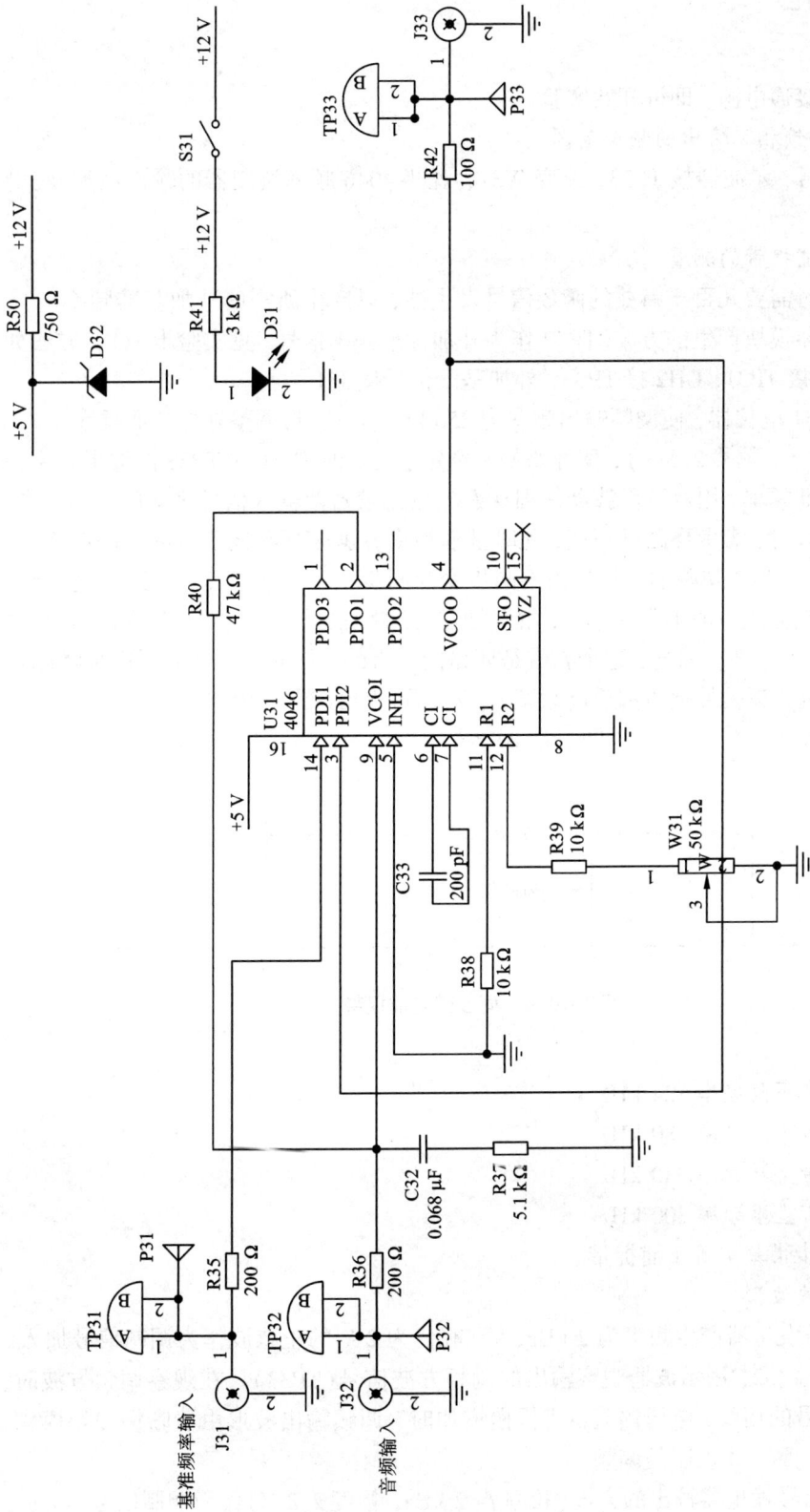

图3-10-3　4046锁相环频率调制器实验电路

四、实验内容

1. 实验准备

按前述实验接通电源，即可开始实验。

2. 测量 4046 锁相环输出的频率范围

不接调制信号，示波器接 TP33，改变 W31，观测 4046 频率调制器的输出波形及其频率范围。

3. 同步带和捕捉带的测量

做此项实验时需要几百千赫兹的函数信号发生器，以产生所需的外加基准频率(方波)，或用锁相环鉴频器模块产生的方波(TP42 作为外加标准频率信号，见实验十一)。方法如下：双踪示波器 CH1 接 TP31，CH2 接 TP33，外加基准信号接 J31。

首先调整 W31 电位器，使调频输出频率为 250 kHz 左右，再调整外加基准频率 f_i(f_i = 250 kHz 左右，幅度 5 V，偏移 2.5 V)，使环路处于锁定状态，即 TP31 与 TP33 的波形频率一致。然后慢慢减小基准频率，用双踪示波器仔细观察相位比较器两输入信号之间的关系，当两输入信号波形不一致时，表示环路已失锁，此时基准频率 f_i 就是环路同步带的下限频率 f_1'；慢慢增加基准频率 f_i，当发现两输入信号由不同步变为同步，且 $f_i = f_o$，表示环路已进入到锁定状态。此时 f_i 就是捕捉带的下限频率 f_1，继续增加 f_i，此时压控振荡器 f_o 将随 f_i 而变。但当 f_i 增加到 f_2' 时，f_o 不再随 f_i 而变，这个 f_2' 就是环路同步带的上限频率。然后再逐步降低 f_i，直至环路锁定，此时 f_i 就是捕捉带的最高频率 f_2，从而可求出(图 3-10-4)：

$$捕捉带\ \Delta f = f_2 - f_1 \qquad\qquad 同步带\ \Delta f' = f_2' - f_1'$$

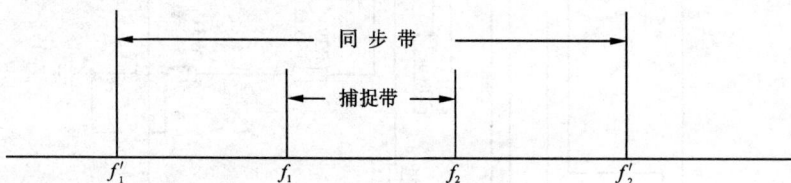

图 3-10-4　同步带与捕捉带

注意：同步带下限频率 124 kHz

　　　捕捉带下限频率 180 kHz

　　　同步带上限频率 330 kHz

　　　捕捉带上限频率 300 kHz

本实验中同步带基本等于捕捉带。

4. 观察调频波波形

(1)函数信号发生器产生频率为 2 kHz、峰-峰值为 2 V 的正弦波作为调制信号加入到本实验模块的输入端 J32，用示波器观察输出的调频方波信号(TP33)。在观察调频方波时，可调整音频调制信号的幅度，电压幅值由零慢慢增加时，调频输出波形由清晰慢慢变模糊，或出现波形疏密不一致，才表明是调频。

(2)将函数信号发生器输出的方波(频率 f = 2 kHz，幅度 2.3 V)作为调制信号，用示波器再作观察和记录。

五、实验报告要求

(1)测量并计算锁相环同步带和捕捉带;

(2)观察并画出锁相环锁定后的典型波形;

(3)大致画出正弦波和方波调制时的调频波,并说明调频的概念。

实验十一　锁相环鉴频器

一、实验目的

(1)加深对锁相环工作原理的理解；
(2)了解用 4046 集成电路实现频率解调的原理，并熟悉其方法；
(3)掌握锁相环鉴频的测试方法。

二、实验设备与器材

实验设备与器材如表 3-11-1 所示。

表 3-11-1　实验设备与器材

名称	数量	备注
数字示波器	1	
函数信号发生器	1	
数字万用表	1	
高频实验箱④号实验板	1	HT-GP-G1
电源	1	

三、实验原理

锁相环由三部分组成，如图 3-10-2 所示。它由相位比较器 PD、低通滤波器 LF、压控振荡器 VCO 三个部分组成。

锁相环是一种以消除频率误差为目的反馈控制电路。当调频信号没有频偏时，若压控振荡器的频率与外来载波信号频率有差异时，通过相位比较器输出一个误差电压。这个误差电压的频率较低，经低通滤波器滤去所含的高频成分，再去控制压控振荡器，使振荡频率趋近于外来载波信号频率，于是误差越来越小，直至压控振荡频率和外来信号频率一样，压控振荡器的频率被锁定在外来信号相同的频率上，环路处于锁定状态。

当调频信号有频偏时，和压控振荡器的振荡信号相比较，结果使相位比较器输出一个误差电压，以使压控振荡器的振荡频率向外来信号的频率靠近。由于压控振荡器的振荡频率始终想要和外来信号的频率锁定，为达到锁定的条件，相位比较器和低通滤波器向压控振荡器输出的误差电压必须随外来信号的载波频率偏移的变化而变化。也就是说这个误差控制信号就是一个随调制信号频率变化而变化的解调信号，即实现了鉴频。

4046 锁相环鉴频器实验电路如图 3-11-1 所示。图中 J41 为调频信号输入口，TP41 为调频波测试点，J43 为解调信号输出口，TP43 为解调信号测试点。调整 W41 可改变 VCO 的振荡频率。来自实验集成调频电路的调频波，通过 J41 加到 4046 的 14 脚，当锁相环在调频波信号上锁定时，压控振荡器始终跟踪外来信号的变化，VCO 的输入电压是来自相位检测的经滤波的误差电压，它相当于解调输出，也即第 10 脚的输出应为解调的低频调制信号。

四、实验内容

1. 锁相环路的调整

在进行解调之前，分别调整锁相环频率调制器和锁相环鉴频器的中心频率，使频率调制器和鉴频器的中心频率尽可能一致。其方法是：不加调制信号，用示波器测频率调制器输出信号(TP33)的频率，调 W31 电位器使频率为 200 kHz(也可是其他频率)，然后用示波器测鉴频器 TP42 的频率，调 W41 使频率为 200 kHz。最后检查鉴频器能否正确跟踪，方法是：不加调制信号将调频器输出与鉴频器输入相连，示波器 CH1 接 TP33，示波器 CH2 接 TP42，观察两波形是否一致(相位可以不一致)，若不一致，可调整 W31 或 W41。

2. 调制信号为正弦波时的解调

(1)先按前一实验的实验内容获得正弦波调制的调频方法。为此，函数信号发生器的输出设置为：波形选择——正弦波，频率 2 kHz，峰-峰值 0.5 V(注意加偏移 2.5 V)。将该调制信号送入调频单元的输入端(J32)，便可在锁相环频率调制器调频输出端获得正弦波调制的调频方波信号。

(2)把锁相环调频单元输出的调频方波信号接入到锁相环鉴频单元的输入端，用双踪示波器的 CH1 观察输入调制信号(TP32)，CH2 观察鉴频单元解调输出信号(TP43)，如果解调无输出，应调整 W31 或 W41。两者波形应一致。改变调制信号的频率和幅度，其两者波形也应随之变化。

3. 调制信号为方波和三角波时的解调

按照上述方法，将函数信号发生器输出波形设置为方波和三角波，在鉴频器输出端便可解调出与调制信号相一致的方波和三角波。但应注意：调制信号幅度不应超过峰-峰值 1 V，方波调制时，调制信号频率应在 1 kHz 以下，否则解调输出会有失真。

五、实验报告要求

(1)观察并记录解调后的波形。

(2)画出锁相环调频器和鉴频器构成系统通信的电路示意图，并画出调制信号为正弦波时，调频器和鉴频器输入输出波形。

(3)总结由本实验所获得的体会。

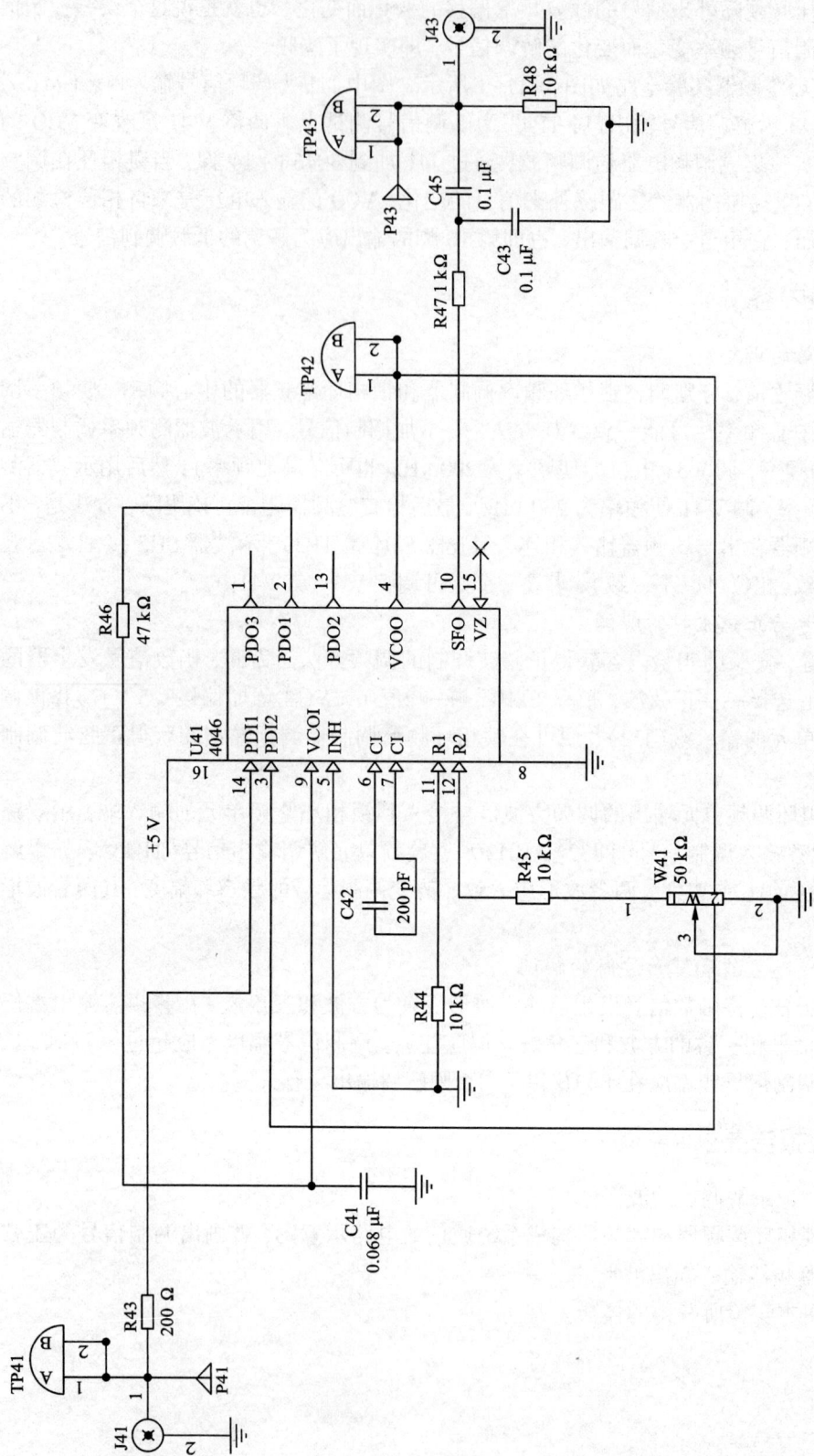

图3-11-1　4046锁相环鉴频器实验电路图

实验十二　集成乘法器混频器

一、实验目的

(1) 了解集成混频器的工作原理,掌握用 MC1496 来实现混频的方法;

(2) 了解混频器的寄生干扰。

二、实验设备与器材

实验设备与器材如表 3-12-1 所示。

表 3-12-1　实验设备与器材

名称	数量	备注
数字示波器	1	
函数信号发生器	1	
集成混频器模块	1	
数字万用表	1	
高频实验箱②号实验板	1	HT-GP-G1
电源	1	

三、实验原理

混频器的功能是将载波为 f_s(高频)的已调波信号不失真地变换为另一载频 f_i(固定中频)的已调波信号,而保持原调制规律不变。例如在调幅广播接收机中,混频器将中心频率为 $535 \sim 1605$ kHz 的已调波信号变为中心频率为 465 kHz 的中频已调波信号。此外,混频器还广泛用于需要进行频率变换的电子系统及仪器中,如频

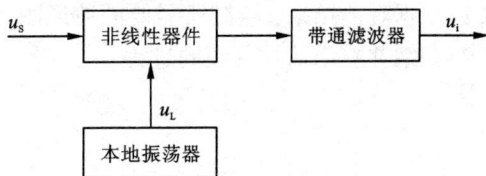

图 3-12-1　混频器的电路模型

率合成器、外差频率计等。混频器的电路模型如图 3-12-1 所示。

混频器常用的非线性器件有二极管、三极管、场效应管和乘法器。本地振荡器用于产生等幅的高频正弦波信号 u_L,并与输入信号 u_s 经混频器后所产生的差频信号经带通滤波器滤出。目前,高质量的通信接收机广泛采用二极管环形混频器和由差分对管平衡调制器构成的混频器,而在一般接收机(例如广播收音机)中,为了简化电路,还是采用简单的三极管混频器,本实验采用集成模拟乘法器做混频电路实验。

图 3-12-2 是用 MC1496 构成的混频器,本振电压 u_L(频率为 13.2 MHz、峰-峰值为 100 mV 正弦波)从乘法器的一个输入端(8、10 脚)输入,信号电压 u_s(频率为 10.7 MHz、峰-峰值为 100 mV)从乘法器的另一个输入端(1、4 脚)输入,混频后的中频($f_i=f_L-f_s$)信号由乘法器的输出端(6 脚)输出。输出端的带通滤波器必须调谐在中频 f_i 上,本实验的中频为 $f_i=f_L-f_s=$ 13.2 MHz−10.7 MHz=2.5 MHz。

为了实现混频功能,混频器件必须工作在非线性状态,而作用在混频器上的除了输入信号电压 u_s 和本振电压 u_L 外,不可避免地还存在干扰和噪声。它们之间任意两者都有可能产生组合频率,这些组合频率如果等于或接近中频,将与输入信号一起通过中频放大器、解调器,对输出级产生干扰,影响输入信号的接收。

干扰是由于混频不满足线性时变工作条件而形成的,因此不可避免地会产生干扰,其中影响最大的是中频干扰和镜像干扰。

四、实验内容

1. 中频频率的观测

将函数信号发生器输出的 13.2 MHz、峰-峰值为 100 mV 的信号接入乘法器的本振信号输入端(6P01),函数信号发生器输出调幅信号(中心频率为 10.7 MHz、峰-峰值为 100 mV)由乘法器的已调信号输入端(6P02)接入。用示波器观察输入、输出(6P03)信号波形,测量输入、输出信号的电压、频率(自行设计表格记录相关数据),并在同一纵坐标上记录本振信号、调幅信号(射频信号)及输出信号(混频信号)波形。

2. 混频综合观察

由实验六产生的调幅波(调制信号为 1 kHz、载波频率为 10.7 MHz)作为本实验的调幅输入,用示波器观察输入、输出信号波形,尤其注意观察 6P02 与 6P03 两点波形的包络是否一致。

五、实验报告要求

(1)根据观测结果,绘制所需要的波形图,并作分析。
(2)归纳并总结信号混频的过程。

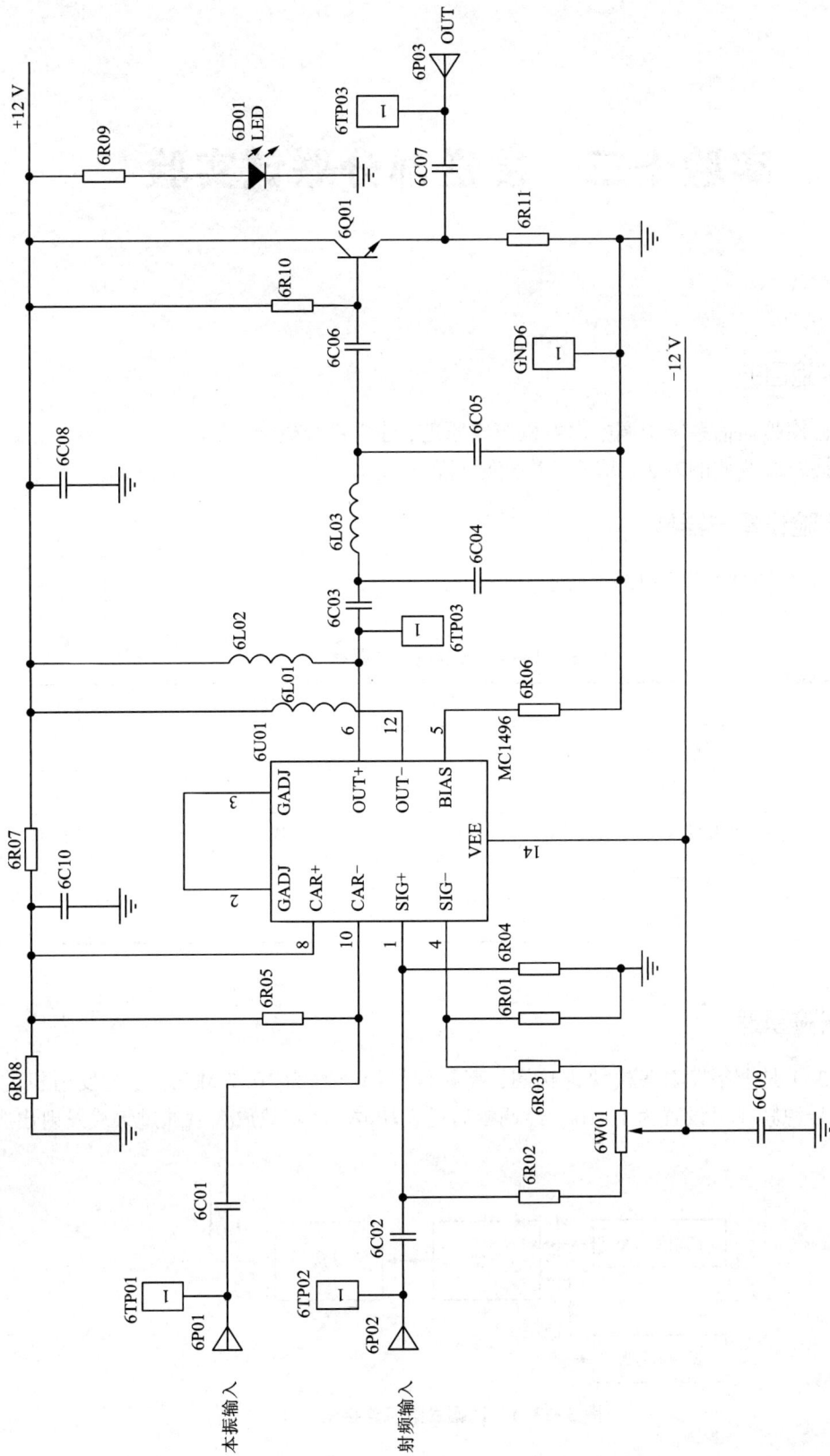

图3-12-2 MC1496构成的混频器电路图

实验十三　发送部分联试实验

一、实验目的

(1)掌握模拟通信系统中调幅发射机组成原理,建立系统概念;

(2)掌握系统联调的方法,培养解决实际问题的能力。

二、实验设备与器材

实验设备与器材如表 3-13-1 所示。

表 3-13-1　实验设备与器材

名称	数量	备注
数字示波器	1	
高频信号发生器	1	
高频实验箱①②③④实验板	多块	HT-GP-G1
数字万用表	1	
电源	1	

三、实验原理

图 3-13-1 是调幅发射各模块连接图,高频信号源频率为 10.7 MHz,作为发射机的载波,低频信号源频率可设置为 1 kHz。经调幅后送入功放,经功放放大后通过天线发射出去。

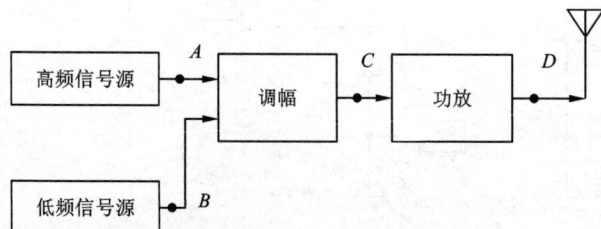

图 3-13-1　调幅发射机连接图

四、实验内容

(1)按图 3-13-1 连接图插好所需模块,用铆孔线将各模块输入输出连接好,接通各模块电源;

(2)将高频信号源频率设置为 10.7 MHz,低频信号源频率设置为 1 kHz;

(3)用示波器测试各模块输入输出波形,并调整各模块可调元件使输出达最佳状态;

(4)改变高频信号源输出幅度和低频信号源输出幅度,观看各测量波形的变化。

五、实验报告要求

(1)画出图 3-13-1 连接图中 A、B、C、D 各点波形。

(2)记录实验数据,并作出分析和写出实验心得体会。

实验十四　接收部分联试实验

一、实验目的

(1)掌握模拟通信系统中调幅接收机组成原理,建立系统概念;

(2)掌握系统联调的方法,培养解决实际问题的能力。

二、实验设备与器材

实验设备与器材如表 3-14-1 所示。

表 3-14-1　实验设备与器材

名称	数量	备注
数字示波器	1	
高频信号发生器	1	
高频实验箱①②③④⑤号实验板	多块	HT-GP-G1
数字万用表	1	
电源	1	

三、实验原理

图 3-14-1 是调幅接收各模块连接图,各模块之间用铆孔线连接,谐振放大器可以是单调谐回路谐振放大器,也可以是双调谐回路谐振放大器。混频器可以用三极管混频,也可以用集成乘法器混频。

将幅度调制电路输出的一个频率为 10.7 MHz、幅度为 100 mV 的调幅波,送入谐振放大器。调幅波经放大后送入混频器,LC 振荡器输出的频率为 13.2 MHz 的等幅波也送入混频器,经混频后输出 2.5 MHz 的调幅波送入中放,经中频放大后再经检波得到与高频信号源中调制信号相一致的低频信号。

四、实验内容

(1)按图 3-14-1 连接图插好所需模块,用铆孔线将各模块输入输出连接好,接通各模块电源。

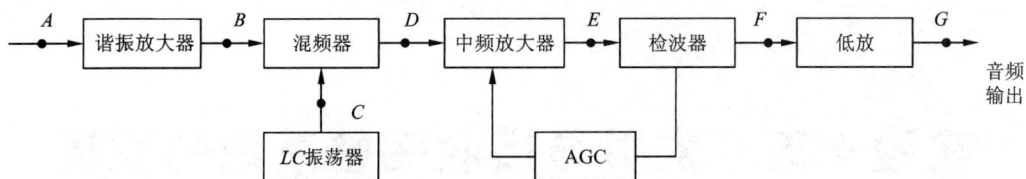

图 3-14-1 调幅接收连接图

(2)将幅度调制电路输出设置为频率 10.7 MHz、幅度 100 mV 的调幅波,并把调幅波送入谐振放大器。

(3)用示波器测试各模块输入输出波形,并调整各模块可调元件,使输出达最佳状态。

五、实验报告要求

(1)画出图 3-14-1 连接图中 A、B、C、D、E、F、G 各点波形。

(2)记录实验数据,并作出分析和写出实验心得体会。

实验十五　发射与接收完整系统的联调

一、实验目的

(1)在模块实验的基础上掌握调幅发射机、调幅接收机整机组成原理,建立通信系统的概念;

(2)掌握收发系统的联调方法,培养解决实际问题的能力。

二、实验设备与器材

实验设备与器材如表 3-15-1 所示。

表 3-15-1　实验设备与器材

名称	数量	备注
数字示波器	1	
高频信号发生器	1	
高频实验箱①②③④⑤号实验板	多块	HT-GP-G1
数字万用表	1	
电源	1	

三、实验原理

1. 方案一

方案一如图 3-15-1 所示。

实验电路说明:

该方案为无线收发系统,可在两个实验箱上进行,一方为发射,一方为接收,但距离在 2 m 以内。高频信号源输出 10.7 MHz 的等幅波,音频信号源可以是语音,可以是音乐,也可以是固定的单音频。高频功放即为高频功率放大与发射实验模块,其谐振频率约 10.7 MHz。高频信号源与音频信号源送入高频功放后,在本级进行调幅、放大,然后通过天线发射出去。在调试时,需要改变高频信号源和音频信号源的幅度,使高频功放获得较大的发射功率。接收端的小信号调谐放大需采用双调谐回路谐振放大器模块(因该模块配有接收天线),其谐振频率为 10.7 MHz 左右。混频器可采用三极管混频模块,也可采用集成乘法器混频模块。*LC*

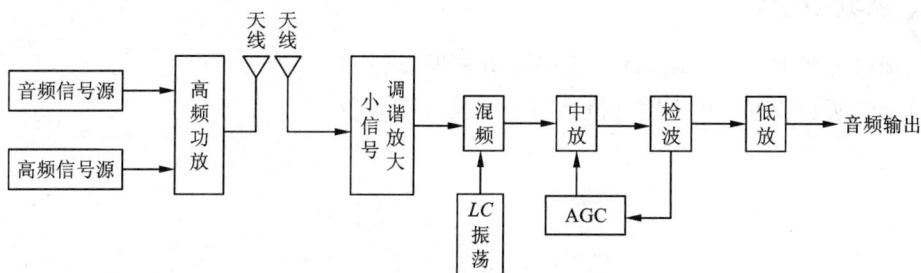

图 3-15-1　方案一各模块连接图

振荡器采用 LC 振荡与射随(射极跟随器)放大模块,输出约 13.2 MHz 的等幅波送入混频器,经混频后输出约 2.5 MHz 的调幅波。中放即为中频放大器模块,其谐振频率为 2.5 MHz。图中检波、低放、AGC 为同一模块,即二极管检波与 AGC 模块。AGC 可接可不接,需要时用连接线与中放相连。经检波后输出与发射端音频信号源相一致的波形,低放输出的信号可以送往耳机或扬声器。

2. 方案二

方案二如图 3-15-2 所示。

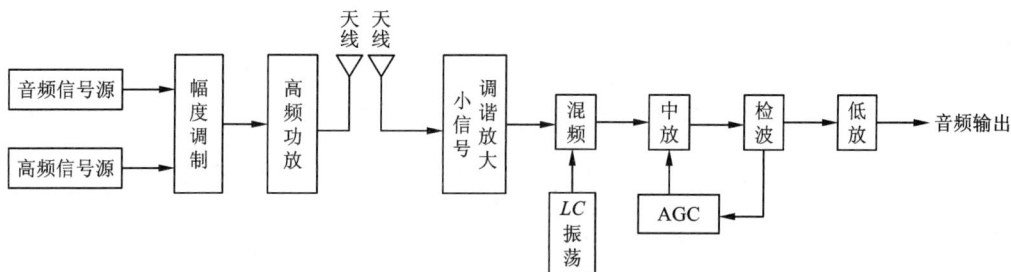

图 3-15-2　方案二各模块连接图

实验电路说明:

该方案同样为无线收发系统,与方案一基本相同。不同的是发射部分,该方案调幅不在功放进行,而在幅度调制电路中进行。幅度调制即为集成乘法器幅度调制电路模块。高频信号(10.7 MHz)与音频信号经幅度调制后变为调幅波,然后送往高频功放,通过天线发射出去。接收部分与方案一完全相同,不再赘述。

四、实验内容

(1)按图 3-15-1 或图 3-15-2 连接图插好所需模块,用铆孔线将各模块输入输出连接好,接通各模块电源;

(2)将高频信号源频率设置为 10.7 MHz,低频信号源频率设置为 1 kHz;

(3)用示波器测试各模块输入输出波形,并调整各模块可调元件,微调高频信号源的频率及幅度,使输出达最佳状态。

五、实验报告要求

(1)画出方案中各方框输入输出波形，并标明其频率。

(2)记录实验数据，并作出分析和写出实验心得体会。

附录 1　UTD2000M 数字存储示波器

一、概述

UTD2000M 系列数字存储示波器向用户提供简单而功能明晰的前面板，以进行所有的基本操作。各通道的标度和位置旋钮提供了直观的操作，符合传统仪器的使用习惯，用户不必花大量的时间去学习和熟悉数字存储示波器的操作，即可熟练使用。为加速调整、便于测量，用户可直接按 AUTO 键，仪器则显现适合的波形和挡位设置。

UTD2000M 系列数字存储示波器具有以下特点：

- 双模拟通道；
- 采用 7 寸 TFT 液晶显示屏，分辨率为 800×480，使显示效果更加清晰；
- 提供高达 150000 wfms/s 的波形捕获率；
- 最大可达到 16 Mpts 的存储深度，可以使得示波器能在更宽的时基范围能保持最高的采样率，同时能够兼顾波形的整体和细节；
- 触发功能，包括：边沿、视频、脉宽、斜率、交替触发等功能；
- 可自动测量 24 种波形参数；
- 有波形录制和回放功能；
- 支持 U 盘存储和 U 盘进行软件升级、一键拷屏等功能；
- 支持即插即用 USB 设备，可通过 USB 设备与计算机通信；
- 波形、设置和位图存储以及波形和设置再现；
- 内置 6 位硬件频率计；
- 内嵌 FFT，数字滤波；
- 多种波形数学运算功能(包括加、减、乘、除)；
- 独特的 AUTO 设置功能，可根据您的需求灵活配置使用；
- 多国语言菜单及帮助菜单显示。

二、初步了解示波器的操作面板

本节对于 UTD2000M 系列数字示波器的前面板(图 1)的操作及功能作简单的描述和介绍，使您能在最短的时间内熟悉 UTD2000M 系列数字示波器的使用。

UTD2000M 系列数字示波器提供简单、功能明晰的前面板，面板上包括旋钮和功能按键，旋钮的功能与其他示波器类似。显示屏右侧的一列是 5 个菜单操作键(自上而下定义为 F1 键至 F5 键)，面板上的其他按键为菜单功能键，通过它们可以进入不同的功能菜单或直接获得特定的功能应用，进入功能菜单后通过显示屏右侧的 F1 键至 F5 键进行功能选择。

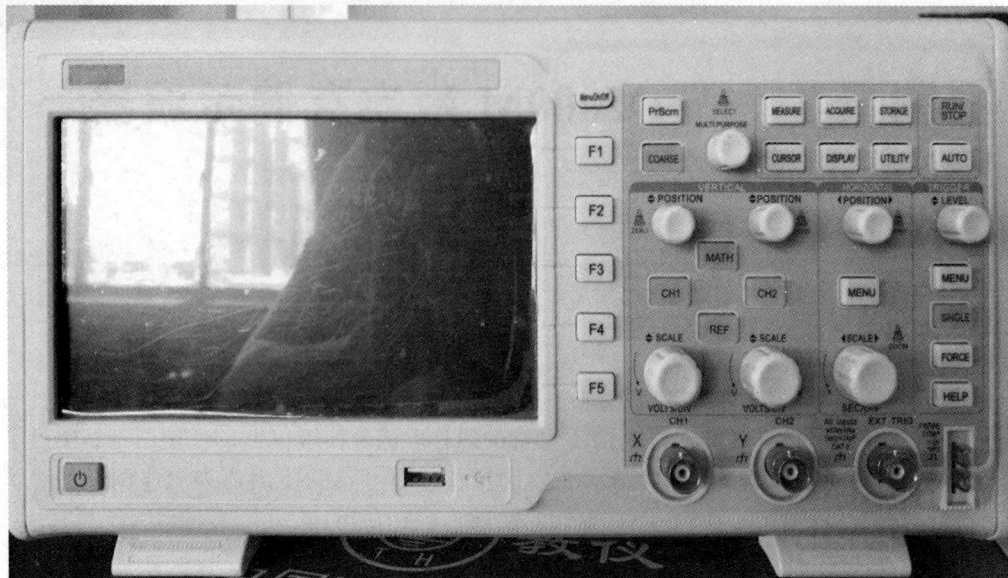

图 1   UTD2000M 数字存储示波器前面板图

要使用菜单系统，请按照以下步骤操作：

（1）按前面板某个菜单功能按键显示出要使用的菜单。

（2）按屏幕右侧的 F1 至 F5 键选择菜单项。如果菜单项包含多个选择，再次按屏幕右侧的 F1 至 F5 键进行选择。

（3）某些菜单选项需要设置数字值或多项选择以完成设置，可通过调节多用途旋钮设置和选择。

UTD 2000M 数字存储示波器前面板说明如下：

- MEASURE（测量）：执行自动波形测量。
- ACQUIRE（采集）：设置示波器的采样方式。
- STORAGE（存储）：将波形保存到内存或 USB，从中调出。
- CURSOR（光标）：激活光标，进行手动光标测量。
- DISPLAY（显示）：设置波形格式、类型等。
- UTILITY（功能）：激活系统工具，例如系统配置等。
- HORIZONTAL MENU（水平菜单）：设置视窗扩展和触发释抑。
- TRIGGER MENU（触发菜单）：调整触发部分参数。
- MULTI PURPOSE（多用途旋钮）：移动光标；设置某些菜单项的数字参数值或多选项菜单；按下该旋钮进行确认等。
- VERTICAL POSITION（垂直移位）：移动所选波形的垂直位置。按下该旋钮则通道显示位置回到屏幕垂直中点。
- HORIZONTAL POSITION（水平移位）：移动触发点的水平显示位置。按下该旋钮则预触发点回到屏幕水平中点。

- TRIGGER LEVEL(触发电平)：调整波形的触发点。按下该旋钮将触发电平设为 50% 或垂直参考零电平。
- RUN/STOP(运行/停止)：运行和停止对波形的数据采集。
- AUTO(自动设置)：根据输入的信号，可自动调整垂直刻度系数、扫描时基以及触发方式直至最合适的波形显示。
- SINGLE(单次)：将仪器设置为单次触发模式。
- FORCE(强制触发)：强制进行一个立即触发事件。
- HELP(帮助)：打开后对各菜单详细说明。
- HORIZONTAL SCALE(水平时基挡)：调整水平刻度系数。
- VERTICAL SCALE(垂直挡位)：调整所选波形的垂直刻度系数。
- CH1(通道 1)，CH2(通道 2)：打开/关闭所选通道。
- MATH(数学)：打开/关闭数学功能。
- REF(参考)：显示参考波形菜单。
- PrScrn(屏幕拷贝)：将屏幕显示内容拷贝到 U 盘中。
- COARSE(粗调)：光标和多用途旋钮的粗细调节控制。
- 启动按钮：打开/关闭仪器。
- USB HOST：用于连接 U 盘。

三、初步了解垂直系统

如图 2 所示，在垂直控制区有一系列的按键、旋钮。下面的练习逐渐引导您熟悉垂直设置的使用。

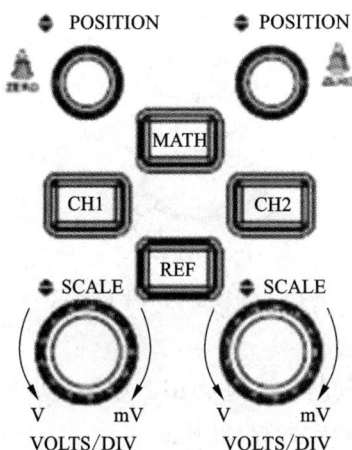

图 2　前面板垂直控制区

(1)移位旋钮 VERTICAL POSITION 可垂直移动波形，按下该旋钮通道显示位置回到水平中点。

（2）CH1 、CH2 、REF 、MATH 键显示垂直通道操作菜单，打开或关闭通道显示波形。

（3）SCALE 设置垂直刻度系数：

①按下垂直位移旋钮POSITION 使波形在窗口居中显示信号，调节垂直位置旋钮 POSITION 控制信号的垂直显示位置。当旋动垂直位置旋钮POSITION 时，通道的地电平 （GROUND）参考标识跟随波形而上下移动。

②改变垂直系统的设置，并观察状态信息变化。您可以通过波形窗口下方的状态栏显示 的信息，确定任何垂直挡位的变化。旋动垂直SCALE 旋钮改变"VOLTS/DIV"垂直刻度系数， 可以发现状态栏对应通道的垂直刻度系数显示发生了相应的变化。按 CH1 、 CH2 、 REF 、 MATH ，屏幕显示对应通道的操作菜单、标志、波形和挡位状态信息。

测量技巧

• 如果通道耦合方式为 DC，您可以通过观察波形与信号地电平之间的距离来快速测量信 号的直流分量。

• 如果耦合方式为 AC，信号里面的直流分量被滤除。这种方式方便您用更高的灵敏度显 示信号的交流分量。

四、初步了解水平系统

面板上的水平控制区如图3所示。下面的练习逐渐引导您熟悉水平时基的设置。

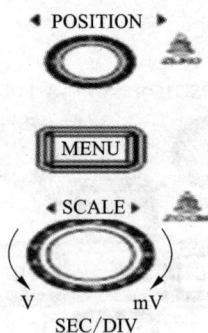

图3　面板上的水平控制区

（1）位移旋钮 POSITION 移动所有通道及 REF 波形的水平位置；按下可快速回到中点。

（2）MENU 水平菜单，显示视窗和释抑时间。

（3）SCALE 旋钮设置水平扫描时基"SEC/DIV"的刻度系数。

按下可以快捷方式进入视窗扩展界面。当开启扩展视窗后，则可通过其调节视窗刻度， 调节放大倍数。

使用水平 SCALE 旋钮改变水平时基挡位设置，并观察状态信息变化。转动水平 SCALE 旋钮改变"SEC/DIV"时基挡位，可以发现状态栏对应的时基挡位显示发生了相应的变化，水平扫描速率从 2 ns/div~50 s/div 变化，以 1-2-5 方式步进。

五、初步了解触发系统

面板上的触发控制区如图 4 所示。下面的练习逐渐引导您熟悉触发系统的设置。

图 4　面板上的触发控制区

（1）触发电平旋钮 LEVEL：在使用边沿、脉宽、斜率触发类型时，旋转触发电平旋钮 LEVEL 设定触发信号产生触发的触发条件；按下触发电平旋钮 LEVEL 可以快速设定触发电平为触发信号的垂直中点（50%），再次按下可以使触发电平设置为零。

（2）MENU：显示触发菜单内容。

按 F2 键，选择"信源"为 CH1（通过 MULTI PURPOSE 旋钮进行选择，并按下 MULTI PURPOSE 确定选择或通过触控操作直接选择。）

按 F3 键再按 F1 键，设置"触发耦合"为直流。

按 F4 键再按 F1 键，设置"触发方式"为自动。

按 F5 键再按 F2 键，设置"斜率类型"为上升。

六、应用示例——测量简单信号

观测电路中一未知信号，迅速显示和测量信号的频率和峰峰值。

（1）欲迅速显示该信号，请按如下步骤操作：

①将探头菜单衰减系数设定为 10×，并将探头上的开关设定为 10×。

②将 CH1 的探头连接到电路被测点。

③按下 AUTO 按键。

示波器将自动设置使波形显示达到最佳。在此基础上，您可以进一步调节垂直、水平挡位，直至波形的显示符合您的要求。

（2）自动进行信号的电压和时间参数测量

示波器可对大多数显示信号进行自动测量。欲测量信号峰峰值和频率，请按如下步骤操作：

①按 MEASURE 按键，以显示自动测量菜单；

②按下 F2 键，进入测量菜单种类选择；

③使用 MULTI PURPOSE 旋钮选择峰峰值，按下旋钮确定；然后再选择频率。

④按下 F5 键，退出选择框。

此时，峰峰值和频率的测量值分别显示在屏幕的下方，如图 5。

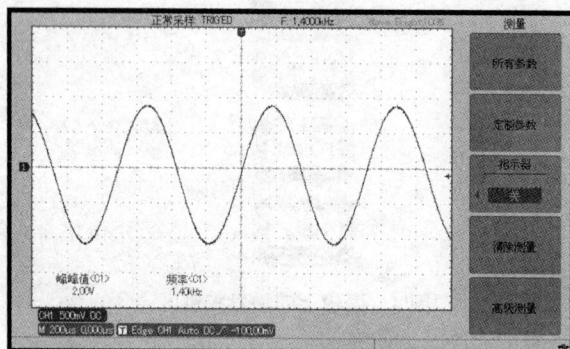

图 5　自动测量

附录 2　DDS 函数信号发生器

一、概述

SU 系列 DDS 函数信号发生器采用直接数字合成技术制成的，具有快速完成测量工作所需的高性能指标和众多的功能特性。其简单而功能明晰的前面板及液晶汉字或荧光字符显示功能使您更便于操作和观察，选装的扩展功能模块，可使您获得增强的系统功能。

该系列函数信号发生器具有的技术指标和功能特性如下：

- 频率精度：频率精度可达到 10^{-5} 数量级；
- 频率分辨率：全范围频率分辨率 40 mHz；
- 无量程限制：全范围频率不分挡，直接数字设置；
- 无过渡过程：频率切换时瞬间达到稳定值，信号相位和幅度连续无畸变；
- 波形精度：输出波形由函数计算值合成，波形精度高，失真小；
- 存储特性：可以存储 40 组不同频率和幅度的信号，在需要时可随时重现；
- 猝发特性：可以对信号进行门控输出和猝发计数输出；
- 扫描特性：具有频率扫描和幅度扫描功能，扫描起止点任意设置；
- 调制特性：可以输出多种调制信号：AM，FM，FSK，ASK，PSK；
- 计算功能：可以选用频率或周期，幅度有效值或峰峰值；
- 操作方式：全部按键操作，两级菜单显示，直接数字设置或旋钮连续调节；
- 可靠性：大规模集成电路，表面贴装工艺，可靠性高，使用寿命长；
- 程控特性：可以选配 GPIB 接口或 RS232 接口，组成自动测试系统；
- 频率测量：可以选配频率计数器，对外部信号进行频率测量或周期测量；
- 功率放大：可以选配功率放大器，输出功率可以达到 8 W。

二、面板介绍

将电源插头插入交流 220 V 带有接地线的电源插座中，按下电源开关，仪器进行自检初始化，首先显示"WELCOME TO USE"（欢迎使用），然后依次显示 0，1，2，3，4，5，6，7，8，9，最后进入复位初始化状态，自动选择"连续"功能，显示出当前 A 路波形和频率值。

1. 前面板总览(图1)

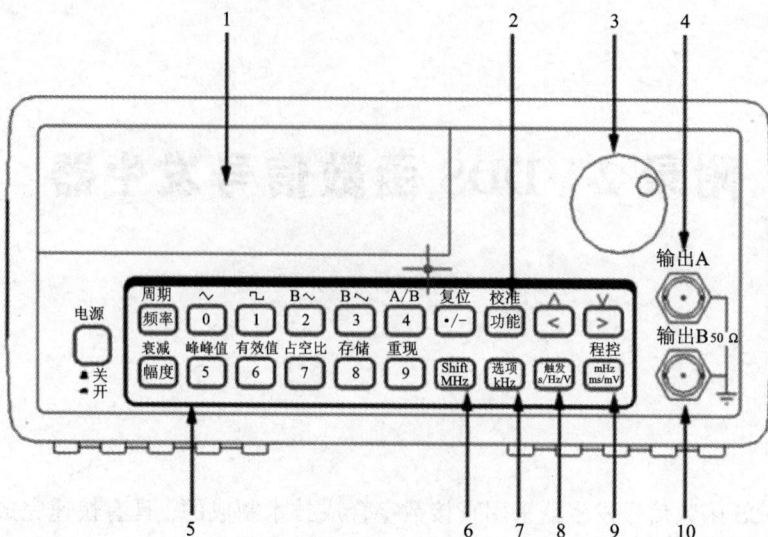

图1 前面板

1—数据、功能显示区;2—功能键;3—手轮;4—输出通道A;5—按键区;
6—上挡键;7—选项键;8—触发键;9—程控键;10—输出通道B

2. 后面板总览(图2)

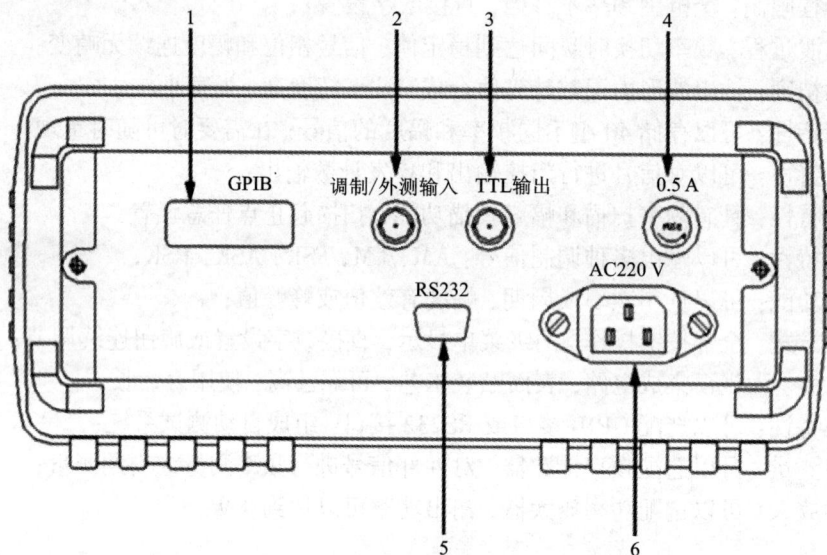

图2 后面板

1—GPIB接口;2—调制/计数器外测输入;3—TTL输出;4—保险丝;5—RS232接口;6—电源接口

3. 用户界面

(1)显示说明:仪器使用两级菜单显示,【功能】键为主菜单,可循环选择六种功能。【选项】键为子菜单,在每种功能下可循环选择不同的项目,如表1所示。

表 1　菜单显示中功能、项目表

功能	连续	扫描	调制	猝发	键控	外测
项目	A 路频率	A 路频率	A 路频率	A 路频率	A 路频率	
	B 路频率	始点频率	B 路频率	A 路计数	始点频率	
	A 路波形	终点频率	B 路波形	A 路间隔	终点频率	
	B 路波形	步长频率				

（2）键盘说明：仪器前面板上共有 20 个按键（见图 1），按键功能如下：

● 频率和幅度选择键：【频率】【幅度】。

● 数字输入键：【0】【1】【2】【3】【4】【5】【6】【7】【8】【9】。

● 双功能键：【MHz】【kHz】【s/Hz/V】【mHz/ms/mV】键，在数字输入之后执行单位键功能，同时作为数字输入的结束键。

直接按 [Shift/MHz] 键执行"Shift"功能；

直接按 [选项/kHz] 键执行"选项"功能；

直接按 [触发/s/Hz/V] 键执行"触发"功能。

● 【·/－】键：双功能键，在数字输入之后输入小数点，"偏移"功能时输入负号。

● 【<】【>】键：光标左右移动键。

● 【功能】键：主菜单控制键，循环选择六种功能。

● 【选项】键：子菜单控制键，在每种功能下循环选择不同的项目。

● 【触发】键：在"扫描""调制""猝发""键控""外测"功能时作为触发启动键。

● 【Shift】键：上挡键（显示"S"标志），按【Shift】键后再按其他键，分别执行该键的上挡功能。

（3）常用操作：下面举例说明常用操作方法，可满足一般使用的需要，如果遇到疑难问题或较复杂的使用，可以仔细阅读用户指南中的相应部分。

开机后，仪器进行自检初始化，进入正常工作状态，自动选择"连续"功能，A 路输出。

三、使用方法

1. A 路功能设定

● A 路频率设定：设定频率值 3.5 kHz

【频率】【3】【.】【5】【kHz】。

● A 路幅度设定：设定幅度值为 3.2 V

【幅度】【3】【.】【2】【V】。

● A 路幅度格式选择：有效值或峰峰值

【Shift】【6】或【Shift】【5】。

● A 路波形选择：在输出路径为 A 路时，选择正弦波或方波

【Shift】【0】或【Shift】【1】。

● A 路存储与重现：在有些应用中，需要多次重复使用一系列不同频率和幅度的信号，频繁使用数字键设置显然非常麻烦，这时使用信号的存储和重现功能就非常方便。

按【Shift】【复位】键,存储地址指向第一个存储信号,可以设定第一个信号的频率值和幅度值,然后按【Shift】【存储】键,显示区清除,表示这个信号的频率值和幅度值都已经被存储起来。再设定第二个信号的频率值和幅度值,按【Shift】【存储】键,将第二个信号存储起来。如此下去直到存入最后一个信号。此后在需要的时候,只要连续按【Shift】【重现】键,全部存储信号就会依次重现出来,这使得多次重复性的测试变得非常方便。任何时候按【Shift】【复位】键,都会回到第一个存储信号。应该注意,循环重现信号的个数,总是等于最后一次存储操作时所存入信号的个数。

2. 通道设置选择

反复按【Shift】【A/B】两键可循环选择为 A 路或 B 路。

3. 初始化状态

开机或复位后仪器的工作状态:

(1)A 路

波形:正弦波   频率:1 kHz   幅度:1 V(峰–峰值)

衰减:AUTO   偏移:0 V   方波占空比:50%

时间间隔:10 ms   扫描方式:往返   猝发计数:3 个

调制载波:50 kHz   调频频偏:15%   调幅深度:100%   相移:0°

(2)B 路

波形:正弦波   频率:1 kHz   幅度:1 V(峰–峰值)

参考文献

[1] 张肃文.高频电子线路(第5版)[M].北京：高等教育出版社，2009

[2] 谢嘉奎，宣月清，冯军.电子线路(非线性部分)(第四版)[M].北京：高等教育出版社，2000

[3] 曹才开，姚屏，曾屹，等.高频电子线路原理与实践[M].长沙：中南大学出版社，2010

[4] 杨素行.模拟电子技术基础简明教程(第三版)[M].北京：高等教育出版社，2006

[5] 余孟尝.数字电子技术基础简明教程(第三版)[M].北京：高等教育出版社，2009

[6] 杨霓清.高频电子线路实验及综合设计[M].北京：机械工业出版社，2009

[7] 胡宴如，耿苏燕.高频电子线路[M].北京：高等教育出版社，2015

[8] 陈大钦，罗杰.电子技术基础实验——电子电路实验、设计及现代EDA技术(第三版)[M].北京：高等教育出版社，2008

[9] 宋家友，张友汉.新编电子线路设计实用手册[M].福州：福建科学技术出版社，2007

[10] 王忠诚，王逸轩.任务驱动学模拟电子技术[M].北京：电子工业出版社，2013

[11] 董尚斌.电子线路(Ⅱ)[M].北京：清华大学出版社，2008

[12] 林章.一种以乘法器为核心的低电平调幅电路设计[J].福建师范大学福清分校学报，2009(5)：34-38

[13] 杨光义，金伟正.高频电子线路实验指导书[M].北京：清华大学出版社，2017

[14] 华中科技大学电子技术课程组，康华光，陈大钦.电子技术基础(模拟部分)(第六版)[M].北京：高等教育出版社，2013

[15] 童诗白，徐振英.现代电子学及应用[M].北京：高等教育出版社，1997

[16] 蔡惟铮.集成电子技术[M].北京：高等教育出版社，2004

[17] 黄智伟.无线发射与接收电路设计[M].北京：北京航空航天大学出版社，2004

[18] 苏文平.新型电子电路应用实例精选[M].北京：北京航空航天大学出版社，2002

[19] 杨翠娥.高频电子线路实验与课程设计[M].哈尔滨：哈尔滨工程大学出版社，2001

[20] 高吉祥.电子技术基础实验与课程设计[M].北京：电子工业出版社，2011

[21] 谢自美.电子线路设计·实验·测试(第三版)[M].武汉：华中科技大学出版社，2006

[22] 张秦菲.电子线路实验教学方法研究[J].科技经济导刊，2016(15)：168

图书在版编目(CIP)数据

电子线路实验 / 林章, 周瑛编著. —长沙：中南大学
出版社, 2019.9(2022.1重印)

ISBN 978-7-5487-3606-6

Ⅰ.①电… Ⅱ.①林… ②周… Ⅲ.①电子线路—实验—
高等学校—教材 Ⅳ.①TN710-33

中国版本图书馆 CIP 数据核字(2019)第 061963 号

电子线路实验

林章 周瑛 编著

□**责任编辑**	胡小锋
□**责任印制**	唐 曦
□**出版发行**	中南大学出版社

社址：长沙市麓山南路　　　　邮编：410083
发行科电话：0731-88876770　　传真：0731-88710482

□**印　装**　长沙印通印刷有限公司

□**开　本**　787 mm×1092 mm 1/16　□**印张** 15　□**字数** 382 千字
□**版　次**　2019 年 9 月第 1 版　□**印次** 2022 年 1 月第 2 次印刷
□**书　号**　ISBN 978-7-5487-3606-6
□**定　价**　38.00 元